21世纪机电类专业规划教材

现代制造质量控制基础

主　编　万　军
参　编　刘素华　王　丹　张梦梦

机械工业出版社

本书面向现代制造业中的过程质量控制领域，针对质量管理、质量检验相关岗位知识和技能要求，培养学生认识质量控制的原理与过程，熟悉制造过程中对于产品质量控制的要求与标准，掌握制造质量控制常用方法及其应用。

本书介绍了制造业产品制造质量控制的原理，分析了过程质量控制与检验中常用的分层法、调查表、排列图、因果图、直方图、控制图、散布图、过程能力分析、抽样检验、编制检验技术规范、质量控制新工具等方法的原理、用途、应用方法、注意事项及应用示例，突出典型制造质量控制方法的具体应用。每章设置案例分析、课堂活动与知识拓展等环节，便于对知识与方法的理解和应用。

本书可作为高等职业院校、高等专科院校、成人高校及本科院校的机械制造类专业教材，也可作为质量控制、质量管理相关专项能力培训教材，以及教师和学生的参考用书。

图书在版编目（CIP）数据

现代制造质量控制基础/万军主编．—北京：机械工业出版社，2015.12（2025.8 重印）

21 世纪机电类专业规划教材

ISBN 978-7-111-52346-8

Ⅰ.①现…　Ⅱ.①万…　Ⅲ.①制造工业—质量控制—高等学校—教材　Ⅳ.①F407.4

中国版本图书馆 CIP 数据核字（2015）第 300802 号

机械工业出版社（北京市百万庄大街 22 号　邮政编码 100037）

策划编辑：王晓洁　责任编辑：王晓洁　宋亚东

责任校对：张　薇　封面设计：陈　沛

责任印制：刘　媛

北京富资园科技发展有限公司印刷

2025 年 8 月第 1 版第 2 次印刷

184mm×260mm·12.5 印张·304 千字

标准书号：ISBN 978-7-111-52346-8

定价：29.80 元

凡购本书，如有缺页、倒页、脱页，由本社发行部调换

电话服务　　　　　　　　网络服务

服务咨询热线:010-88379833　机 工 官 网:www.cmpbook.com

读者购书热线:010-88379649　机 工 官 博:weibo.com/cmp1952

教育服务网:www.cmpedu.com

封面无防伪标均为盗版　金 书 网:www.golden-book.com

前　言

制造业是国民经济建设的基础。在制造业产品的形成过程中，需要控制的内容很多，但最重要的是对过程的质量进行控制，通过有效的过程质量控制和质量检验保证产品质量，可显著提高企业的竞争力。统计方法是制造业产品制造过程质量控制的重要工具，在质量控制领域已得到越来越广泛的应用。

本书结合质量管理、质量检验相关岗位知识和技能要求，实用性强。作者在高职教育一线从事相关课程教学，从教学实际与学生特点出发选取与组织了本教材内容。本书突出应用性与实践性，学习目标清晰，内容突出案例、任务、项目等要素，每章有学习目标、引例、小结、自我测试，每节有案例分析、课堂活动、知识拓展等，全方位调动学生的学习积极性。

本书内容全面，通俗易懂，按照职业技术教育中制造类及相关专业对质量管理及相关岗位的知识和技能要求编写而成，适应质量控制相关专业基础课或专业课的教学需求。本书可作为高等职业院校、高等专科院校、成人高校及本科院校的机械制造类专业教材，也可作为质量控制、质量管理相关专项能力培训教材，以及教师和学生的参考用书。

本书由上海工程技术大学高职学院的万军主编，刘素华、王丹、张梦梦参加编写。具体编写分工如下：其中第 1 章、第 2 章、第 3 章、第 6 章由万军编写，第 4 章由刘素华编写，第 5 章由王丹编写，第 7 章由张梦梦编写。

本书在编写过程中参考和引用了一些学者的研究成果，在此谨向有关作者表示诚挚的感谢！由于编者水平有限，书中疏漏之处在所难免，真诚希望广大读者批评指正。

编　者

目　录

第1章 制造质量管理概述

【学习目标】

知识目标：

➢ 了解质量的含义；
➢ 熟悉质量管理的发展历史；
➢ 掌握质量管理的含义；
➢ 了解质量管理八项原则的内容；
➢ 熟悉影响产品质量的因素。

技能目标：

➢ 能列举产品质量特性的内容；
➢ 能区分质量控制、质量改进与质量突破的含义；
➢ 能初步运用 PDCA 循环方法开展质量改进活动。

【引例】

大众汽车公司召回事件

大众汽车公司（以下简称大众）是世界十大汽车公司之一，2008 年以来，大众全球销售量稳居前三甲。但销售业绩飘红的同时，大众质量问题事件持续不断地发生。自 2009 年起，大众多次大规模召回问题汽车。2009 年 8 月，大众因 DSG 变速器存在严重问题，在北美区域召回 1.35 万辆问题汽车，随后，因为同样的问题，大众在德国和中国大陆等地区再次召回累计超过 160 万辆问题汽车。

2010 年，大众斯柯达系列多款车型出现水泵漏水问题，导致防冻液泄漏。同年 12 月，大众又由于供油管存在泄漏隐患问题，在美国召回甲壳虫和捷达车型达 37.7 万辆。

2012 年 1 月，大众宣布因柴油发动机存在安全隐患，在全球召回 30 万辆汽车，涉及大众、奥迪、斯柯达和西雅特四个品牌。7 月，因天窗玻璃存在安全隐患，大众在中国大陆召回 0.16 万辆进口奥迪汽车。9 月，又因联接螺栓扭矩偏差可能造成车辆转向失效，大众召回 0.75 万辆问题车辆。对召回汽车，大众进行了免费检查、维修、更换部件等措施，以消除隐患。

2013 年 11 月，大众宣布，因电子和驱动系统存在故障，导致部分车外照明灯无法正常工作，在全球范围内召回至少 168 万辆汽车，其中在中国市场召回 64 万辆汽车，包括帕萨特、迈腾、速腾、高尔夫等车型。

2014 年 8 月，因车辆转向助力回油管存在安全隐患，大众召回 5.4 万辆宝来汽车。10 月，大众汽车宣布自 2015 年 2 月 2 日起，在中国召回存在后轴纵臂断裂风险的问题汽车，涉及 56.3 万辆新速腾和 1.7 万辆进口甲壳虫。大众称，在少数情况下，使用耦合杆式后悬架技术的新速腾，如果侧后方或者后方曾经受到过冲击，有可能“断轴”，并可能使车辆在行驶中失去操控。随后，因为后轴断裂问题，大众在美国、巴西、欧洲等地的召回进一步扩大，数量达60余万辆。对于此次一汽大众召回的新速腾进行免费加固，以提高车辆行驶的稳定性。

大众销量一路飙升的同时，提出了多种降低成本的策略，但却埋下了一系列的质量隐患。因此，无论什么样的产品，质量问题都应是企业首要关注的内容。

1.1 质量的含义

1.1.1 质量的概念

【课堂活动1-1】 请谈谈，你是如何理解并定义“质量”的？

（1）国家标准和国际化标准组织的定义。一般意义上，质量被用来描述“产品或服务的好坏、优劣程度”，也常常加一些限制词，如产品质量、工程质量、建筑质量、教育质量等，或更具体的如“空调质量”、“服装质量”、“轿车质量”乃至“信息质量”、“系统质量”、“生活质量”、“发展质量”等，以使得质量的指向更为明确，意义表达更为具体。由此可见，质量是一个具有十分丰富内涵的概念，我们可以从产品、经营过程（工艺和工作）、经济增长、管理机制等不同的视角进行审视并达到深层次的理解。

GB/T 19000—2008《质量管理体系　基础和术语》中对质量所下的定义为：质量是一组固有特性满足要求的程度。

其中，“固有的”是指本来就有的，尤其是那种永久的特性；要求包括“明示的、通常隐含的或必须履行的需求或期望有各种类别的特性，如：物理的（机械的、电的、化学的或生物学的特性）；感官的（嗅觉、触觉、味觉、视觉、听觉）；行为的（礼貌、诚实、正直）；时间的（准时性、可靠性、可用性）；人体工效的（生理的特性或有关人身安全的特性）；功能的（飞机的最高速度）。

（2）质量管理专家们的定义

1）美国质量管理专家朱兰（J. M Juran）把质量定义为：产品质量就是产品的适用性，即产品在使用时能成功地满足用户需要的程度。该定义包含两个方面的含义：使用要求（用户需要）和满足程度。

【知识拓展1-1】 质量管理专家——朱兰

约瑟夫·莫西·朱兰（Joseph M. Juran）是世界著名的质量管理专家，举世公认的现代质量管理的领军人物，被誉为质量领域的“首席建筑师”。朱兰长期在管理领域中从事各种工作，先后担任过工程师、企业主管、政府官员、大学教授、公司董事和管理顾问等，在朱兰博士70多年的质量管理生涯中积累了丰富的宝贵经验，对第二次世界大战后的经济复兴和质量革命的推动起到了巨大的促进作用，同时也为世界质量管理的理念拓展和方法论作出了卓越贡献。

他所倡导的质量管理理念和方法始终深刻地影响着世界企业界及质量管理领域的发展，他成立了朱兰研究院和朱兰基金会，从事质量管理的培训、咨询和推广工作，协助创立了“美国马尔科姆·波多里奇国家质量奖”。朱兰曾经获得过诸多奖励和荣誉，其中包括日本政府因其对日本质量管理的发展以及促进日美友谊所做的贡献而授予外国人的最高奖项。他于1951年首次出版了《质量控制手册》，该书自从1951年第一版问世以来，已经被译成多种文字，前四版的书名为《质量控制手册》（Quality Control Handbook），1999年出版的第五版更改为现名《朱兰质量手册》。由于这本手册所具有的全面性、实用性和权威性，再加上朱兰本人在质量管理领域中的大师级地位，在半个多世纪中，这本手册一直是质量管理领域中最具有影响的出版物之一，被人誉为“质量管理领域中的圣经”。他关于质量方面的著作已被翻译成20多种文字，为数以百万计的人员所传阅。

朱兰认为，各国必将展开大规模的质量革命和质量竞争，这场革命需要几十年乃至整个21世纪的努力，21世纪也将因此被称作“质量世纪”。质量运动的重点将从制造业转移到服务业、教育、政府管理等方面。质量革命开始于制造业，但并不意味着仅仅适合于制造业。有许多领域，包括政府部门、保健行业以及学术界等，都可以应用质量管理的思想和方法。

朱兰的名言：

质量是一种适用性，即产品在使用期间能满足使用者的要求。

21世纪是质量的世纪。

2）美国另一位著名的质量管理专家菲利浦·克罗斯比（Philip B. Crosby），在《质量免费》一书中指出：质量就是符合要求。凡是有不符合“要求”的地方，就表明质量有欠缺；质量是可测量的（有明确的界限）。

3）日本著名的质量管理专家石川馨（Kaoru Ishikawa）对质量概念的观点：质量反映顾客的满意程度，质量定义因顾客的需要和要求而变化；价格是质量的重要组成部分；狭义的质量指产品质量，广义的质量指工作质量、服务质量、信息质量、过程质量、部门质量、人员质量、系统质量、公司质量、目标质量等。GB/T 19000—2008 标准对顾客（Customer）概念的定义为“接受产品的组织或个人”。标准指出，顾客可以是组织内部的或外部的。

【知识拓展1-2】 质量概念的发展

1）符合性质量：以技术标准作为产品规格要求，评价质量以技术规范和规格要求作为标准。符合性的质量表述比较具体、直观。不足之处在于只是从生产者的立场出发，静态地反映产品质量的水平，而忽视了最重要的另一方——顾客的需求。

2）适用性质量：符合设计要求就必定能为顾客所接受吗？随着市场竞争的加剧和顾客日益成熟，质量的评判权逐渐移交给顾客。企业必须通过市场调查，生产适合顾客实际使用要求的产品，适用性质量观和以市场为导向的营销观念相一致。对企业而言，也要追求“成本的适用”，所以在20世纪70年代强调产品适用与成本的平衡。

3）魅力性质量：在20世纪80年代，日本形成了一种从“理所当然质量”向“魅力质量”进军的思潮，针对顾客潜在需求，研制生产具有“魅力质量”的产品。

4）全面质量：美日一批专家提出“全面质量”，涵盖了一切与产品相关的过程的质量，并更多地纳入以人为本、节约资源和保护环境等内容。

1.1.2 质量的分类

质量不仅包括产品质量，还包括它们形成和实现过程中的工作质量；质量不仅要满足顾客的需要，还要满足社会的需要，并使顾客、从业人员、业主、供方和社会都受益；质量问题不仅存在于工业，还存在于服务业及其他各行各业。

1. 产品质量

（1）产品的概念。ISO 9000：2005 标准对产品的定义是："过程的结果，包括硬件、软件、服务和流程性材料。"所谓过程是指："将输入转化为输出的相互关联或相互作用的一组活动。"综上所述，产品定义的详细表述是："将输入转化为输出的相互关联或相互作用的一组活动的结果。"

有下述四种通用产品类型：

1）硬件（如汽车、机械零件）。

2）软件（如计算机程序、字典）。

3）服务（如快餐店订餐、货物运输）。

4）流程性材料（如润滑油）。

产品概念不仅包括了原有意义上的买卖合同（书面的或非书面的）中规定提供的产品，还包括企业生产经营活动的其他一切结果，包括资源浪费和排放污染等人类不愿得到的结果。

（2）产品质量的含义。产品质量是指产品能够满足使用要求所具备的特性。产品质量是由各种要素所组成的，这些要素亦被称为产品所具有的特征和特性。不同的产品具有不同的特征和特性，其总和便构成了产品质量的内涵。产品质量要求反映了产品的特性和满足顾客和其他相关方要求的能力，一般包括性能、寿命、可信性、安全性、经济性以及外观质量等。顾客和其他质量要求往往随时间而变化，与科学技术的不断进步有着密切的关系。

1）性能：根据产品使用目的所提出的各项功能要求，包括正常性能、特殊性能、效率等。如锻件的化学成分和力学性能，卡车的载重量、速度，拖车的牵引力等。

2）寿命：产品能够正常使用的期限。包括使用寿命和储存寿命两种。使用寿命是产品在规定条件下满足规定功能要求的工作总时间，对火车、轮船、汽车、机床、工程机械这类需要维修保养才能保持其性能的产品，则将两次大修的间隔作为它的使用寿命。储存寿命是指产品在规定条件下功能不失效的储存总时间，医药产品对这方面的规定较为严格。

3）可信性：包括可用性、可靠性和维修性。可用性为设备的实际生产能力与应有的生产能力之比，如发电设备，一年已发的瓦数被应发瓦数除即为设备的可用性。可靠性是产品在规定的条件下和规定的时间内，完成规定功能的能力，一般以平均故障率、平均无故障时间等十多种特性标志，按产品功能不同选用，如机床、计算机、汽车的平均无故障间隔时间。特别对于机电产品，可靠性是使用过程中主要的质量指标之一。维修性，即便于维修，含维修保障等性能。

4）安全性：产品在流通和使用过程中保证安全的程度，如为防止触电对家用电器插头的要求极其严格，被视为产品的关键特性而需要绝对保障。

5）经济性：产品寿命周期的总费用，包括产品的制造成本、利税，以及顾客在使用过程中的维护修理费用、维持费用等使用费用。尽管经济性与使用性能无关，但却是消费者所关心的。如空调器是一种需要消耗电能的产品，在达到同样的制冷效果下能耗越低，给顾客带来的节约就越大；洗衣机则是一种需要大量消耗水的产品，在达到同样洁净度的前提下，用水越少，则其经济性越好。

6）外观质量：产品的美观性是指产品的审美特性与目标顾客期望的符合程度，泛指产品的外形、美学、造型、装潢、款式、色彩、包装等。顾客通常不会对一种产品的审美特性提出具体要求，但当产品的外观、款式、颜色不符合顾客的审美要求时，顾客就会排斥这种产品；当产品的外观、款式、颜色符合顾客的审美要求时，顾客就会被这种产品所吸引。如法拉利跑车的成功不仅仅因为其卓越的性能，也归功于其对顾客审美需求的准确把握。

【课堂活动1-2】列出手机可能遇到的质量问题（越多越好）。

2. 工作质量

企业的工作质量是指与产品质量直接相关的各项工作的好坏，它是衡量企业或部门的组织工作、技术工作、经营管理工作等各项工作对保证产品质量所达成的程度。

工作质量取决于企业员工的素质，包括员工的质量意识、责任心、业务水平等。企业决策层（以最高管理者为代表）的工作质量起主导作用，管理层和执行层的工作质量起保证和落实作用。

工作质量涉及企业各个层次、各个部门、各个岗位工作的有效性。对工作质量，可以通过建立健全工作程序、工作标准和一些直接或间接的定量化指标，使其有章可循，易于考核。实际上，工作质量一般难以定量，通常是通过产品质量的高低、不合格品率的多少来间接反映和定量的。在质量指标中，当全数检查时，有一部分质量指标就属于工作质量指标，例如不合格品率、废品率等；另一部分指标属于产品质量指标，如优质品率、一级品率、寿命、可靠性指标等。在抽样验收的情况下，一批产品的不合格品率是判断这批产品是否接收或拒收的依据。这时，不合格品率既反映工作质量又反映产品质量，同时还反映了被验收的这批产品的总的质量状况。

【课堂活动1-3】汽车制造厂生产线操作人员的工作质量会如何影响汽车的质量呢？谈谈你的理解，可针对不同生产车间的岗位（如冲压、涂装、总装）发表意见。

3. 服务质量

服务主要指服务性行业提供的服务，如交通运输、邮电、商业、金融保险、餐饮、宾馆、医疗卫生、文化娱乐、仓储、咨询、法律等组织提供的服务。由于服务含义的延伸，有时也包括工业产品的售前、售中和售后服务，以及企业内部上道工序对下道工序的服务。

服务质量是指服务满足明确和隐含需要的能力的特性总和，是指服务工作能够满足被服务者需求的程度。反映服务质量要求的质量特性主要有功能性、经济性、安全性、时间性、舒适性和文明性。

（1）功能性：企业提供的服务所具备的作用和效能的特性，是服务质量特性中最基本的一个。

（2）经济性：被服务者为得到一定的服务所需要的费用是否合理。这里所说的费用是指在接受服务的全过程中所需的费用，即服务周期费用。经济性是相对于所得到的服务质量而言的，即经济性是与功能性、安全性、时间性、舒适性等密切相关的。

(3) 安全性：企业保证在服务过程中顾客、用户的生命不受危害，健康和精神不受到伤害，货物不受到损失。安全性包括物质和精神两方面，改善安全性的重点在于物质方面。

(4) 时间性：说明服务工作在时间上能否满足被服务者的需求，时间性包含了及时、准时和省时三个方面。

(5) 舒适性：在满足了功能性、经济性、安全性和时间性等方面需求的情况下，被服务者期望服务过程舒适。

(6) 文明性：属于服务过程中为满足精神需求的质量特性。被服务者期望得到一个自由、亲切、受尊重、友好、自然的气氛，有一个和谐的人际关系。在这样的条件下来满足被服务者的物质需求，这就是文明性。

【课堂活动 1-4】 列举邮政服务的质量特性，如以邮寄信件和包裹等为例。

4. 过程质量

过程质量是指过程满足明确和隐含需要的能力的特性总和。

衡量过程的质量有三个主要的尺度，即效果、效率和适应性。若产出能够满足顾客的需要则该过程便是有效果的；若能以最小成本实现其效果则该过程便是有效率的；若随着时间的流逝，该过程面对所发生的诸多变化仍能保持效果和效率，则称其具有适应性。要满足顾客的需要并确保组织的健康，管理层就必须树立起一种过程的观点。

过程质量可分为开发设计过程质量、制造过程质量、使用过程质量与服务过程质量四个子过程的质量。

(1) 开发设计过程质量。据有关资料统计，产品质量的 70% ~80% 在设计阶段就已经确定了，因此，在机械产品开发与设计过程中进行有效的质量控制具有重大意义。机械产品设计质量是由三个分质量构成：市场调研质量、产品概念质量、产品规范质量。若三个分质量中的任何一个达不到要求，那么就不可能得到满意的设计质量。

(2) 制造过程质量。制造过程是指对产品直接进行加工的过程，它是产品质量形成的基础，是企业质量管理的基本环节。制造过程质量管理的工作内容有：组织质量检验工作；组织质量分析，掌握质量动态；加强工艺管理，工艺规程审查和质量考核；对关键零件、关键工序进行监控；对工序能力进行评估；严格控制加工设备的维护保养，对工艺装备和计量器具实施定检；组织和促进文明生产等。

(3) 使用过程质量。使用过程是考验产品实际质量的过程，它是企业内部质量管理的继续，也是全面质量管理的出发点和落脚点。使用过程质量管理的基本任务是提高服务质量(售前和售后服务)，保证产品的实际使用效果，不断促使企业研究和改进产品质量。它的主要工作内容有：开展技术服务工作，处理出厂产品质量问题，调查产品使用效果和用户要求。

(4) 服务过程质量。服务的提供过程是顾客参与的主要过程，要保证服务的质量，服务企业就要对服务提供过程是否符合服务规范进行监督，并在出现偏差时进行调整和纠正，特别是对服务过程的关键活动进行测量和验证，避免出现不符合顾客需要从而导致顾客不满意的倾向。

顾客实际经历的服务质量是由技术性质量和功能性质量两项内容构成的。前者是指服务结果的质量，即顾客从服务过程中所得到的东西。对于这一方面的服务质量，顾客容易感知，也便于评价；后者是指服务过程的质量，即顾客在服务过程中是如何得到的这些东西，或者说服务人员是如何提供的这些服务。显然，功能性质量很难被顾客客观地评价，它更多地取决于顾客的主观感受，因而更为复杂，也更难以控制。

1.1.3　质量的重要性

1. 质量是人们生活的保障

产品质量与人们的工作、生活息息相关，一旦产品出了质量问题，轻则造成经济损失，重则会导致人员伤亡等事故。因产品质量、工程质量、工作质量和服务质量不良而造成的燃烧、爆炸、建筑物倒塌、毒气泄漏、机毁人亡等恶性事故，更是令人触目惊心。人类的生活只有依托质量才能得以提升。只有质量理念全面更新，质量水平显著提高，质量文化不断普及，才能推进质量工作的全面加强和优秀质量成果的不断涌现。

2. 质量是企业生存和发展的根本

质量是企业的生命，是企业的生存之本。在市场经济日益发达的今天，质量对于一个企业的重要性越来越强，产品质量是企业是否具备核心竞争力的体现之一，提高产品质量是保证企业占有市场，从而能够持续发展的重要手段，成功的企业无一例外地重视产品和服务的质量。企业的生产经营活动必须坚持质量第一，“以质量求生存”已成为广大企业发展的战略目标，只有一个富有竞争质量的产品才能引导一个企业驶向成功的彼岸。

【知识拓展 1-3】 对品牌的认识

品牌即产品铭牌，用于识别产品或是服务的标识、形象等。品牌的英文单词为 Brand，源出古挪威文 Brandr，意思是“烧灼”，古代人们用这种方式来标记家畜等需要与其他人相区别的私有财产。一般认为，品牌是一种名称、术语、标记、符号或图案，或是它们的相互组合，用来识别某个销售者或某群销售者的产品或服务，并使之与竞争对手的产品和服务相区别。

品牌，是广大消费者对一个企业及其产品过硬的产品质量、完善的售后服务、良好的产品形象、美好的文化价值、优秀的管理结果等所形成的一种评价和认知，是企业经营和管理者投入巨大的人力、物力甚至几代人长期辛勤耕耘建立起来的与消费者之间的一种信任。品牌的根基还在于质量，而不是只依靠精心的包装。消费者在购物时普遍更青睐品牌商品，甚至不惜以高出普通商品几倍的价格去购买品牌商品。究其原因，其中很重要的一点是因为品牌商品在质量上更有保证。2008 年，在对中国 32 个大城市的 15000 名调查者进行的一项“中国百姓品牌意识”的问卷调查中，当被问到“你认为什么是品牌”时，被调查者中有 90.16% 的人认为“首先是产品质量好”，产品质量的重要性可见一斑。

3. 质量是一个国家科技水平和经济水平的综合反映

高质量的产品需要设计、制造等一系列的过程，如果技术水平不高，是无法保证生产出优质产品的。在竞争激烈的全球经济中，没有高质量的商品，会直接影响国家的经济竞争力。日本工业之所以在第二次世界大战后能很快地从战争的废墟中重新振作，其发展成就令人震惊，很重要的一个原因就是日本企业界非常重视产品的质量，在美国专家的指导下，自己摸索出了一套高效的质量管理方法。

“国际竞争力”，即“全球竞争力”在国际上有两个最具权威的评价机构：瑞士洛桑国际管理发展学院（IMD）和世界经济论坛（WEF）。无论哪一种评价体系，都把“企业管理”作为其要素，其效果由工作质量和产品质量来体现。

4. 质量是产品打入国际市场的前提条件

人们常说，产品质量是进入现代国际市场的“通行证”和“敲门砖”。企业要想使产品打入国际市场，参与国际大循环，其前提条件就是要有过硬的产品质量、适宜的价格和约定的交货期。各个国家及企业都在努力寻找提高产品质量的有效途径和方法，力图采取有效的对策，使自己的产品达到世界一流的质量。美国现代质量管理协会主席哈灵顿这样描写过：现在世界上进行着一场第三次世界大战，这不是一场使用枪炮的流血战争，而是一场商业战，这场战争的主要武器就是质量，谁的质量好，谁就能赢得这场战争。

【知识拓展 1-4】 质量类的奖项

到 2004 年 10 月，世界上有 60 个国家和地区组织设立了质量奖：日本在 1951 年设立了著名的戴明奖，美国在 1988 年设立了波多里奇国家质量奖，紧随美国之后，欧洲、加拿大、新加坡等国家和地区也先后设立了质量奖。质量奖的设立为这些国家和地区提高质量水平、增强企业乃至国家的竞争能力起到了非常重要的作用。2001 年，中国质量管理协会与有关部委，借鉴国际标准，重新恢复了于 1991 年停止的“全国质量管理奖”。重新设立的“全国质量管理奖”面向全行业的各类企业，以质量管理、经营水平和社会贡献等综合实力为衡量标准，不设名额，由行业、院校和企业权威专家，通过资料审查、现场审核与投票表决等严格程序产生，代表着中国质量管理的最高荣誉。

【课堂活动 1-5】 你如何理解质量的重要性？优良的产品质量会给生产企业带来哪些好处？

1.2 质量管理及其发展

1.2.1 质量管理

1. 质量管理的概念

质量管理（Quality Management）是指导和控制组织的与质量有关的相互协调的活动。GB/T 19000—2008《质量管理体系 基础和术语》对质量管理的定义是：质量管理（Quality Management）是指制订质量方针和质量目标，并通过质量体系中的质量策划、质量控制、质量保证和质量改进来指挥和控制组织的协调的活动。

质量管理的主要任务包括：

（1）正确制订和贯彻执行质量方针和政策。

（2）保证和提高产品质量和服务质量，生产物美价廉的产品。

（3）以满足用户需要。

（4）不断降低物质消耗，降低成本和提高经济效益。

（5）提高领导和职工的质量意识和素质，促进企业素质和管理水平的提高。

（6）研究和发展质量理论和质量科学。

2. 相关概念

（1）质量策划。质量策划是质量管理的一部分，致力于制订质量目标并规定必要的运行过程和相关资源以实现质量目标。质量策划的主要内容包括：

1）产品策划：对质量特性进行识别、分类和比较，并建立其目标、质量要求和约束条件。

2）管理和作业策划：对实施质量体系进行准备，包括组织和安排。

3）编制质量计划和完善质量改进规定。

（2）质量控制。质量控制是质量管理的一部分，致力于满足质量要求。质量控制是为保证产品的生产过程和出厂质量达到质量标准而采取的一系列作业技术检查和有关活动，是质量保证的基础。质量控制是为了通过监视质量形成过程，消除质量环上所有阶段引起不合格或不满意效果的因素，以达到质量要求，获取经济效益。它是预防不合格发生的重要手段和措施，贯穿于产品形成和体系运行的全过程。在企业领域，质量控制活动主要是企业内部的生产现场管理，是指为达到和保持质量而进行控制的技术措施和管理措施方面的活动。质量检验从属于质量控制，是质量控制的重要活动。

（3）质量保证。质量保证是质量管理的一部分，致力于提供质量要求会得到满足的信任。质量保证是为使人们确信某一产品、过程或服务的质量所必需的全部有计划有组织的活动；也可以说是为了提供信任表明实体能够满足质量要求，而在质量体系中实施并根据需要进行证实的全部有计划和有系统的活动。

（4）质量改进。质量改进是质量管理的一部分，致力于提高满足质量要求的能力。要求可以是有关任何方面的，如有效性、效率或可追溯性。

质量改进的方法是主动采取措施，使质量在原有的基础上取得突破性的提高，朱兰认为质量改进是使效果达到前所未有的水平的突破过程。质量改进与质量控制效果不一样，但两者是紧密相关的，质量控制是质量改进的前提，质量改进是质量控制的发展方向，控制意味着维持其质量水平，改进的效果则是突破或提高。

质量管理与质量策划、质量控制、质量保证和质量改进之间的关系如图 1-1 所示。

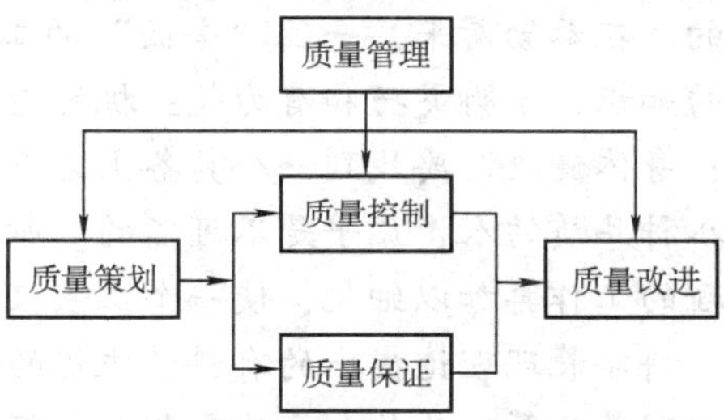

图 1-1　质量管理与质量体系要素间的关系

1.2.2　质量管理的发展

质量管理的发展是一个不断变化、前后继承与突破的过程，按照所遵循的管理理念、依据的手段和方式，可划分为四个阶段。

1. 产品质量检验阶段

该阶段的质量管理又可划分为以下三个层次。

（1）操作者质量管理：在 20 世纪以前，生产方式主要是小作坊形式，工人既是操作者，又是检验者，制造和检验的质量职能统一集中在操作者身上。在中东古代史上，一块被发掘的泥土上有这样的记载，“公元前 429 年巴比伦阿尔坦尔西王朝一世第 35 年，对给皇室生产金戒指的工场要求：金戒指所镶嵌的翡翠要保证 20 年不会脱落，否则作为处罚，工场要赔偿银子 10 个马拉”。

(2) 工长质量管理：20 世纪初，人们对质量管理的理解还只限于质量的检验。其间，美国出现了以泰勒（F. W. Taylor）为代表的“科学管理运动”，提出了操作者与管理者的分工，建立了“工长制”。并强调工长在保证质量方面的作用，将质量管理的责任由操作者转移到工长，由工长行使对产品质量的检验职能。所以，这种质量管理被人称为“工长的质量管理”，这一变化强化了质量检验的职能。

【知识拓展 1-5】科学管理之父——泰勒

费雷德里克·泰勒（Frederick W. Taylor，1856 – 1915）是美国著名发明家和古典管理学家，科学管理的创始人，被尊称为“科学管理之父”。1878 年，22 岁的泰勒来到费城的米德维尔钢铁厂，在短短的六年时间里，泰勒从一个普通工人升为机工班长、车间工长、总技师，最后成为总工程师。在米德维尔工厂当工人的时候，泰勒已经真正开始观察有关管理方面的问题了。1898 ~ 1901 年期间，他受雇于宾夕法尼亚的贝瑟利恩钢铁公司从事管理咨询方面的工作。在大量试验的基础上，逐渐形成了他的科学管理思想。

泰勒的科学管理理论是管理思想发展史上的一个里程碑，它是使管理成为科学的一次质的飞跃。泰勒认为，科学管理的根本目的是提高劳动生产率。科学管理的原则包括：对工人操作的每个动作进行科学研究，用来替代老的单凭经验的办法，以便于制订合理的工作定额；科学地挑选工人，并进行培训和教育，使之成长，而在过去，则是由工人任意挑选自己的工作，并根据其各自的可能进行自我培训；与工人们亲密协作，以保证一切工作都按已发展起来的科学原则进行；资方和工人们之间在工作和职责上几乎是均分的，资方把自己比工人更胜任的那部分工作承揽下来，而在过去，几乎所有的工作和大部分的职责都推到了工人们身上。泰勒推行职能工长制，这是根据工人的具体操作过程，进一步对分工进行细化而形成的。在泰勒看来，一位“全面”的工长应该具备九种品质：智能；教育；专门的或者技术的知识，手脚灵巧和有力气；机智老练；有干劲；刚毅不屈；忠诚老实；判断力和一般常识；身体健康。要找到一个具备上述三种品质的人并不太困难，但要找到一个能具备上述七或八种品质的人，几乎是不可能的。所以，为了使工长能有效地履行自己的职责，还必须把管理的工作再加以细化，使一个工长只承担一种管理职能。

科学管理理论提出的有科学依据的作业管理、管理者同工人之间的职能分工、劳资双方的心理革命等，为作业方法和作业定额提供了客观依据，使得劳资双方有可能通过提高劳动生产率、扩大生产成果来协调双方的利害关系，从而推动了生产力的发展，劳动生产率有了大幅度的提高。

(3) 检验员质量管理：随着科技进步和生产力的发展，企业的生产规模不断扩大，在管理分工概念的影响下，企业中逐步产生了专职的质量检验岗位、专职的质量检验员和专门的质量检验部门，使质量检验的职能得到了进一步的加强。质量检验的手段是各种检测设备和仪表，方式是严格把关，进行百分之百的检验。

1）产品质量检验阶段的主要特点

① 该阶段质量管理只限于质量的检验。

② 通过严格的检验程序来控制产品质量，并根据预定的质量标准对产品质量进行判断。

③ 主要内容是检验工作，其主导思想是对产品质量“严格把关”。该阶段的优点体现在：在产品生产制造过程中，设计、制造、检验分属三个部门，有人专职制订标准（计

划），有人负责制造（执行），有人专职按照标准检验产品质量，对产品质量标准具有严肃性，各部门的质量责任得到严格划分。

2）质量检验阶段的不足。产品质量检验阶段从操作者质量管理发展到检验员质量管理，对提高产品质量有很大的促进作用。但随着科技、文化和生产力的发展，显露出质量检验阶段存在的许多不足：

① 事后检验，犹如“死后验尸”，没有在制造过程中起到预防和控制作用，即使检验查出废品，也已是“既成事实”，质量问题造成的损失已难以挽回。

② 全数检验，在大批量的情况下经济上不合理，还容易出现错检漏检，既增加了成本，又不能完全保证检验百分之百的准确。

③ 破坏性检验，判断质量与保留产品发生了矛盾。在大批量生产情况下，这些弱点尤为突出。

在这一阶段，要实施有效的检验，必须对产品是否合格确立一个标准，这里必须提到两个重要的历史事实：一是产品的标准化问题，二是公差界限问题。这两个问题的提出和实施为质量管理的进一步发展作了必不可少的技术准备。

【知识拓展 1-6】公差界限的产生

随着资本主义工业化大生产的发展，工厂工人劳动生产率几倍、几十倍甚至成千倍高于手工业工人，生产产品的大幅增长要求零部件系列化和标准化，从而达到互换性，以便大幅度降低成本、提高效率。这一生产要求又促使了精密量具的生产和应用。在 18 世纪四五十年代，美国的这种标准化生产模式取得了巨大成功，引起了欧洲各工业国家的广泛关注。随着生产的发展，人们实际上已经认识到一台机器再精密、调试得再准确、操作工人再熟练，但生产出来的产品质量特征不可能只取一个数值，这已由精密量具的使用而得到证明，这种认识是十分必要的，于是人们提出了公差界限的问题。在 1840 年左右，美国提出生产者对装配的零部件精密度规定一个公差界限；1870 年更加明确规定，超出公差界限即为不合格品，从而保证装配的零部件的通用性、互换性。公差界限概念的提出，实际上反映了人们追求质量水平和经济性最佳组合的一种新思考。

2. 统计质量控制阶段

“事后检验”、“全数检验”存在的不足引起了人们的关注，一些质量管理专家、数学家开始注意质量检验中的弱点，并设法运用数理统计的原理来解决这些问题。

在 20 世纪 20 年代，美国电报电话公司的贝尔（Bell）实验室成立了两个研究组：

（1）以休哈特博士（W. A. Shewhart）为首的工序控制组提出“事先控制，预防废品”的观念，发明具有可操作性的“质量控制图”，出版《Economic Control of Quality of Manufactured Product》一书（1931 年出版，该专著奠定了质量控制理论的基础）。休哈特主张对生产过程的控制，应事先做好生产设备的调试工作、生产环境的整顿工作、技术人员和生产人员的培训工作，并要求生产人员在生产过程中应规范操作，保证生产过程处于控制之中从而达到质量稳定的目的。

休哈特首创控制图绝不是偶然的，而是有着深刻的时代背景和实践背景。贝尔实验室是研究自动电话机的，在当时，每部电话机有 201 个零件，而实施电话机之间的通信装置更为复杂，要有 11 万个零件，生产电话机和通信装置的材料不但数量较多，而且价格昂贵。于是，如何在生产中提高质量、降低成本成为必须突破的难题。当时数理统计的理论已经有了突飞猛进的发展，这又为休哈特的控制图的发明提供了必不可少的理论基础。数理统计的理论需要在实践中寻找应用新领域，而休哈特的控制图在生产实践中应运而生。无独有偶，德国柏林大学的贝格等3人于1927年出版了《数理统计学对大量生产问题的应用》，他们得出了和休哈特几乎类似的结论，这也说明控制图的发明是时代造就的质量管理成果。

（2）以道奇博士（H. F. Dodge）为首的产品控制组道奇和罗米格（H. G. Romig）提出了“产品检查批允许不合格品率的概念及抽样方案”，后又提出“平均检出质量极限的概念及其抽样方案”，这些方案在贝尔实验室的大批量产品的生产中进行了无数次的应用，表明它是一种十分有效的质量管理方法。1944年，正式公布了“道奇—罗米格抽样方案”，两人所提出的抽样的概念和抽样方法，并设计“抽样检验表”，用于解决全数检验和破坏性检验所带来的问题。

由于当时西方资本主义国家经济衰退，这两套理论的推广受到了一定的影响。直到第二次世界大战，美国需要大量生产军需用品，因而迫切要求进行质量控制，这才得以推广。20世纪40年代，美国制定了三个战时质量控制标准：AWSZ1. 1—1941《质量控制指南》；AWSZ1. 2—1941《数据分析用控制图法》；AWSZ1. 3—1942《工序控制图法》。自20世纪40年代起，W. E. Deming博士把统计质量控制的方法传播给了日本企业，对日本的质量管理作出巨大贡献。

统计质量控制阶段的特点是：

1）把质量管理的重点由生产线的“终端”移至生产过程的“工序”，从“事后把关”变为“预先控制”，并很好地解决了全数检验和破坏性检验的问题；

2）把全数检验改为随机抽样检验，用抽样数据的统计分析制作“控制图”，再用控制图对工序进行加工质量监控，杜绝过程中大量不合格品的产生。

从质量检验阶段发展到统计质量控制阶段，质量管理的理论和实践都发生了一次飞跃。但是，由于过多地强调了统计方法的作用，忽视了其他方法和组织管理对质量的影响，使人们误认为质量管理就是统计方法，而且这种方法又高深莫测，让人们望而生畏。质量管理成了统计学家的事情，限制了统计方法的推广发展，也限制了质量管理的范畴，即将质量的控制和管理局限在制造和检验部门。

3. 全面质量管理阶段

（1）全面质量管理的概念。全面质量管理，其英文表达为Total Quality Management（TQM）或者Total Quality Control（TQC），ISO 8402把全面质量管理定义为：一个组织以质量为中心，以全员参与为基础，目的在于通过让顾客满意和本组织所有成员及社会受益而达到长期成功的管理途径。

【知识拓展1-7】“全面质量管理”概念的提出

1961年，美国通用电气公司（GE）质量总经理菲根堡姆（A. V. Feigenbaum）出版了《Total Quality Control》一书，指出“全面质量管理是为了能够在最经济的水平上并考虑充分满足用户要求的条件下进行市场研究、设计、生产和服务，把企业各部门的研制质量、维持质量和提高质量的活动构成一体的有效体系”，从而提出了全面质量管理的理念：质量职能应由公司全体人员来承担；解决质量问题不能仅限于产品制造过程，应贯穿于产品质量产生、形成和实现的全过程；解决质量问题的方法不能仅限于检验和数理统计方法。

著名的质量管理专家朱兰提出全面质量管理有三个环节：质量策划、质量控制和质量改进，这就是“朱兰三部曲”。

促成全面质量管理的因素有：

1）高、精、尖产品的质量控制要求，人们对产品质量的要求从单纯的使用性能发展为对耐用性、美观性、安全性、可靠性及经济性的全面关注，这对质量管理提出了新的课题。

2）消费者运动，这就迫使企业更加强化质量管理，该运动成为质量管理理论发展和实践推行的巨大动力。

3）系统理论和行为科学理论等管理理论的出现和发展，系统分析的观念和方法日趋成熟并广泛应用于生产和管理中。于是，人们认识到质量管理问题不能同外部环境相隔离，只能把其作为企业管理系统乃至社会大系统的一个子系统。因此，联系的观点、制约的观点、沟通的观点在质量管理中被广泛应用。并且，以人为本的观念被充分强调，于是重视人的积极因素、调动人的积极因素、组织员工的广泛参与成为质量管理中被广泛接受的理念并付诸实施。

4）国际市场竞争加剧。随着国际贸易的发展、市场竞争尤其是国际市场竞争的加剧，质量已成为企业竞争的核心要素，各国企业都十分重视产品责任和质量保证问题，强化质量管理、以确保用户要求、可靠地使用产品。

（2）全面质量管理的主要思想

1）质量第一，以质量求生存。任何产品都必须达到所要求的质量水平，否则就没有或未完全实现其使用价值，从而给消费者及社会带来损失。从这个意义上讲，质量必须是第一位的。市场的竞争其实就是质量的竞争，企业的竞争能力和生存能力主要取决于它满足社会质量需求的能立。

2）以顾客为中心，坚持用户至上。外部的顾客可以是最终的顾客，也可以是产品的经销商或再加工者；内部的顾客是企业的部门和人员。实行全过程的质量管理要求企业各个工作环节都必须树立为顾客服务的思想。内部顾客满意是外部顾客满意的基础。因此，在企业内部要树立“下道工序是顾客”，“努力为下道工序服务”的思想。只有每道工序都坚持高标准，都为下道工序着想，为下道工序提供最大的便利，企业才能目标一致地、协调地生产出符合规定要求、满足用户期望的产品。可见，全过程的质量管理就意味着全面质量管理要“始于识别顾客的需要，终于满足顾客的需要”。

3）预防为主、不断改进产品质量。优良的产品质量是设计和生产制造出来的，而不是靠事后的检验决定的。事后的检验面对的是已经既成事实的产品质量。根据这一基本道理，全面质量管理要求把管理工作的重点，从“事后把关”转移到“事前预防”上来；从管结果转变为管因素，实行“预防为主”的方针，把不合格品消失在它的形成过程之中，做到“防患于未然”。强调预防为主、不断改进的不排斥质量检验，而且甚至要求其更加完善、更加科学。

4）用数据说话，以事实为基础。在全面质量管理工作中要求具有科学的工作作风，有效的管理是建立在数据和信息分析的基础上的，必须做到“心中有数”，以事实为基础。为此，必须要广泛收集信息，用科学的方法处理和分析数据和信息。

5）重视人的积极因素，突出人的作用。各级人员是组织之本，只有他们的充分参与，才能使他们的才干为组织带来收益。全面质量管理不仅需要最高管理者的正确领导，更重要的是充分调动企业员工的积极性。

（3）全面质量管理的特点

1）全面的质量管理。全面质量的管理，即全面的质量管理的对象——“质量”的含义是全面的，不仅要管产品质量，还要管产品质量赖以形成的工作质量和工程质量。把以产量、产值为中心转变为以质量为中心，围绕质量开展组织的经营管理活动，质量管理必须综合考虑质量、价格、交货期和服务，而不能只考虑狭义的产品质量。

2）全过程的质量管理。全过程的质量管理，即全面质量管理范围是全面的。质量问题不限于产品的制造过程，解决质量问题也是如此，应该在整个产品质量产生、形成、实现的全过程中都实施质量管理。把过去以事后检验为主转变为以预防为主，即从管理结果转变为管理因素。由单纯符合标准转变为满足顾客需要，强调不断改进过程质量来达到不断改进产品质量。

3）全员的质量管理。全员性的质量管理，即全面质量管理要求参加质量管理的人是企业全体人员。质量职能是企业全体人员的责任，企业全体人员都应具有质量意识和承担质量责任，质量管理的全员性、群众性是科学质量管理的客观要求。产品质量的好坏，是许多工作和生产环节活动的综合反映。全面质量管理要求企业在集中、统一的领导下，把各部门的工作有机地组织起来，人人都必须为提高产品质量，为加强质量管理尽自己的职责。只有人人关心产品质量，都对质量高度负责，企业的质量管理才能搞好，生产优质产品才有坚定基础和可靠保证。

4）全系统的质量管理。全面质量管理用来管理质量的方法是全面的、多种多样的，把过去就事论事、分散管理转变为以系统的观点为指导进行全面综合管理。质量管理仅靠检验和统计控制方法是不够的，解决质量问题的方法和手段是多种多样的，而且还必须有一整套的组织管理工作。综合地运用多种方法进行质量管理，是科学质量管理的客观要求。

（4）全面质量管理的实践。日本在推进全面质量管理过程中作出了创新探索，提出开展 QC 小组活动，使质量管理工作扎根于员工之中，使其具有广泛的群众基础，并且提出了“质量改进七种工具”。在日本有被称为“全公司的质量控制（CWQC）”或一贯质量管理。日本著名质量管理专家石川馨提出“广义的质量”以及“因果图”，田口玄一提出“质量损失函数概念”，赤尾洋二提出 QFD 等方法，这些方法都对质量管理的发展作出了卓越贡献，在世界各国得到了广泛的推广。日本的全面质量管理实践说明，全面质量管理是以数理统计方法为中心的科学管理方法。

美国虽然是全面质量管理理论的诞生地，但该理论真正取得成功的却是在日本，其实施特点是结合本国实际。20 世纪 80 年代，面对国际竞争的不利局面，美国人反思了自身在质量上的失误，在戴明的推动下，又把质量管理置于企业管理的核心地位，并努力付诸实施，终于取得成效，到了 20 世纪 90 年代，美国的钢铁、汽车等质量又超过了日本。这种经历又为全面质量管理重在实践、重在应用作了一个最好的注脚。

【知识拓展 1-8】 质量管理专家——戴明

威廉·爱德华兹·戴明（William Edwards Deming），于 1900 年 10 月 4 日生于美国艾奥瓦州的苏城，是一位在美国成长起来的质量管理学者。1928 年，他在耶鲁大学获得了博士学位。第二次世界大战的结果，改变了世界也改变了戴明本人。

1947 年，戴明接受盟军最高指挥部的征召，赴日本帮助当地的战后重建。1950 年 7 月 10 日至 18 日，戴明受邀在日本四大城市授课，戴明在日本的讲座不再突出他擅长的统计学，而是突出品质管理。他立足于一个基本信念，即高质量可以降低成本。戴明预言："只要运用统计分析，建立质量管理机制，五年后日本的产品就可以超过美国"，当时没有人相信这一断言。然而，日本的产品质量总体水平在四年后（约 1955 年）就超过了美国。到 20 世纪 70～80 年代，不仅在产品质量上，而且在经济总量上，日本工业最终对美国工业造成了巨大的挑战。在随后的 30 年间，戴明在日本各地举办全面质量管理培训讲座，传授他的管理思想，他关于质量管理的理论框架和操作要点，基本是在日本成型的。戴明在战后日本的经济重建中发挥了巨大作用，尤其是在质量管理方面做出了划时代的业绩，大师的地位由此奠定。

在国际上，有两个质量管理的奖项均以戴明的名字命名，一个在日本，一个在美国。日本的戴明奖，是由日本科技联盟（JUSE）于 1951 年设立的；美国的戴明奖，是由美国统计协会大都市分会（The Metropolitan Section）于 1990 年设立的。这两个奖项，都颁发给对改进质量与生产力有贡献的人士。

【课堂活动 1-6】 讨论：校园中的质量准则。

关于校园中的质量准则，有这样一些观点：

A. 信奉以顾客为中心的原理，并不代表着老师放弃标准，给所有学生的成绩都是 A。

B. 如果学生不及格，那么证明这套理论体系也是失败的。

C. 学校负责主修课程教学的老师是讲授预修课程教师的顾客。

D. 将学生作为顾客看待就可以允许他们自由选择上课与否。

E. 完成教学大纲不是教师成功与否的评价标准。

F. 新任教师以及其他在职教师均应相互观摩教学课程。

G. 以教学评估替代成绩评价。

对于上述观点，你赞同吗？他们是怎样理解全面质量原理的？传统教学体系中的教师与学生需要作出哪些改进？

4. 标准质量管理阶段

（1）ISO 9000 质量管理标准

1）ISO 9000 质量管理标准的产生。全球经济的发展，要求贸易中质量管理和质量保证要有共同的语言和准则，并作为质量评价所依据的基础。为适应全球性质量体系认证的多边互认、减少技术壁垒和贸易壁垒的需要，国际标准化组织（International Organization for Standardization，简称 ISO）在总结世界各国，特别是工业发达国家的质量管理基础上，通过协调各国质量标准的差异，于 1987 年发布 ISO 9000《质量管理和质量保证系列国际标准》，并于 1994 年发布 ISO 9000 族国际标准版本（ISO 9000 Family）。

自从 1987 年 ISO 9000 系列标准问世以来，为了加强品质管理，适应品质竞争的需要，企业纷纷采用 ISO 9000 系列标准在企业内部建立品质管理体系，申请品质体系认证，很快形成了一个世界性的潮流，得到 100 多个国家和地区的采用，并转化为本国的国家标准。至 1999 年底已有 30 多万个企业通过了认证，其应用的广泛和影响的深远为前所未有。我国于

1988 年等效采用了 ISO 9000 标准，1992 年将等效采用改为等同采用，1994 年等同采用了 ISO 9000 族标准版本，至 1999 年底已有 15000 多家企业通过了认证。

ISO 9000 族标准产生的社会背景和基础：

① 优胜劣汰的市场经济是产生 ISO 9000 族标准的社会基础。

② 消除国际贸易中的质量体系注册/认证等方面的技术壁垒，促进国际贸易顺利发展是 ISO 9000 族标准产生的经济基础，这是产生 ISO 9000 族标准的直接原因。

1973 年在海牙国际司法会议上通过了《关于产品责任适用法律公约》之后，欧洲理事会在丹麦斯特拉斯堡缔结了《关于造成人身伤害与死亡的产品责任欧洲公约》。同时，为了消除非关税壁垒，经缔约国谈判通过的《技术标准守则》对商品质量检测合格评定、技术法规等方面作了详尽的规定。由于许多国家和地方性组织相继发布了一系列质量管理和质量保证标准，制订质量管理国际标准已成为一项迫切的需要。为此，经理事会成员国多年酝酿，ISO 于 1979 年单独建立了质量管理和质量保证技术委员会（TC176），负责制订质量管理的国际标准。

③ 高科技产品的需求是 ISO 9000 族标准产生的技术基础。

④ 世界各国制定与颁布的质量责任、法令、法律、法规，把质量保证体系的建立与实施作为强制性的社会要求，这是 ISO 9000 族标准产生的法律基础。在加拿大有四级质量大纲标准（即 CSA299），在英国有三级质量保证体系标准（即 BS5750）等。

⑤ 各国消费者权益保护运动的广泛深入开展，成为 ISO 9000 族标准产生和发展的群众基础。

⑥ ISO 9000 族标准来源于 20 世纪 40 年代的美国军工行业标准，经过半个多世纪的实践，逐步发展成国家标准，最后成为国际标准，这是 ISO 9000 族标准产生和发展必不可少的实践基础。

2）2000 版 ISO 9000 质量管理标准简介。ISO 9000 标准于 1986－1987 年首次发布，1994 年修订、补充为第二版，2000 年发布第三版，于 2005 年正式发布了 ISO 9000：2005《质量管理体系——基础和术语》，于 2008 年正式发布了 ISO 9001：2008《质量管理体系——要求》。

2000 版 ISO 9000 标准由以下标准和支持性文件组成：

第一部分，核心标准：

① ISO 9000：2005《质量管理体系——基础和术语》。该标准描述了质量管理体系的基础，并规定了质量管理体系术语。该标准是 ISO 9000 标准的第三版，取代了 ISO 9000：2000 标准。

② ISO 9001：2008《质量管理体系——要求》。该标准提供了质量管理体系的要求，供组织证实其提供满足顾客和适用法规要求产品的能力时使用。组织通过有效地实施体系，包括过程的持续改进和预防不合格，使顾客满意。此标准取代了 ISO 9001：2000 版标准。

③ ISO 9004：2009《质量管理体系——业绩改进指南》。该标准提供了改进质量管理体系业绩的指南，包括持续改进过程，提高业绩，使组织的顾客和其他相关方满意。此标准特别关注改进一个组织的总体业绩与效率，对于最高管理者希望通过业绩持续改进，追求成熟的组织，此标准推荐了指南。在组织有意愿并在合同条件下，该标准可用于认证或成熟度评估。

④ ISO 19011：2003《质量和环境审核指南》。该标准提供了质量管理体系和环境管理体系审核的基本原则、审核方案的管理、审核的实施以及审核员资格要求等。

第二部分，其他标准（目前只有一项）：

ISO 10012《测量控制系统》。

第三部分，技术报告：

目前已发布的，如 ISO/TR10013《质量管理体系文件指南》，其中标准编号中“TR”表示该文件是技术报告。

第四部分，小册子：

ISO/TC176 将根据需要，编写一些宣传小册子，作为执行标准的指导性文件，如《质量管理原则》《选择和使用指南》《小型组织实施指南》。

【知识拓展 1-9】关于 ISO

ISO 是国际标准化组织的英语简称，其全称是 International Organization for Standardization，又称“经济联合国”（现有成员国 150 多个）。ISO 为一非政府的国际科技组织，是世界上最大的、最具权威的国际标准制订、修订组织。国际标准化组织 ISO 的前身是国际标准化协会（ISA），该协会成立于1926 年。1946 年 10 月，来自中国、英国、法国、美国等 25 个国家的 64 名代表聚会于伦敦，决定成立一个新的国际标准化机构——国际标准化组织（ISO）。1947 年 2 月，ISO 宣告正式成立。ISO 的最高权力机构是每年一次的“全体大会”，其日常办事机构是中央秘书处，设在瑞士的日内瓦。ISO 宣称它的宗旨是“发展国际标准，促进标准在全球的一致性，促进国际贸易与科学技术的合作。

ISO 标准由技术委员会（TECHNICAL COMMITTEES，简称 TC）制订。ISO 共有 200 多个技术委员会，2200 多个分技术委员会（简称 SC），TC 和 SC 下面还可设立若干工作组（WG）。TC176 即 ISO 中第 176 个技术委员会，全称是“质量保证技术委员会”，1987 年更名为“质量管理和质量保证技术委员会”。TC176 专门负责制订质量管理和质量保证技术的标准。

（2）质量管理八项原则。ISO 9000：2005 标准中明确了质量管理的八项原则，这八项原则科学地总结了世界各国多年来理论研究的成果和实践经验，体现了质量管理的基本规律，是 2005 版 ISO 9000 质量管理体系标准的基础。

1）以顾客为关注焦点。组织依存于顾客。因此，组织应理解顾客当前的和未来的需求，满足顾客要求并争取超越顾客期望。顾客是每一个组织存在的基础，顾客的要求是第一位的，组织应调查顾客的需求和期望，并把它转化为质量要求，采取有效措施使其实现。这个指导思想不仅领导要明确，还要在全体职工中贯彻。

2）领导作用。领导必须将本组织的宗旨、方向和内部环境统一起来，并创造使员工能够充分参与实现组织目标的环境。领导的作用，即最高管理者起决策和领导一个组织的关键作用。为了营造一个良好的环境，最高管理者应建立质量方针和质量目标，确保关注顾客要求，确保建立和实施一个有效的质量管理体系，确保应得资源，并随时将组织运行的结果与目标相比较，根据情况决定实现质量方针、目标的措施，决定持续改进的措施。在领导作风上还要做到透明、务实和以身作则。

3）全员参与。各级人员是组织之本，只有他们充分参与，才能使他们的才干为组织带来最大的收益。全体职工是每个组织的基础，组织的质量管理不仅需要最高管理者的正确领导，还依赖于全员的参与。所以，要对职工进行质量意识、职业道德、以顾客为中心的意识和敬业精神的教育，还要激发他们的积极性和责任感。

4）过程方法。任何使用资源和管理，将输入转化为输出的一项活动或一组活动可视为一个过程。为使组织有效运行，必须确定和管理众多相互关联的活动。通常，一个过程的输出将直接形成下一个过程的输入。系统地识别和管理组织所应用的过程，特别是这些过程之间的相互作用，称为“过程方法”。

在应用于质量管理体系时，ISO 9000 标准建立了一个过程模式。此模式把管理职责，资源管理，产品实现，测量、分析和改进作为体系的四个主要过程，描述其相互关系，并以顾客要求为输入，提供给顾客的产品为输出，通过信息反馈测定的顾客满意度，评价质量管理体系的业绩。以过程为基础的质量管理体系模式如图 1-2 所示。

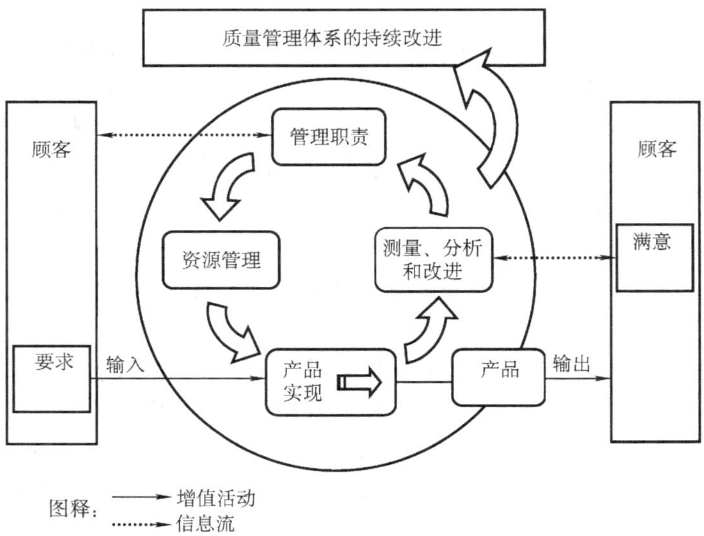

图 1-2　以过程为基础的质量管理体系模式

在质量管理体系中，过程方法强调：

① 对整个过程给予界定，以理解并满足要求和实现组织的目标。

② 从增值的角度考虑过程。

③ 识别过程内部和外部的顾客，供方和其他受益者。

④ 识别并测量过程的输入和输出，获得过程业绩和有效性的结果。

⑤ 基于客观的测量进行持续的过程改进。

5）管理的系统方法。针对设定的目标，识别、理解并管理一个由相互关联的过程所组成的体系，有助于提高组织的有效性和效率。这种建立和实施质量管理体系的方法，既可用于新建体系，也可用于现有体系的改进。此方法的实施可在三个方面受益：一是提供对过程能力及产品可靠性的信任；二是为持续改进打好基础；三是使顾客满意，最终使组织获得成功。

6）持续改进。持续改进是组织的一个永恒的目标。在质量管理体系中，改进指产品质量、过程及体系有效性和效率的提高。持续改进包括了解现状，建立目标，寻找、评价和实施解决办法，测量、验证和分析结果，把更改纳入文件等活动。

7）基于事实的决策方法。专家认为，对数据和信息的逻辑分析或直觉判断是有效决策的基础。以事实为依据作决策，可防止决策失误。在对信息和资料作科学分析时，统计技术是最重要的工具之一。统计技术可用来测量、分析和说明产品和过程的变异性，统计技术可以为持续改进的决策提供依据。

8）与供方互利的关系。专家认为，通过互利的关系，可以增强组织及其供方创造价值的能力。供方提供的产品将对组织向顾客提供满意的产品产生重要影响。因此，能否处理好与供方的关系，影响到组织能否持续稳定地提供给顾客满意的产品。对供方不能只讲控制不讲合作互利，特别是对关键供方，更要建立互利关系，这对组织和供方都有利。

（3）质量管理体系

1）质量管理体系的定义。实现质量管理的方针目标，有效地开展各项质量管理活动，必须建立相应的管理体系，这个体系就叫质量管理体系（Quality Management System，QMS）。ISO 9001：2008 标准定义为“在质量方面指挥和控制组织的管理体系”，通常包括制定质量方针、目标，以及质量策划、质量控制、质量保证和质量改进等活动。

质量管理体系是相互关联和作用的组合体，包括：

① 组织结构：合理的组织机构和明确的职责、权限及其协调的关系。

② 程序：规定到位的形成文件的程序和作业指导书，是过程运行和进行活动的依据。

③ 过程：质量管理体系的有效实施，是通过其所需申请过程的有效运行来实现的。

④ 资源：必需、充分且适宜的资源包括人员、资金、设施、设备、原料、能源、技术和方法。在现代企业管理中，质量管理体系最新版本的标准是 ISO 9001：2008，是企业普遍采用的质量管理体系。

2）质量管理体系的建立。质量管理和质量体系要素第一部分指南中指出，质量管理体系建立的依据是质量环。质量环包括 12 个环节，如图 1-3 所示。它把全过程中各质量职能按照逻辑顺序串联起来，用来表征产品形成的整个过程及其规律性，反映了产品质量形成的客观规律性，它是指导企业建立质量体系的理论基础和基本依据。

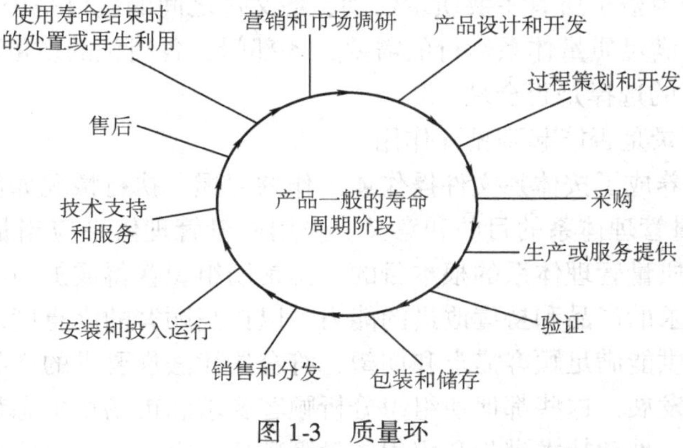

图 1-3　质量环

3）质量管理体系的实施过程。建立、完善质量体系一般要经历质量体系的策划与设计，质量体系文件的编制、质量体系的试运行，质量体系审核与评审四个阶段，每个阶段又可分为若干具体步骤。

① 质量体系的策划与设计。该阶段主要是做好各种准备工作，包括教育培训，统一认识，组织落实，拟订计划；确定质量方针，制订质量目标；现状调查和分析；调整组织结构，配备资源等方面。

② 质量体系文件的编制。一个企业的质量管理就是通过对企业内各种过程进行管理来实现的，因而就需要明确对过程管理的要求、管理的人员、管理人员的职责、实施管理的方法以及实施管理所需要的资源，并把这些用文件形式表述出来，就形成了该企业的质量体系文件。质量体系文件一般包括质量手册、程序文件、作业书、产品质量标准、检测技术规范与标准方法、质量计划、质量记录、检测报告等。

③ 质量体系的试运行。质量体系文件编制完成后，质量体系将进入试运行阶段。其目的是通过试运行，考验质量体系文件的有效性和协调性，并对暴露出的问题采取改进措施和纠正措施，以达到进一步完善质量体系文件的目的。在质量体系的试运行过程中，要重点抓好以下工作：

a. 有针对性地贯彻质量体系文件。使全体职工认识到新建立或完善的质量体系是对过去质量体系的变革，是为了向国际标准接轨，要适应这种变革就必须认真学习、贯彻质量体系文件。

b. 实践是检验真理的唯一标准。体系文件通过试运行必然会出现一些问题，全体职工应将从实践中出现的问题和改进意见如实反映给有关部门，以便采取纠正措施。

c. 将体系试运行中暴露出的问题，如体系设计不周、项目不全等进行协调和改进。

d. 加强信息管理，不仅是体系试运行本身的需要，也是保证试运行成功的关键。所有与质量活动有关的人员都应按体系文件要求，做好质量信息的收集、分析、传递、反馈、处理和归档等工作。

④ 质量体系的审核与评审。质量体系审核在体系建立的初始阶段往往更加重要。在这一阶段，质量体系审核的重点，主要是验证和确认体系文件的适用性和有效性。

审核与评审的主要内容一般包括：

a. 规定的质量方针和质量目标是否可行。

b. 体系文件是否覆盖了所有主要质量活动，各文件之间的接口是否清楚。

c. 组织结构能否满足质量体系运行的需要，各部门、各岗位的质量职责是否明确。

d. 质量体系要素的选择是否合理。

e. 规定的质量记录是否能起到见证作用。

f. 所有职工是否养成了按体系文件操作或工作的习惯，执行情况如何。

4）建立实施质量管理体系的目的和意义。采用质量管理体系应当是组织的一项战略性决策。组织建立实施质量管理体系的根本目的，是帮助组织获得或提高稳定提供满足顾客要求和适用法律法规要求的产品和持续改进的能力，以提高顾客的满意度。

组织为向顾客提供能满足顾客需求和期望、符合法律法规要求的产品，以及应对市场竞争和跟进科学技术的发展，这些都促使组织分析顾客要求和市场竞争态势，通过制订质量方针和质量目标为导向，推动技术进步和应用质量管理体系方法。进而确定相关的过程，并使其持续受控，以实现顾客能接受的产品，并持续地改进产品和过程，以提高顾客和其他相关方的满意度。

质量管理体系要求是通用的，适用于所有行业或经济领域，不论其提供何种类别的产品，但对每个组织，应建立实施适合自身实际需要的个性化的质量管理体系。所以，一个组织在建立质量管理体系时，应考虑的因素包括需求、方针、战略、结构、类型、规模、产品、过程和环境等。

（4）质量认证

1）产品质量认证

① 产品质量认证的含义。产品质量认证由第三方依据程序对产品符合规定的要求给予书面保证，也就是说通过第三方（认证机构）颁发的认证证书使有关方面（关心产品质量的组织和个人）确信通过认证的产品符合特定的产品质量标准和规定。

产品质量认证有助于企业产品质量水平的提高，使企业建立健全有效完善的质量体系，为销售商和最终用户提供适当的信任，这有助于降低成本，增加社会效益和经济效益，树立企业形象，开拓市场。

我国《产品质量认证管理》规定，产品认证分为安全认证和合格认证。安全认证属于强制性认证的范畴，而合格认证一般是自愿的。

② 产品质量认证的程序。企业取得产品质量认证主要有以下几个步骤：

a. 申请。企业申请产品质量认证，首先向具有认证资格的产品质量认证机构提交书面申请。

b. 审查和检验。企业产品质量认证申请被接受后，认证机构应当组织人员对企业进行质量体系审查，经质量体系审查合格后，由认证机构委托符合法定条件的产品质量检验机构对申请认证的产品依照认证标准进行抽样检验。

c. 批准。企业通过质量体系检查和产品样品检验后，认证机构负责对企业质量体系检查报告和样品检验报告进行全面审查，依法对符合规定条件的产品批准认证，颁发认证证书，并允许企业在该产品上使用认证标志。

2）质量管理体系认证

① 质量管理体系认证的含义。质量管理体系认证是根据国际标准化组织（ISO）颁布的 ISO 9000 质量管理体系国际标准，经过认证机构对企业的质量体系进行审核，并以颁发认证证书的形式证明企业的质量管理体系和质量保证能力符合相关要求，授予合格证书并予以注册的全部活动。

② 质量管理体系认证程序。质量管理体系认证是通过第三方质量管理体系审核活动完成的。其具体程序如下：

a. 组织向认证机构申请。组织自我评估认为具备认证的条件，可向认证机构提交申请书。

b. 认证机构评审和受理申请。认证机构对组织提交的申请书进行评审，如果满足认证审核的基本条件则受理申请。

c. 认证机构初访（需要时）。需要时，认证机构安排初访，初访的目的是了解组织现状、确定审核范围，确定审核工作量。

d. 签订认证合同。认证机构与委托方签订认证合同，确定正式合作关系，缴纳申请费。委托方或被审核方向认证机构提交管理手册、程序文件及相关背景材料。

e. 确定审核组并开展文件预审。认证机构指定审核组长，组成审核组，开始审核准备工作。审核组长组织文件预审，如文件无重大问题，则开始准备正式审核。

f. 审核准备。审核组长编制审核计划，确定审核目的、范围、准则、日程安排等，审核计划经被审核方确认。审核组长组织审核组成员进行审核准备。

g. 现场审核。审核组按照审核计划对被审核方进行现场审核。

h. 提交审核结论。审核组根据现场审核做出审核结论，审核结论可能有三种：推荐注册、推迟或暂缓注册、不推荐注册。

i. 批准注册。认证机构技术委员会审定是否批准注册，如批准，则颁发认证证书，并在其网站上公布。

j. 定期监督审核。认证机构对获证组织进行监督审核，监督审核一般每年一次。认证证书有效期为三年，到期需进行复评。

产品质量认证与质量体系认证统称质量认证，但两者是有区别的。质量体系认证不能代替产品质量认证，质量体系认证合格不等于产品质量认证合格，产品质量认证有时包含对质量体系的认证。

【知识拓展 1-10】关于质量认证标志

使用认证标志是国际上的共同做法。

➢ 我国的认证标志

依据国家质量监督检验检疫总局和国家认证认可监督管理委员会发布的相关管理规章，我国进行强制性产品认证。并自 2003 年 5 月 1 日起实施称为新强制性产品认证制度，其标志名称为“中国强制认证”，英文名称为“China Compulsory Certification”，英文缩写为“CCC”，可简称为“3C”标志，如图 1-4 所示。

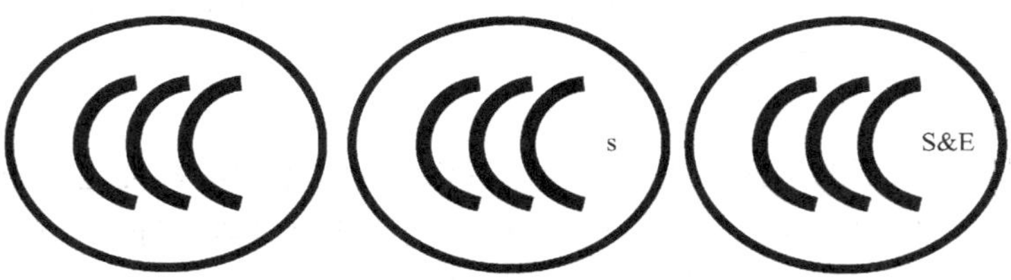

a)　　　　b)

图 1-4　“3C”标志

a）认证标志基本图案　b）认证标志图案

除 3C 标志外，我国的主要认证标志还有方圆标志，是获准合格认证的产品使用的合格认证标志（图 1-5a）；PRC 标志，为电子元器件专用认证标志（图 1-5b）；以及香港特别行政区的 HK 标志，为香港特别行政区的优质产品标志，如图 1-5c 所示。

➢ 国外的认证标志

欧盟的强制认证标志为 CE，是欧盟许多国家语种中的“欧盟”这一词组的缩写，CE 代表欧洲统一（CONFORMITY EUROPEENNE），如图 1-6a 所示；美国的强制认证标志为 FCC，是联邦通信委员会英文 Federal Communications Commission 的缩写，如图 1-6b 所示。

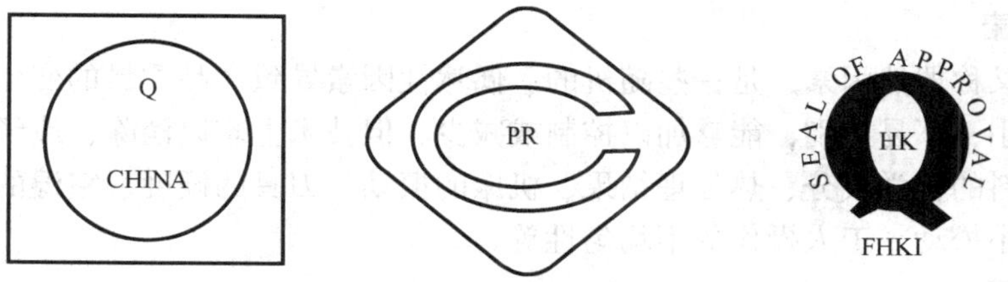

a)　　b)　　c)

图 1-5　我国主要的认证标志

a）获准合格认证的产品使用的合格认证标志　b）电子元器件专用认证标志　c）香港特别行政区的优质产品标志

a)　　b)

图 1-6　强制认证标志

a）欧盟的强制认证标志　b）美国的强制认证标志

1.3　影响产品质量的因素

现代工业产品的质量一般都是通过规格和标准反映出来的，如节能灯、电池要有一定的使用寿命；钢丝绳、化学纤维要有一定的抗拉强度；电气元件要有一定的稳定性等。但是无论在任何情况下，按一定的标准（包括设计标准、材料标准、工艺标准、工作标准等）制造的大量同类产品间总是存在着差别，称之为变异，即同类产品的质量不会绝对相同，而是存在着差异或分散的情况，即总是存在某种因素影响着产品质量。

1.3.1　根据产品质量变异的来源分类

根据质量变异的来源，可以把影响产品质量的因素划分为人员（Man）、机器（Machine）、材料（Material）、方法（Method）、环境（Environment）和测量（Measurement），根据每个因素的英文首字母简记为 5M1E。

其中，人员的因素主要有人的思想觉悟、身体素质、数量、技术水平、职业资格等级等；机器的因素主要有工具、设备等的完好性，数量、维修及时性等；材料的因素主要有材料的质量、数量、型号、性能等；方法的因素主要有操作方法、程序、工艺的科学性等；环境的因素主要有现场环境、天气环境、管理环境等；测量的因素主要有测量工具的数量、性能、测量过程的可靠性、读数的准确性等。

【课堂活动 1-7】 讨论：要有效防止不合格产品，应如何入手？

1.3.2　根据产品质量变异的原因分类

根据产品质量变异的原因可以分为三大类：随机因素、系统因素、异常的特殊因素。

1. 随机因素

随机因素又称偶然因素，是一些随机的、偶然性因素导致产品质量的变化。随机因素对质量影响比较小，不易识别，能够加以控制或减少，但技术上难以消除，或经济上不值得消除。例如原材料的化学成分、热处理结果、机床的振动、刀具的硬度、室温的变化、夹具的弹性变形及微小松动、工人操作的不均匀性等。

2. 系统因素

系统因素又称为非偶然因素，是一些不经常发生的、对产品质量影响比较大而又前后呈现一定规律的因素，容易识别，也能消除。如刀具的磨损、原材料不合格、机器设备故障、操作方法不当等。

3. 异常的特殊因素

异常的特殊因素是在特殊情况下产生的，如电力供应混乱、机器失灵、操作人员思想不集中等。

随机因素是不可避免的，系统因素是可以避免的；产品质量控制就是要对系统性因素造成的产品质量差异加以控制，以保证生产的产品质量符合标准。

1.3.3 按质量因素对质量作用的强弱分类

按质量因素对质量作用的强弱程度可以划分为主要因素与次要因素。

影响产品质量的因素非常多，然而并非所有的因素都同样重要，其中有一些因素虽然数量不多，但一旦出现显著的变动，便会产生重大的、系统的影响；而另一类因素尽管数目很多，可是影响甚微，不会造成大范围的质量问题。质量控制的主要功能就是通过一系列作业技术和活动将各种质量变异和波动减少到最低程度。

1.4 质量改进

1.4.1 质量改进的概念

质量改进是建立在一些基本过程之上的，要弄清质量改进的概念，必须了解质量改进与质量控制、质量突破之间的关系。

1. 质量改进与质量控制

质量控制与质量改进是不同的，主要有以下区别和联系。

（1）定义的区别。ISO 9000：2005 标准对质量改进与质量控制的定义分别为：

质量改进是质量管理的一部分，致力于提高满足质量要求的能力。

质量控制是质量管理的一部分，致力于满足质量要求的能力。

质量控制是消除偶发性问题，使产品质量保持在规定的水平；而质量改进是消除系统性问题，对现有的质量水平在控制的基础上加以提高，使质量达到一个新水平、新高度。

（2）实现手段的区别。当产品或服务质量不能满足规定的质量要求时，质量改进可以提高质量水平，使产品质量不断提高；当产品质量已满足规定要求时，质量改进的作用是致力于满足比规定要求更高的要求，从而不断提高顾客的满意程度。

质量改进是通过不断采取纠正和预防措施来提高企业的产品质量水平；而质量控制主要

是通过日常的检验、试验调整和配备必要的资源，使产品质量维持在固定的水平。

（3）两者的联系。质量控制与质量改进是互相联系的。质量控制的重点是防止异常质量变异的发生，充分发挥过程应有的能力，而质量改进的重点是提高满足质量要求的能力。使正常质量变异的幅度达到满足顾客质量要求的程度。首先要搞好质量控制，充分发挥现有控制系统能力使全过程处于受控状态。然后在控制的基础上进行质量改进，使产品从产生、形成到实现的全过程都能满足顾客要求，达到一个新水平。没有稳定的质量控制，质量改进也无法取得良好的效果。

2. 质量改进与质量突破

质量改进与质量突破是密不可分的，同时两者之间又有区别。

（1）质量突破与质量改进的目的相同。质量突破通过消灭工作水平低劣的长期性原因（包括思想上的和管理上的原因），使现有的工作达到一个较高的水平，从而使产品质量也达到较高的水平；同样，质量改进也是为了实现质量水平的提高。

（2）质量突破是质量改进的结果。质量突破表明产品的质量水平得到了提高，质量突破是通过日常许多大大小小的质量改进来实现的。只有不断实施持续的质量改进，才能使产品的质量水平提高，才能实现质量突破。

（3）质量改进侧重过程，质量突破侧重结果。质量改进是一个过程，按 PDCA 循环进行，由于种种原因，每次改进质量的活动不一定都能取得好的效果，产品质量的水平不一定都能得到提高；但质量突破则表明产品的质量水平得到了较大的提高，并取得了良好的效果。

1.4.2　质量改进的重要意义

1. 质量改进的必要性

目前，我国企业更迫切地需要开展质量改进，以提高产品的质量水平，提高顾客的满意程度，不断降低成本，提高市场竞争力。单从技术角度看，质量改进的必要性体现在以下几个方面。

（1）在企业使用的现有技术中，需要改进的地方如下。

1）新技术、新工艺、新材料的发展，对原有的技术提出了改进要求。

2）技术与不同企业的各种资源之间的最佳匹配问题，要求技术必须不断改进。

（2）优秀的工程技术人员也需要不断学习新知识，增加对过程中一系列因果关系的了解。

（3）技术再先进，方法不当、程序不对也无法实现预期目的。在重要的地方，即使一次质量改进的效果不明显，但是日积月累，将会取得意想不到的效果。

如果从生产设备、工艺装备、检测装置、人力资源等不同角度考察，考虑顾客质量要求的不同，质量改进同样是必要的。

2. 质量改进的意义

质量改进是质量管理的重要内容，其重要意义包括以下几方面。

（1）质量改进强调的是突破和发展，不断提高质量水平，其追求的是卓越、零缺陷和一次成功的目标，坚持不懈地持续质量改进，比如为企业带来经济效益，因而质量改进是一种“有利可图”的创造性的变革。

（2）可以促进新产品开发，改进产品性能，延长产品的寿命。

（3）通过对产品设计和生产工艺的改进，更加合理、有效地使用资金和科学技术，充分挖掘企业的潜力。

（4）提高产品的制造质量，减少和消除不合格品的产生，实现增产增效的目的。

（5）通过提高产品的适用性，从而提高企业产品的市场竞争力。

（6）有利于发挥企业各部门的质量职能，提高工作质量，为产品质量提供强有力的保证。

1.4.3　质量改进的方法与过程

质量改进是一个过程，要按照一定的程序进行，否则会影响改进的成效，甚至会徒劳无功。

1. 质量改进的方法——PDCA 循环

（1）PDCA 循环的含义。PDCA 循环又叫戴明环，是戴明博士首先提出的，即策划（Plan）、实施（Do）、检查（Check）、处理（Action），它是全面质量管理所应遵循的科学程序。全面质量管理活动的全部过程，就是质量计划的制订和组织实现的过程，这个过程就是按照 PDCA 循环策划、实施、检查、处理这样的顺序进行质量管理，并且循环不止地进行下去的科学程序。在质量管理中，PDCA 循环得到了广泛的应用，并取得了很好的效果，因此有人称 PDCA 循环是质量管理的基本方法。

PDCA 循环包含四个阶段八个步骤：

1）P 代表策划阶段。该阶段决定质量管理的目标和怎样实现目标。

2）D 代表实施阶段。该阶段是严格按照计划规定的目标和具体方法去做实实在在的质量管理工作。

3）C 代表检查阶段。该阶段负责检查 D 阶段是否完成了 P 阶段的目标，是否达到了预期效果。

4）A 代表处理阶段。该阶段又可称为“总结”阶段。对于从 D 阶段中找出的成功的经验或失败的教训，要进行纳入标准和总结遗留问题两个步骤。是经验就纳入标准化；是教训就作为遗留的问题，转入下一个循环去解决。

PDCA 循环作为科学的管理程序，四个阶段是相辅相成、缺一不可的，而且先后顺序不得颠倒。PDCA 循环法充分表现了全面质量管理方法与传统的质量管理方法的差异性，是把质量管理工作推向标准化、规范化工作轨道的金钥匙，是把各种质量管理方法融为一体的枢纽。PDCA 循环的具体步骤如图 1-7 所示。

（2）PDCA 循环的特点

1）四个阶段是非常重要的程序，一个阶段也不能少。

2）在 PDCA 总循环中，大环套小环，在某一阶段也会存在制订实施计划、落实计划、检查计划的实施进度和处理的 PDCA 小循环，如图 1-8 所示。

3）每循环一次，产品质量、工序质量或工作质量就提高到一个新的水平，PDCA 循环连续不断上升循环就是持续改进的过程，如图 1-9 所示。

4）在 PDCA 循环的四个阶段中，处理阶段是关键，起承上启下的作用，保持 PDCA 循环的连续运转。

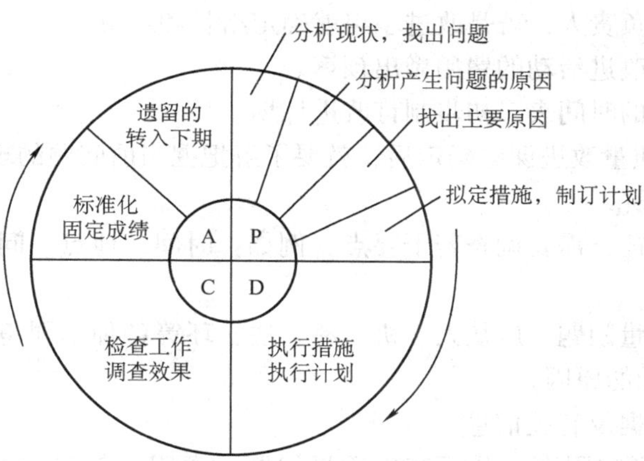

图 1-7　PDCA 循环的具体步骤

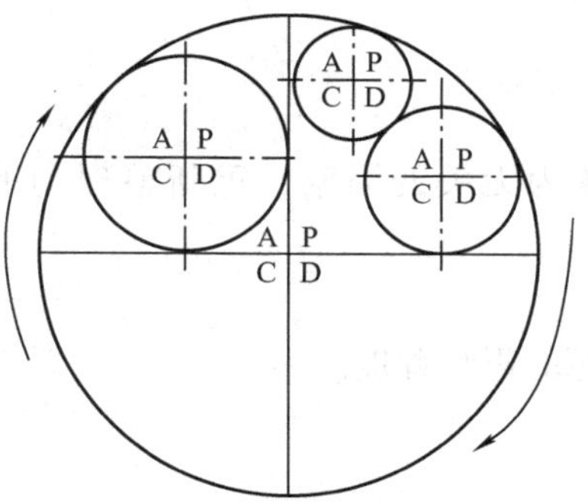

图 1-8　PDCA 小循环

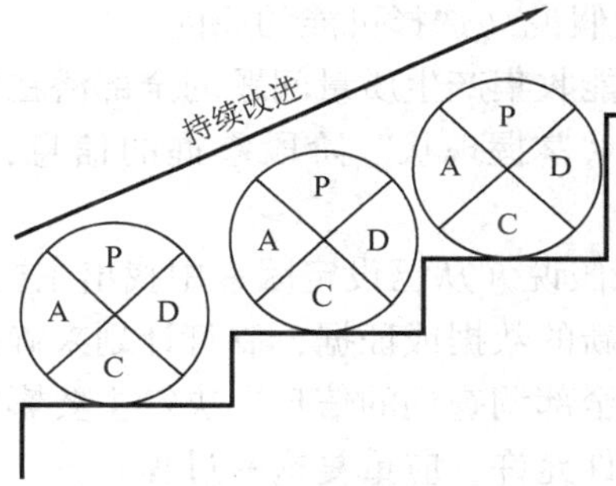

图 1-9　PDCA 持续改进

5）PDCA 循环强调抓主要矛盾。

PDCA 循环是有效进行任何一项工作的合乎逻辑的程序，在质量管理中得到了广泛的应用，并取得了很好的效果。之所以将其称为 PDCA 循环，是因为四个运行过程不是运行一次就完结，而是周而复始地进行，直到彻底解决质量问题。

2. 质量改进的过程

任何一个质量改进活动都要遵循 PDCA 循环的原则，即策划（Plan）、实施（Do）、检查（Check）、处理（Action），其基本过程可归纳如下。

（1）选择课题。企业需要改进的问题会有很多，所涉及的方面包括质量、成本、交货期、安全、环境及顾客满意度等方面。在选择课题时，通常也围绕这几方面来选择，如降低不合格品率、降低成本、保证交货期等。

主要活动内容如下：

1）明确所要解决的问题为什么比其他问题重要。

2）问题的背景是什么，到目前为止情况是怎样的。

3）将不尽如人意的结果用具体的语言表现出来，有什么损失，并具体说明希望改进到什么程度。

4）选定课题和目标值。如果课题过大，可将其分解成若干个小课题，逐一改进解决。

5）正式选定任务负责人，若是改进小组就确定组长和组员。

6）如有必要，对改进活动的费用做出预算。

7）拟定改进活动的时间表，初步制订改进计划。

（2）掌握现状。质量改进课题确定后，就要了解把握当前问题的现状。

主要活动内容如下：

1）抓住问题的特征，需要调查若干要点，例如：时间、地点、问题的类型、问题的特征等。

2）对要改进的质量问题，应从人、机、料、法、环等各种不同角度进行广泛、深入的调查，要找出质量波动的原因。

3）去现场收集数据及有关信息。

（3）分析问题的影响因素。分析产生质量问题的原因一般采用的是一个先设定假说，再验证假说的过程。

主要活动内容如下：

1）设定假说（选择可能的原因）

① 尽可能收集产生质量问题的全部潜在原因。

② 运用“掌握现状”阶段掌握的信息，清除已确认为无关的因素，重新整理剩下的因素。

2）验证假说（从已设定因素中找出主要原因）

① 收集新的数据或证据，制订计划来确认原因对问题的影响程度。

② 综合全部调查到的信息，决定主要影响原因。

③ 如条件允许，应重复这一过程。

（4）拟定对策并实施。对产生质量问题的主要原因分析明确后，就要针对主要原因制订对策计划，加以实施。

主要活动内容如下：

1）将现象的排除（应急措施）与原因的排除（防止再发生措施）严格区分开。

2）采取对策后，尽量不要引起副作用（其他质量问题），如果产生了副作用，应考虑换一种对策或消除副作用。

3）先准备好若干对策方案，调查各自利弊，通过方案论证的方法，选择最有利于解决质量问题，而且都能被所有参加者接受的方案。

（5）确认效果。对质量改进的效果要正确确认，确认的失误会误认为问题已得到解决，从而导致质量问题再次发生。反之，也可能导致对质量改进的成果视而不见，从而挫伤了持续改进的积极性。

主要活动内容如下：

1）确认效果应使用同一种表格（如排列图、调查表等），将采取对策前后的质量特性值、成本、交货期等指标作成对比性图表加以观察和分析。

2）如果改进的目的是降低质量损失或降低成本，则要将特性换算为货币形式表达，并与目标值比较。

3）如果有其他效果，不管大小都要列举出来。

（6）防止质量问题再发生。对质量改进有效的措施，要进行标准化，纳入质量文件，以防止同样的问题再次发生。

主要活动内容如下：

1）为改进工作，应再次确认5W1H的状况及实效，即What（什么）、Why（为什么）、Who（谁）、Where（哪里）、When（何时做）、How（如何做），并将其标准化，制订成工作标准。

2）进行有关标准的准备及宣传贯彻。

3）实施教育培训，要求有关人员对新标准正确理解并坚决执行。

4）建立保证严格遵守标准的质量责任制。

（7）总结。对改进效果不显著的措施及改进实施过程中出现的问题，要予以总结，为开展新一轮的质量改进PDCA循环提供依据。

主要活动内容如下：

1）找出遗留问题，作为下一轮PDCA循环要解决的问题。

2）考虑解决这些问题后下一步该怎么做。

3）总结在本次质量改进活动过程中，哪些问题得到了顺利解决，哪些问题解决的效果不理想或尚未得到解决。

【课堂活动1-8】降落伞的故事

在第二次世界大战中期，美国生产的降落伞的安全性能不够，虽然在厂商的努力下，合格率已经提升到99.9%，但离100%合格还差一点点。军方要求产品的合格率必须达到100%。可是厂商不以为然，他们强调，任何产品都不可能达到绝对100%的合格，除非出现奇迹。但是，降落伞的合格率为99.9%，就意味着每一千个跳伞的人中就会有一个人送命。后来，军方改变了检查质量的方法，决定从厂商前一周交货的降落伞中随机挑出一个，让厂商负责人背着这个伞，亲自从飞机上跳下。

这个方法实施后，奇迹出现了，不合格率立刻变成了零！

这个故事告诉我们，追求质量是永无止境的，正所谓“没有最好，只有更好”。持续改进是每个组织永恒的追求、永恒的目标、永恒的活动，组织应不断改进其产品或服务质量，以满足顾客日益增长和不断变化的需求与期望，只有坚持持续改进，组织才能不断进步。在市场经济下，企业间的竞争日趋激烈，产品质量与服务是企业竞争力的核心。人们说：质量是企业的生命，是企业的灵魂，这是对质量的重要性的高度提炼和浓缩。企业要生存和发展，必须千方百计致力于提高质量。但要切记：提高质量不存在一个“止”字，追求质量没有极限，不说99.9%，即便是100%的合格率或满意率，也不应满足，因为这是局限于现有条件和标准的，要不断创新和超越，追求更新、更高的目标。企业唯有不懈追求，永不满足，方能立于不败之地，才有希望处于领先之列！

1.5　6σ管理

1.5.1　6σ管理的产生和发展

20世纪60年代，日本从美国引入了质量控制的思想，并根据自己的国情和实践进行了创新，使产品质量有了大幅度的提升，抢占了大量美国市场，而美国企业的产品正在逐步失去自己的市场，许多美国企业面临生死存亡的问题。

20 世纪 80 年代，摩托罗拉公司在同日本公司的竞争中濒临倒闭。面对残酷的竞争和严峻的生存形势，摩托罗拉公司首席执行官鲍勃·高尔文（Bob Galvin）承认其产品质量低劣，成立了一个特别工作组制订摩托罗拉的创新和业务增长计划。1987 年，当时摩托罗拉通信部门的经理乔治·费希尔提出了一种质量管理新方法，就是6σ 方法。在鲍伯·高尔文的支持下，6σ 方法应用到公司的各个方面。从开始实施的 1987 年到 1999 年，公司平均每年提高生产率 12.3%，不良率只有以前的 1/20。由于质量缺陷造成的浪费消耗减少 84%，制作流程失误率降低 99.7%，节约制造费用总计超过 110 亿美元，公司业务利润和股票价值的综合收益率平均每年增长 17%。

1996 年，通用电气（GE）公司在 CEO 杰克·韦尔奇的领导下开始采用6σ 管理，并将其确定为 GE 公司的三大发展战略之首，使其从有效的质量战略变成管理哲学和实践。韦尔奇说：6σ 管理是“GE 从来没有经历过的最重要的发展战略”。GE 通过 6σ 取得了显著的成就：

- 推行 6σ 节约的成本收益 3 亿美元（1997 年）、7.5 亿美元（1998 年）、20 亿美元（1999 年）。
- 利润率从 13.6%（1995 年）提高到 16.7%（1998 年）。
- 市值突破 3000 亿美元。

1.5.2 6σ 管理的含义

σ 是一个希腊字母，在数理统计中表示“标准差”，是用来表征任意一组数据或过程输出结果的离散程度的指标，是一种评估产品和生产过程特性波动大小的统计量。目前，在质量管理领域，用来表示质量控制水平，6σ 表示产品不合格率不超过 0.002ppm[⊖]，也就是每生产 100 万个产品，不合格率不超过 0.002 个，考虑 1.5 倍漂移，不合格率控制在 3.4ppm，接近于零缺陷。

1.5.3 6σ 管理的特点

1. 以顾客为关注中心

获得高的顾客满意度是企业所追求的的主要目标，在 6σ 中以顾客为中心是最优先的事。6σ 的绩效评估就是从顾客开始的，6σ 的改进程度是用其对顾客满意度价值的影响来确定的，即一切以顾客满意和创造顾客价值为中心。

2. 基于数据和事实驱动的管理方法

6σ 将“基于事实管理”的理念提高到了一个更高的层次。6σ 一开始就说明什么是衡量企业业绩的尺度，然后应用统计数据和分析方法来建立对关键变量的理解并获得优化结果。

3. 聚焦于流程改进

在 6σ 中，流程是采取改进行动的主要对象，如设计产品和服务、度量业绩、改进效率和顾客满意度等都是流程，所有的流程都有变异，6σ 可以有效减少过程的变异，精通流程

⊖ ppm 为百万分之一。

在 6σ 中是成功的关键。

4. 有预见的积极管理

"积极"是指主动地在事情发生之前进行管理，而不是被动地处理那些令人忙乱的危机。6σ 包括一系列工具和实践经验，它用动态的、即时反应的、有预见的、积极的管理方式取代那些被动的习惯，促使企业在当今追求几乎完美的质量水平且不容出错的竞争环境下能够快速向前发展。

5. 无边界合作

6σ 扩展了组织内部横向和纵向的无边界合作，促使人们认识到自己的职责与企业的远大前景相适应，同时衡量出工作流程各部分的相互依赖性。在 6σ 管理法中无边界合作并不意味着无条件的个人牺牲，这里需要确切地理解最终用户和流程中工作流向的真正需求，更重要的是，它需要用各种有关顾客和流程的知识使各方同事受益。由于 6σ 管理是建立在广泛沟通基础上的，因此 6σ 管理法能够营造出一种真正支持团队合作的管理结构和环境。

6. 追求完美，容忍失误

作为一个以追求卓越作为目标的管理方法，6σ 为企业提供了一个近乎完美的努力方向。没有不执行新方法、贯彻新理念就能实施 6σ 管理的企业，而这样做总会带来风险。在推行 6σ 管理的过程中，可能会遇到挫折和失败，企业应以积极应对挑战的心志，面对挑战和失败。

1.5.4 6σ 管理的意义

当今企业面临着来自降低成本、经营增长、加速创新、生产力持续提升、市场竞争、全球化以及加快经营变革步伐等方面的压力。对企业而言，高质量的产品、对市场的快速反应、高效的供应链运作以及持久的顾客关系等都成为了竞争的关键。而 6σ 的战略意义就在于，以其严格的科学方法和对经营业绩的稳步改进模式，为企业实现经营目标、联接过程与员工、集中资源实现底线和顶线结果，提供共同的手段和语言。六西格玛将一个组织的所有组成要素紧密联系起来，帮助组织实现经营业绩的突破，并最终成为组织持久的业绩改进基因，它是企业走向成功的阶梯。

1.6 5S 生产管理

1.6.1 5S 起源

5S 起源于日本，并在日本企业中广泛推行，它相当于我国企业开展的文明生产活动。5S 的对象是现场的"环境"，它对生产现场环境全局进行综合考虑，并制订切实可行的计划与措施，从而达到规范化管理。

1.6.2 5S 的含义

5S 即整理（Seiri）、整顿（Seiton）、清扫（Seiso）、清洁（Seiketsu）和修身（Shitsuke）五个词的缩写。因为这五个词中罗马拼音的第一个字母都是"S"，所以简称为 5S，开展以整理、整顿、清扫、清洁和修身为内容的活动，称为 5S 现场管理法。

1. 整理

整理指的是把要与不要的人、事、物分开，再将不需要的人、事、物加以处理。其要点是对生产现场的现实摆放和停滞的各种物品进行分类，区分什么是现场需要的，什么是现场不需要的；其次，对于现场不需要的物品，诸如用剩的材料、多余的半成品、切下的料头、切屑、垃圾、废品、多余的工具、报废的设备、工人的个人生活用品等，要坚决清理出生产现场，这项工作的重点在于坚决把现场不需要的东西清理掉。对于车间里各个工位或设备的前后、通道左右、厂房上下、工具箱内外，以及车间的各个死角，都要彻底搜寻和清理，达到现场无不用之物。坚决做好这一步，是树立良好作风的开始。

整理的目的：

① 改善和增加作业面积。

② 现场无杂物，行道通畅，提高工作效率。

③ 减少磕碰的机会，保障安全，提高质量。

④ 消除管理上的混放、混料等差错事故。

⑤ 有利于减少库存量，节约资金。

⑥ 改变作风，提高工作情绪。

2. 整顿

整顿指的是把需要的人、事、物加以定量、定位。通过前一步整理后，对生产现场需要留下的物品进行科学合理地布置和摆放，以便用最快的速度取得所需之物，在最有效的规章、制度和最简洁的流程下完成作业。生产现场物品的合理摆放有利于提高工作效率和产品质量，保障生产安全。这项工作已发展成一项专门的现场管理方法——定置管理。

整顿活动的要点是：

① 物品摆放要有固定的地点和区域，以便于寻找，消除因混放而造成的差错。

② 物品摆放地点要科学合理，根据物品使用的频率，经常使用的东西应放得近些（如放在作业区内），偶而使用或不常使用的东西则应放得远些（如集中放在车间某处）。

③ 物品摆放目视化，对于定量装载的物品做到过目知数，摆放不同物品的区域采用不同的色彩和标记加以区别。

3. 清扫

清扫指的是把工作场所打扫干净，设备异常时马上修理，使之恢复正常。生产现场在生产过程中会产生灰尘、油污、切屑、垃圾等，从而使现场变脏。脏的现场会使设备精度降低，故障多发，影响产品质量，使安全事故防不胜防；脏的现场更会影响人们的工作情绪，使人不愿久留。因此，必须通过清扫活动来清除那些脏物，创建一个明快、舒畅的工作环境。

清扫活动的要点是：

① 自己使用的物品，如设备、工具等，要自己清扫，而不要依赖他人，不增加专门的清扫工。

② 对设备的清扫，着眼于对设备的维护保养；清扫设备要同设备的点检结合起来，清扫即点检；清扫设备要同时做设备的润滑工作，清扫也是保养。

③ 清扫也是为了改善，当清扫地面发现有飞屑和油水泄漏时，要查明原因，并采取措施加以改进。

4. 清洁

整理、整顿、清扫之后要认真维护，使现场保持完美和最佳状态。清洁，是对前三项活动的坚持与深入，从而消除发生安全事故的根源。

清洁活动的要点是：

1）车间环境不仅要整齐，而且要做到清洁卫生，保证工人身体健康，提高工人劳动热情。

2）不仅物品要清洁，而且工人本身也要做到清洁，如工作服要清洁、仪表要整洁，及时理发、刮须、修指甲、洗澡等。

3）工人不仅要做到形体上的清洁，而且要做到精神上的“清洁”，待人要讲礼貌，要尊重别人。

4）要使环境不受污染，进一步消除混浊的空气、粉尘、噪声和污染源，消灭职业病。

5. 修身

修身即教养，努力提高人员的素养，养成严格遵守规章制度的习惯和作风，这是5S管理的核心。没有人员素质的提高，各项活动就不能顺利开展，开展了也坚持不了。所以，抓5S管理，要始终着眼于提高人的素质。

1.6.3 实施5S的目的

实施5S管理，可达成生产现场管理规范与效率的双重提升，其目的主要体现在：

（1）提升企业形象　整齐清洁的工作环境，使顾客有信心；由于口碑相传，会成为学习的对象。

（2）提升员工归属感　人人变得有素养，员工从身边小事的变化上获得成就感，对自己的工作易付出爱心与耐心。

（3）提升效率　物品摆放有序，不用花时间寻找，保持好的工作情绪。

（4）保障品质　员工上下形成做事讲究的风气，品质自然有保障，机器设备的故障减少。

（5）减少浪费　场所的浪费减少，节约空间和时间。

1.6.4 开展5S活动的原则

1. 自我管理的原则

良好的工作环境，不能单靠添置设备，也不能指望别人来创造。应当充分依靠现场人员，由现场的当事人员自己动手为自己创造一个整齐、清洁、方便、安全的工作环境，使他们在改造客观世界的同时，也改造自己的主观世界，产生“美”的意识，养成现代化生产所要求的遵章守纪、严格要求的风气和习惯。

2. 勤俭办厂的原则

开展5S活动，要从生产现场清理出很多无用之物。其中，有的只是在现场无用，但可用于其他的地方；有的虽然是废物，但应本着废物利用、变废为宝的精神，该利用的应千方百计地利用，需要报废的也应按报废手续办理并收回其“残值”。

3. 持之以恒原则

5S活动开展起来比较容易，可以做得轰轰烈烈，在短时间内取得明显的效果，但要坚持下去，持之以恒，不断优化就不太容易。不少企业发生过一紧、二松、三垮台、四重来的现象。因此，开展5S活动，贵在坚持，为将这项活动坚持下去，企业首先应将5S活动纳入岗位责任制，使每一部门、每一人员都有明确的岗位责任和工作标准；其次，要严格、认真地搞好检查、评比和考核工作，将考核结果同各部门和每一人员的经济利益挂钩；第三，要坚持PDCA循环，不断提高现场的5S水平，即要通过检查，不断发现问题，不断解决问题。因此，在检查考核后，还必须针对问题，提出改进的措施和计划，使5S活动坚持不断地开展下去。

本章小结

➢ 质量是反映实体（产品、过程或活动等）满足明确和隐含需要的能力的特性总和。质量也可被定义为“一组固有特性满足要求的程度”，或“产品的适用性，即产品在使用时能成功地满足用户需要的程度”、“反映顾客的满意程度”等。质量可分为多种类型，包括产品质量、工作质量、服务质量和过程质量。

➢ 质量管理是指确定质量方针、目标和职责，并通过质量体系中的质量策划、质量控制、质量保证和质量改进来使其实现的所有管理职能的全部活动，可划分为产品质量检验阶段、统计质量控制阶段、全面质量管理阶段和标准质量管理阶段。

➢ 同类产品的质量总是不会一模一样绝对相同，而是存在着差异或分散的情况，即总是存在某种因素影响着产品质量。影响产品质量的因素主要有人员（Man）、机器（Machine）、材料（Material）、方法（Method）、环境（Environment）和测量（Measurement），简称为5M1E。

➢ 质量改进是质量管理的一部分，致力于提高满足质量要求的能力。任何一个质量改进活动都要遵循PDCA循环的原则，即策划（Plan）、实施（Do）、检查（Check）、处理（Action），PDCA循环是质量管理的基本方法。

➢ 6σ是一种能够严格、集中和高效地改善企业流程管理质量的实施原则和技术，具有以顾客为关注中心，基于数据和事实驱动，聚集于流程改进，有预见的积极管理，追求完美、容忍失误，无边界合作六个特点。

➢：“5S”即整理（Seiri）、整顿（Seiton）、清扫（Seiso）、清洁（Seiketsu）和修身（Shitsuke），需坚持自我管理的原则、勤俭办厂的原则、持之以恒原则。

自我测试

1. 致力于满足质量要求的质量管理活动，称为（　　）。

A. 质量保证　　B. 质量改进　　C. 质量控制　　D. 质量策划

2. 主要通过严格检验来控制和保证出厂或转入下道工序的产品质量的质量管理阶段是（　　）。

A. 质量认证　　B. 产品质量检验　　C. 统计质量控制　　D. 全面质量管理

3. 全面质量管理的思想强调的中心是（　　）。

A. 利润　　B. 质量　　C. 顾客　　D. 过程

4. 全面质量管理起源于（　　）。

A. 日本　　B. 英国　　C. 加拿大　　D. 美国

5. 质量管理体系建立的依据是（　　）。

A. 质量环　　B. 质量目标　　C. 质量管理法规　　D. 顾客需求

6. 质量管理是指导和控制组织的与质量有关的相互协调的活动，具体包括________、________、________和________等管理活动。

7. 质量认证包括两个方面的认证：一是________，二是________。

8. 影响产品质量的因素主要有________、________、________、________、________和________，简称 5M1E。

9. 质量的含义是什么？

10. 简述质量管理的发展历史。

11. 全面质量管理八项原则有哪些主要内容？

12. PDCA 质量改进的步骤是什么？

13. 以某种产品为例，如手表、汽车等，具体列举该产品的质量要求或质量特性内容。

14. 6σ 管理具有________________、________________、________________、________________、________________、________________六个特点。

15. “5S”的含义是什么？

第 2 章　质量控制统计方法基础

【学习目标】

知识目标：

- 掌握数值、数据的含义；
- 熟悉正常波动与异常波动的概念；
- 了解离散型随机变量的概率分布；
- 熟悉质量数据的特征值类型；
- 掌握正态分布曲线与产品合格率的关系；
- 了解统计方法的特点。

技能目标：

- 能区分计数数值与计量数值；
- 能区分总体与样本的关系；
- 会使用《正态分布函数表》，并计算正态分布曲线的累计概率大小；
- 会计算数据的算术平均值和标准偏差。

【引例】

惠普公司使用统计分析方法设计、监控和优化研发流程

惠普公司研发中心内的惠普公司打印和成像事业部（IPG）的部分任务，就是设计、研发热传感喷墨打印机和硒鼓。在 IPG 事业部，专门有一大群由工程师和技术专家组成的“突击部队”来优化所有产品的研发和生产流程，并且致力于提升每一个环节的质量指标。这些人的赫赫战果，就是在全球任何一个办公室都可以看到的高质量的惠普打印机和其他办公产品。

为了进一步提升流程能力，优化产品质量，IPG 使用统计分析方法设计、监控和优化打印机研发、生产的每一个流程环节。随着惠普对统计方法的日益重视，他们不得不面临一个新的挑战：如何找到最适合他们的统计软件。于是，他们找到了 JMP 软件。JMP 的使用极其简单，任何一个提取数据或者统计分析过程都可以完全以图形化的形式展示出来，这样一来就大大节约了初学者的学习时间。于是他们把 JMP 介绍给了惠普全球培训部。

经过大量的测试和对比，培训部专家发现 JMP 不但完全符合了他们实现定义的要求，而且还能够大大简化工程师进行统计分析的工作量，提升工作效率。JMP 的 JSL（脚本语言）可以对统计分析进行自动化编程，使得打印机研发和生产过程需要大量重复的数据提取和统计分析工作可以自动、高速的完成，而不必每次都手动进行。JMP 强大的图形功能可以帮助用户轻松挑出可能影响过程控制的要素，使得用户可以马上挑选一个能够产生最优结

果的过程参数。这些过程最后无一例外地通向更卓越的产品性能和更高的客户满意度——这正是惠普打印机得以领先的最关键的原因。

2001 年，惠普大学在全球推广了“JMP 试验设计”课程。这门课程能够帮助研发人员进行定制试验设计，通过研究各种因子与响应之间的关系，更多与过程相关的有用信息被挖掘并收集起来。从 2002 年 4 月开始，惠普又在全球范围启动了一个“完全版”的统计分析课程。根据他们的计划，这个专业统计课程被推广到了所有生产环节，包括新加坡、波多黎各、爱尔兰、艾奥瓦州和加利福尼亚州的工程。

JMP 在惠普 IGP 部门的应用成功证明了专业统计软件工具给企业带来的价值：更高效的流程，更优秀的产品质量和随之而来的更高的客户满意度和市场份额。而这样的成功进一步巩固了 HP 品牌的内涵：高质量，高效能。

统计方法俗称统计技术，又称为数理统计，它是收集、整理、计算、分析、表述和解释统计数据的技术。产品质量控制也称为产品质量的统计管理，是运用统计方法，控制产品在生产过程中质量的稳定性，以确保生产出的产品符合质量标准的一种管理方法。

2.1　数值与数据

2.1.1　数值

一个量用数目表示出来的多少，称为这个量的数值。例如，一个齿轮的直径是几何量，说一个齿轮的直径是 30mm，30 就是这个齿轮直径的数值，mm 是计量单位。

在质量检验中经常涉及的数值概念有计量数值和计数数值，以及观测值、试验值、现场值和基准值等。

1. 计量数值

凡是可以连续取值的，或者说可以用测量工具具体测量出小数点以后数值的这类数值，称为计量数值。例如长度、强度、温度、硬度、质量、压力、时间和成分等。以长度为例，在 5 ~ 5.5mm 之间，还可以测量出 5.01mm，5.2mm，5.33mm 等数值。

2. 计数数值

凡是不能连续取值的，或测不到小数点以后数值的这类数值，称为计数数值。如在候车厅等车的人数、合格品件数、废品数和疵点数等。

计数值数据还可进一步细分为计件数值和计点数值。计件数值是按产品个数计数的数据，如合格品件数、废品件数等；计点数值是按点计数的数据，如缺陷和气孔数等。

从数学角度来描述，在数轴上能连续取值的称为计量数值，在数轴上不能连续取值，只能取自然数（1，2，3，4…）的称为计数数值。

【课堂活动 2-1】 列举更多计量数值和计数数值的例子。

3. 观测值

作为一次观测结果而确定的特性值，称为观测值。例如，测量一次内孔直径所得的数值。

4. 试验值

在试验期间得到的观测值。

5. 现场值

在现场工作期间得到的观测值。

6. 基准值

公认可以用作标准或作为预计和（或）与观测值比较的值。

2.1.2 数据

进行各种统计、计算、科学研究或技术设计等所依据的数值，称为数据。

1. 统计数据

为了统计用由若干个数值集合而成的数集，称为统计数据。

可见，统计数据不是指单个数值，而是指由多个数值构成的数集。对于单个数值，不必用统计方法对其进行统计、计算和分析，仅凭一个数值点，形不成线和面，不可能反映事物的规律性。

2. 对统计数据的来源要求

统计数据是事物发展过程的写照，只有在稳定状态下的事物表现出来的才有内在规律性，根据这种数据才能推断总体的未知数量特征。所以，在过程控制中，要求收集过程处于受控状态下生产出来的产品的数据，通过对这些数据进行统计、分析，才能判断过程的运行状态，为进行质量控制提供依据。

3. 统计数据的数量要求

理论上讲，统计数据中含的数值个数越多越好。因为统计数据中含的数值越多，说明样本量大，用大样本量去推断总体的精度更高一些。例如，在参数估计中，从总体中取的样本量越大，则估计精度越高，但计算工作量大，经济性差。反之，取的样本量小，计算工作量小，估计精度低，经济性好。所以，在实际工作中，要根据具体情况选取统计数据的数量。

4. 统计数据的质量要求

应从以下几方面对统计数据的质量提出要求。

（1）关联性好。与所分析、研究的制造过程无关的数据不要，要紧紧围绕所分析、研究的制造过程收集的数据。

（2）有代表性。要收集能代表事物特征的数据，即能代表总体特征的数据，还要求数据能全面反映总体，即完整性。在过程控制中，待过程进入稳定状态后，再抽取样本采集数据。生产刚开始时，过程尚未稳定，这时采集的样本不能代表生产线的水平。

（3）及时性好。统计方法的功能是记录过去，描述现在，推断未来。可以利用历史的数据，通过统计方法处理后，了解事物过去的状态。但作为现实来说，我们是要了解现在和推断事物的未来状态，所以，要收集事物近期的数值，这样的数值信息新、时效性好。

（4）准确性高。数据中的系统误差必须消除，偶然误差必须分析，数值要经过正确修约，异常值必须处理，通过这些工作以保证数值的准确性。

（5）可靠性高。取得的每一个数值必须准确、可靠。如果是虚假的数值，统计分析结果必定是虚假的，严禁对数值弄虚作假。

2.1.3　质量数据

1. 质量数据的含义

质量数据是指对产品进行某种质量特性的检查、试验、化验等所得到的量化结果。它通常是由个体产品质量特性值所组成的样本（总体）的质量数据。这些数据向人们提供了产品的质量信息。

2. 质量数据的收集方法

（1）全数检验。全数检验是对待检总体中的全部个体逐一观察、测量计数、登记，从而获得对总体质量水平评价结论的方法。全数检验一般比较可靠，提供大量的质量信息，但要消耗很多人力、物力、财力和时间，特别是对于具有破坏性的检验和过程质量控制，因而应用上具有局限性。在有限总体中，对重要的检测项目，当可采用简易、快速的非破坏性检验方法时，可选用全数检验方案。

（2）随机抽样检验。随机抽样检验是按照数理统计原理预先设计的抽样方案，从待检总体中抽取部分个体组成样本，根据对样本中样品检测的结果，推断总体质量水平的一种检验方法。由于随机抽样不受检验人员主观意愿的支配，每一个个体被抽中的概率都相同，从而保证了样本在总体中的分布比较均匀，有充分的代表性。同时它还具有节省人力、物力、财力、时间和准确性高等优点，可用于破坏性检验和生产过程的质量监控，完成全数检验无法进行的检测项目，因而具有广泛的应用空间。抽样的具体方法有：

1）简单随机抽样。简单随机抽样又称纯随机抽样、完全随机抽样。它是对总体不进行任何加工，直接进行随机抽样获取样本的一种抽样方法。一般的做法是对全部个体编号，然后采用抽签、摇号、随机数字表等方法确定中选号，相应的个体即为样品。这种方法常用于总体差异不大或对总体了解甚少的情况。

2）分层抽样。分层抽样又称分类抽样或分组抽样。它是将总体按与研究目的有关的某一特性分为若干组，然后在每组内随机抽取样品组成样本的方法。由于对每组都有抽取，样品在总体中分布均匀，更具代表性，特别适用于总体比较复杂的情况。如研究铸件浇注质量时，可以先按生产班组分组，或按浇注时间（白天或黑夜分组），抑或按原材料供应商分组，然后，再在每组内随机抽取个体。

3）等距抽样。等距抽样又称机械抽样、系统抽样。它是将个体按某一特性排队编号后均分为 n 组，这时每组有 K 个个体，然后在第一组内随机抽取第一件样品，以后每隔一定距离（K 个）抽选一个样品组成样本的方法。如在流水作业线上每生产100件产品抽出一件产品做样品，直到抽出 N 件产品组成样本。在这里，距离可以理解为空间、时间、数量的距离。

2.1.4　统计数据的整理

一般来说，收集到的数据不能直接用于统计分析，而先要经过加工处理，使统计数据系统化、条理化、符合统计分析的需要。在整理统计数据时，首先要审核数据，以保证数据的质量；其次要对数据进行筛选，对不符合规定要求的数据应剔除，对可疑的数据应进行检验，以甄别它是否为异常值。对于个别可疑的数据，不经过检验证明它是异常值，则不能任意剔除或修正，除非有试验上、技术上或其他的明显理由才能剔除或修正。在每种情况下，被剔除或修正的数据应予以说明。

2.2 总体和样本

2.2.1 总体

一个统计问题中研究对象的全体称为总体。总体是由若干个体所合成的事物。在质量检验中，交验批可视为总体。例如，生产工人提交200件产品要求检验，这200件产品是一个总体。过一段时间，这位工人又交来100件产品，这100件又算作一个总体。

当总体包含的个体数目有限时，这一总体称为有限总体。而总体所包含的个体数目无限时，则称为无限总体。对于无限总体，从中每次抽取一个个体后，不影响下一次的抽样结果，因此，每次抽取可以看作是独立的。对于有限总体，从中抽取一个个体后，总体中就少了一个个体，因此，前一次的抽样结果影响后一次的抽样结果，每次抽样不是独立的。

交验产品批量是有限总体，有限总体内所包含的个体数目，一般用字母 N 表示。

【课堂活动2-2】试着列举有限总体和无限总体的例子。

2.2.2 样本

按一定程序从总体中抽取的一组个体称为样本。样本是一部分个体的集合。如上所述，生产工人交给检验人员200件产品要求检验，检验人员按事先编写的抽样方案，从交来的200件产品中随机抽取8件产品进行检验，这8件产品是交来的200件产品的样本。

构成样本的个体的数目称为样本量，又称为样本容量，有时又叫做样本大小，样本量用字母 n 表示。样本中个体数目大于30称为大样本，小于或等于30称为小样本。在上例中，$N=200$ 件，$n=8$ 件。总体和样本的关系如图2-1所示。

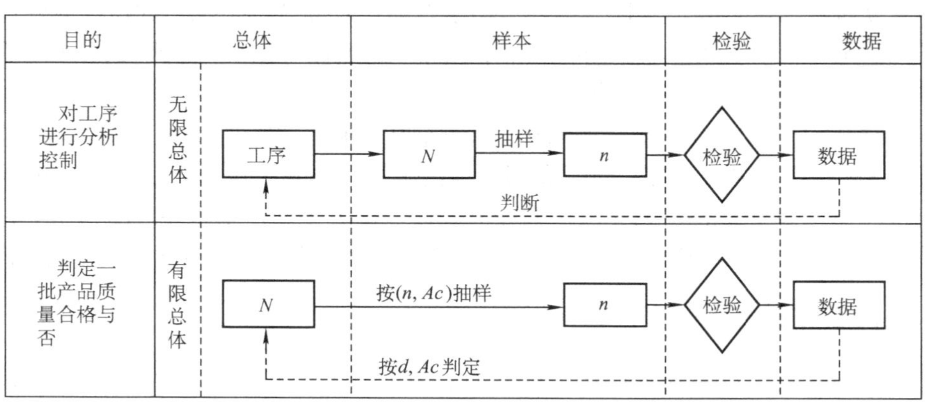

图中：N——一批产品；(n, Ac)——抽样方案；d——不合格品数。

图2-1 总体和样本的关系

质量检验常用抽样方法进行，即从总体中抽出一部分个体，测试每个个体的质量特性数据，再进行统计分析，进而对总体的质量特性进行估计和判断。

2.3　过程波动

在制造业的产品制造过程中，由于受到人（人员）、机（机器）、料（材料）、法（制造加工方法）、环（环境）等多种因素的影响，过程总是波动的，不波动的过程是不存在的。制造过程的波动分为正常波动和异常波动两种。

2.3.1　正常波动

在规定允许的范围内波动称为正常波动、受控状态、稳定状态，在这种状态下生产出的产品是质量合格的产品，所以，正常波动是允许的，公差是对这种波动的无奈承认。生产中的重要任务是维持生产过程的正常波动，持续地生产出质量合格的产品。正常波动是由偶然因素（不可避免因素）造成的，它对产品质量的影响较小，在技术上难以消除，在经济上也不值得消除，如机器的微小振动、原材料的微小差异等。

2.3.2　异常波动

超过规定允许范围的波动称为异常波动、失控状态、非稳定状态，在这种状态下生产出的产品是质量不合格的产品，异常波动不允许存在。异常波动是由系统性原因（异常因素）造成的，它对产品质量影响较大，但能够采取措施避免和消除，如发生误操作、人为操纵等。在生产中，我们要时时刻刻监测过程的运行状态，一旦发现异常波动，就要动用一切手段对它进行改进并消除，使其恢复到正常的波动状态。

应用统计方法的目的是通过对过程的数据进行统计、分析，及时发现过程的异常波动，便于生产者有目的地进行改进，达到稳定生产的目的。

2.4　数据的分布

由于产品的生产过程总是波动的，所以，生产出的各个产品间总有差异。如果生产过程是受控状态，则产品之间特性值的差异在公差范围之内波动，这种波动值是随机的，即在一定条件下，并不总是出现相同的结果。生产过程输出产品的特性值可以看作随机变量，检验员检验一批产品得到的数值，也是随机变量。变量的具体取值称为变量值。

如果随机变量仅取数轴上的有限个或可列个孤立点，则该随机变量称为离散型随机变量，如图 2-2a 所示。这种数据的单位是独立的，两个取值之间不能再划分成更细小的取值，一般用整数表示，例如不合格产品的件数，铸件缺陷个数。

如果一个随机变量的可能取值充满数轴上的一个区间，则该随机变量称为连续型随机变量，如图 2-2b 所示。数据的单位之间可以划分成无限多个更细小的取值，数据可以用小数表示，例如齿轮的分度圆直径、螺纹的公称直径、电缆线的单位质量等。

事件随机发生的机率称为概率。要全面了解一个随机变量，不但要知道它取哪些值，而且要知道它取这些值的规律，即要掌握它的概率分布。概率分布可以由分布函数描述。若知道一个随机变量的分布函数，则它取任何值和它落入某个数值区间内的概率都可以求出。

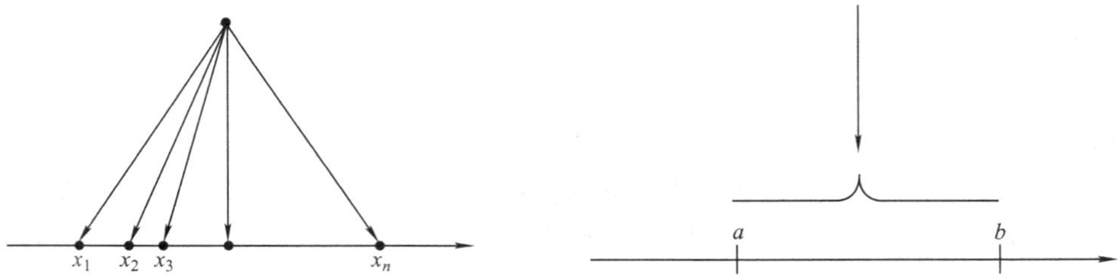

a) 离散型随机变量的取值　　b) 连续型随机变量的取值

图 2-2　随机变量的取值示意图

质量特性数据作为随机变量，均服从一定的分布，分布涉及复杂的计算。下文在介绍变量分布时，直接给出它们的计算公式，不推导它们的形成过程，便于实际应用。

2.4.1　离散型随机变量的概率分布

离散型随机变量有许多重要的概率分布，现仅介绍其中的三种：二项分布、泊松分布和超几何分布。

1. 二项分布

这种分布只有两种结果（成功与失败，成功记为 A，失败记为 $\bar{A}$）的试验（贝努利试验）称为二项试验。

(1) 每次试验只可能有两个结果：成功与失败。

(2) 重复进行 n 次相互独立的试验。

(3) 各次试验中成功的概率相等。

结果成功的概率用 p 表示，则失败的概率 $q=1-p$，p 与 q 在各次试验中是一个常数。以 X 表示 n 次重复独立试验中 A（成功）发生的次数，其概率密度函数为

$$P(X=x)=C_n^x p^x q^{n-x}=\frac{n!}{x!(n-x)!}p^x(1-p)^{n-x},(0<p<1,x=0,1,2,3,\cdots,n) \tag{2-1}$$

式中　n——独立试验的次数；

x——X 可能的取值；

P——每次试验事件 A 出现的概率值；

q——每次试验事件 A 不出现的概率值。

上式称为二项分布式。

检验员每次检验产品用量具测量工件时，可以看作是一次试验，分别测量 8 件工件，是 8 次相互独立的试验；产品质量合格记为成功，合格率用 p 表示，产品质量不合格记为失败，不合格率用 $q=1-p$ 表示。例如检验 10 件产品，其中有 1 个产品的质量不合格，则合格率为 $p=9/10=0.9=90\%$，不合格率为 $q=1-p=1-90\%=10\%$。

【课堂活动 2-3】 某人抛投硬币，问：5 次中 3 次正面朝上的概率是多少？

2. 泊松分布

这种分布是描述在一指定的时间范围内，或在指定的面积上、指定的体积内或特定单位

内某一事件出现个数（计点数值）的分布，泊松分布函数为

$$P(X = x) = \frac{\lambda^{x}}{x!}e^{-\lambda}, (\lambda > 0, x = 1,2,3,\cdots,n) \tag{2-2}$$

式中　λ——给定时间间隔内事件的平均数或单位产品所含缺陷的平均数；

e——自然对数的底，约为 2.71828。

泊松分布适合于描述单位时间内随机事件发生的次数。如某一服务设施在一定时间内到达的人数，电话总机一个小时内接到呼叫的次数，汽车站台早晨高峰时段的候车人数，机器在一个月内出现的故障次数，某地区一年发生的自然灾害次数等。

3. 超几何分布

设有一批产品的批量为 N，其中有 M 个不合格品，现从此批产品中随机抽取 n 个产品，则 n 个产品中含有的不合格产品数是一个随机变量 X，n 个产品中含有 x 个不合格品的概率为

$$P(X = x) = \frac{C_{M}^{x}C_{N-M}^{n-x}}{C_{N}^{n}} = \frac{\binom{M}{x}\binom{N-M}{n-x}}{\binom{N}{n}} \tag{2-3}$$

式中　N，M（$\leqslant N$）——正整数；

x——整数，其取值范围为 $\max(0, n+M-N) \leqslant x \leqslant \min(M, n)$。

上式称为超几何分布式，它揭示了在容量为 n 的样本中含有不合格品个数的分布规律，在抽样检验中应用广泛。

2.4.2　连续型随机变量的概率分布

连续型随机变量分布有许多种，如 χ^2、t、F 分布等，本节仅介绍正态分布的内容。这是一种应用极为广泛，极其重要的概率分布。在社会生活和生产中，许多随机变量的概率分布均服从正态分布。如在测量中，测量结果、测量的随机误差都服从正态分布；在气象中，某地每年某个月份的平均气温、平均湿度、降雨量等都服从正态分布；在生产过程处于受控状态下生产出来的产品的特性值几乎都服从正态分布。可以说，概率论和统计方法的基础部分都是以正态分布为中心建立起来的。

1. 正态分布的表达式

如果随机变量 X 的概率密度函数是

$$f(x) = \frac{1}{\sigma\sqrt{2\pi}}e^{\frac{(x-\mu)^2}{2\sigma^2}}, (\mu,\sigma \in R, \sigma > 0; -\infty < x < +\infty) \tag{2-4}$$

式中　e——自然对数的底，约为 2.71828；

π——圆周率，约为 3.14159；

μ——正态分布总体的平均值；

σ——正态分布总体的标准偏差；

x——正态分布总体中随机抽取的样本值。

则称随机变量 X 服从正态分布。

2. 正态分布的形态

标准正态分布曲线如图 2-3 所示，该曲线形状像口钟，所以俗称为钟形曲线，它是德国

数学家高斯发现的，所以又叫它为高斯分布、高斯曲线。正态分布的曲线形态由且仅由 μ 和 σ 确定，μ 决定了其位置，其标准差 σ 决定了分布的幅度。当 μ 和 σ 的值一旦确定，整条曲线的形状和在 x 轴上的位置就确定了。对平均值 $\mu=0$、标准偏差 $\sigma=1$ 的正态分布称为标准正态分布曲线函数，通常我们所说的正态分布就是这种标准正态分布。

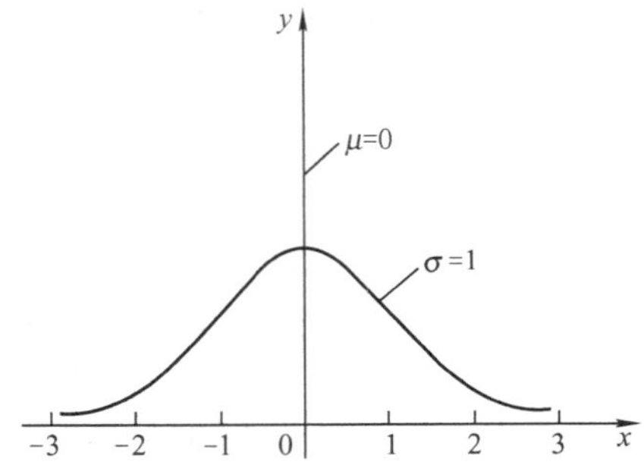

图 2-3 标准正态分布曲线

3. 正态分布曲线的特点

由图中可看到正态分布曲线的几个特点：

1）对称性。曲线以 $x=\mu$ 的直线为轴，左右对称。

2）有界性。曲线与 x 轴所围成的面积等于 1，即

$$F(+\infty)=\int_{-\infty}^{+\infty}\frac{1}{\sigma\sqrt{2\pi}}e^{\frac{(x-\mu)2}{2\sigma2}}dx=1 \tag{2-5}$$

注意：曲线在无穷远处与 x 轴相交。

3）抵消性。由于左右对称，所以，对 μ 的正偏差与负偏差相等，如果把 μ 两边取算术平均值，则其值为零，即两边抵消掉了。

4）单峰性。靠近 μ 的偏差出现的概率大，远离 μ 的偏差出现的概率小，越远越小，成为小概率事件。

5）正态分布函数 $f(x)$ 的最大值为 $\dfrac{1}{\sigma\sqrt{2\pi}}$。

正态分布的 σ 是形状参数，当 μ 一定时，σ 的大小决定曲线的形状，σ 值越小，则曲线越“尖陡”，表示总体的分布越集中；σ 值越大，则曲线越“扁平”，表示总体的分布越分散。

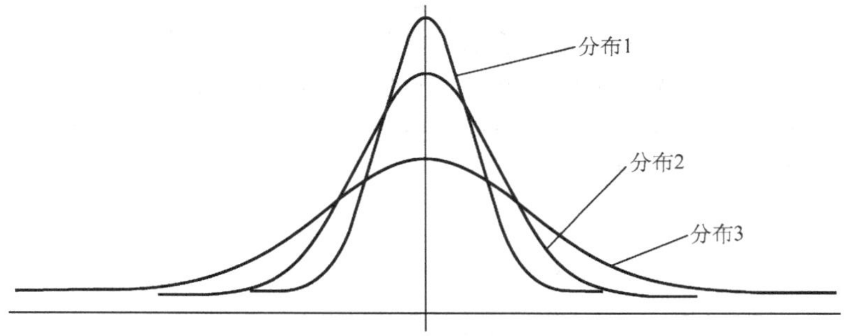

图 2-4 正态分布

【课堂活动 2-4】 上图中的这三种正态分布有什么区别？

4. 正态分布曲线的面积与产品合格率

（1）正态分布曲线的面积。正态分布曲线与 x 轴之间某一区间的面积，相当于能在该区间找到个体的概率。正态分布上的随机变量 X 是连续数量。曲线与 x 轴所围区域的面积，即累积概率是用积分来表示的。对于 x 在 $[-\infty,+u]$ 区间内的累积正态分布，其函数计算公式为

$$p(-\infty < X < +u) = \Phi(u) = \frac{1}{\sqrt{2\pi}}\int_{-\infty}^{u} e^{-\frac{u^2}{2}}du(u \geqslant 0) \tag{2-6}$$

利用式（2-4）可以求出正态分布曲线下任何区间的面积，如图 2-5 所示，需要用积分法求解。根据正态分布曲线的抵消性特点，可推导得到 x 在 $[-u, +u]$ 区间内的累积正态分布的函数计算公式为

$$P(-u < x < +u) = 2\Phi(u) - 1 \tag{2-7}$$

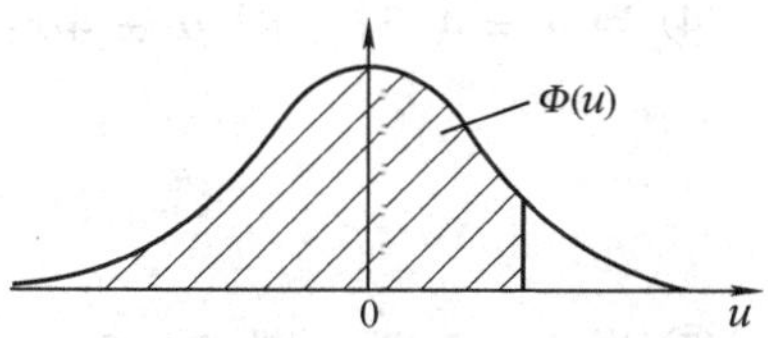

图 2-5　正态分布曲线面积的求解

统计学家提供了标准正态分布曲线的《正态分布函数表》（见附录），利用此表可快速查找到 x 在 $[-\infty, +u]$ 区间内的累积概率大小，即正态分布曲线与 x 轴区间所围面积的大小。由于表内仅列有标准正态分布曲线下的面积，因此，对于非标准正态分布曲线，在查表前应首先将 x 的区间 $[-\infty, x_1]$ 进行标准化转换

$$u = \frac{x_1 - \mu}{\sigma} \tag{2-8}$$

转换完成后，即可根据 u 的数值，如 1，2，2.3 等查附录《正态分布函数表》快速查得 $\Phi(u)$ 值，经计算得到 $[-\infty, x_1]$ 区间内正态分布曲线的面积即为累积概率的大小。

（2）产品合格率。正态分布曲线广泛应用于产品质量检验中，对经检验得到的产品质量特性数据拟合正态分布函数并绘制正态分布曲线，可迅速、准确地了解产品质量特性的分布范围及合格品率。

把正态分布曲线分成 3 个区域，如图 2-6 所示，即 $[\mu-\sigma, \mu+\sigma]$、$[\mu-2\sigma, \mu+2\sigma]$、$[\mu-3\sigma, \mu+3\sigma]$，把每个区域曲线与 x 轴围成的面积当成合格品率，将该面积外的面积当成不合格品率，可用下式计算

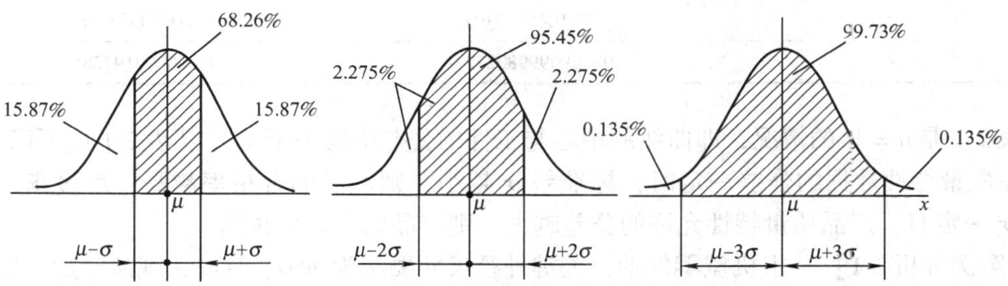

图 2-6　正态分布曲线的概率求解

面积内：合格品率　$P = 2\Phi(u) - 1$

面积外：不合格品率　$P' = 2[1 - \Phi(u)]$

根据 u=1，2，3，4，5，6 查附录《正态分布函数表》得 $\Phi(u)$ 值，代入上述两式即求得 P 与 P'，现计算如下

① 当 u=1 时，即 $\mu \pm \sigma$：$P = 2\Phi(1) - 1 = 2 \times 0.8413 - 1 = 0.6826 = 68.26\%$

$P' = 2[1 - \Phi(1)] = 2 \times (1 - 0.8413) = 0.3174 = 31.74\%$

② 当 u=2 时，即 $\mu \pm 2\sigma$：$P = 2\Phi(2) - 1 = 2 \times 0.97725 - 1 = 0.9545 = 95.45\%$

$P' = 2[1 - \Phi(2)] = 2 \times (1 - 0.97725) = 0.0455 = 4.55\%$

③ 当 $u=3$ 时，即 $\mu\pm3\sigma$：$P=2\Phi(3)-1=2\times0.998650-1=0.9973=99.73\%$

$P'=2[1-\Phi(3)]=2\times(1-0.998650)=0.00027=0.27\%$

④ 当 $u=4$ 时，即 $\mu\pm4\sigma$：$P=2\Phi(4)-1=2\times0.99996833-1=0.99993666=99.993666\%$

$P'=2[1-\Phi(4)]=2\times(1-0.99996833)=0.00006334=0.006334\%$

⑤ 当 $u=5$ 时，即 $\mu\pm5\sigma$：$P=2\Phi(5)-1=2\times0.9999997133-1=0.9999994266=99.99994266\%$

$P'=2[1-\Phi(5)]=2\times(1-0.9999997133)=0.0000005734=0.00005734\%$

⑥ 当 $u=6$ 时，即 $\mu\pm6\sigma$：$P=2\Phi(6)-1=2\times0.9999999990136-1=0.9999999980272=99.99999980272\%$

$P'=2[1-\Phi(6)]=2(1-0.9999999990136)=0.0000000019728=0.00000019728\%$

将上述计算结果整理得表2-1。

表2-1 $\mu\pm u\sigma$ 与产品合格率关系表

$\mu\pm u\sigma$	产品合格率	产品不合格率
$\mu\pm\sigma$	68.26%	31.74%
$\mu\pm2\sigma$	95.45%	4.55%
$\mu\pm3\sigma$	99.73%	0.27%
$\mu\pm4\sigma$	99.993666%	0.006334%
$\mu\pm5\sigma$	99.99994266%	0.00005734%
$\mu\pm6\sigma$	99.99999980272%	0.0000000019728%

表2-1是 $\mu=M$ 的情况，即曲线的中心与工件的公差中线 M 重合。从表2-1中可以看出，当产品质量特性数据的公差一定时，标准差 σ 越小，则产品的合格率越高；反过来，当标准差 σ 一定时，产品质量特性允许的公差越大，则产品的合格率越高。

【案例分析2-1】一根机械零件轴，关键外径尺寸要求为 $\phi50^{+0.1}_{-0.1}$mm，现从已加工完成的一批产品中抽取100件进行检验，检验结果表明轴径平均值 $\mu=50$mm，标准差 $\sigma=0.05$mm，试估算该批产品的合格率。

解：外径尺寸的上极限偏差 = 50.1mm；下极限偏差 = 49.9mm；尺寸公差中心 $M=(50.1+49.9)/2=50\text{mm}=\mu$。

实际生产出的产品标准差 $\sigma=0.05$mm，则产品的尺寸要求 $\phi50^{+0.1}_{-0.1}\text{mm}=\mu\pm2\sigma$。

查表2-1，可知该批产品的合格率为95.45%。

【知识拓展2-1】6σ 管理

近年来，部分企业推行6σ管理，即把产品质量特性值的公差要求限定在 $\mu\pm6\sigma$ 范围内，这意味着产品的不合格率为3.4/1000000，即每100万件产品中才有3.4件不合格品。

6σ管理是一种管理的哲学，代表着对质量精益求精的追求，它在实际生产中也有重大意义。航空工业产品的可靠性和完善率要求达到99.9999%，即这项极为复杂的系统工程在100万次动作中，只允许有一次失灵。它们所用的电子元器件、机械零件等，持续安全运转工作时间要在1亿~10亿h。以“阿波罗”飞船和“水星五号”运载火箭为例，它共有零件560万个，它们的完善率假如只在99.9%，则飞行中可能会有5600个零件发生故障，后果不堪设想。因而在航空工业生产中，就必须要遵循6σ管理的思想，严格控制产品质量。

5. 样本的正态分布和统计量

（1）样本的正态分布。当总体的随机变量服从正态分布时，从中抽出的样本的变量也服从正态分布，与样本量的大小无关；当总体的随机变量不服从正态分布时，从中抽出的大样本量的随机变量服从正态分布，小样本量的随机变量不服从正态分布，如图2-7所示。

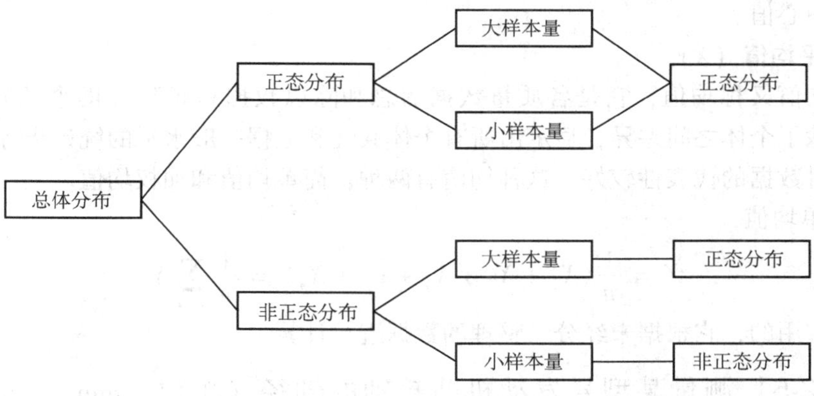

图2-7　总体与样本的分布关系

（2）参数和统计量。

1）参数。总体的某种特征值，称为参数，它是描述总体特征的概括性数字。

有各种各样的参数，当总体的随机变量服从正态分布时，其参数是总体平均值μ和总体标准偏差σ，当μ和σ一定时，则正态曲线就确定了。

2）统计量。样本的某种特征值称为统计量，它是描述样本特征的概括性数字。服从正态分布的样本的统计量是样本的算术平均值$\bar{X}$和样本的标准偏差S。

图2-8是服从正态分布总体和样本的关系。

在应用统计方法中，一般都不计算总体的μ和σ，而是用它的样本的$\bar{X}$和S去估计它们，即参数估计

$$\hat{\mu}=\bar{X}$$
$$\hat{\sigma}=S$$

样本平均值$\bar{X}$是相应总体平均值μ的无偏估计，即用$\bar{X}$去估计μ不会带来误差。样本标准差S不是相应总体标准差σ的无偏估计，即用S去估计σ会带来误差。但是，当样本量n越来越大时，S会越来越趋近于σ；当$n=N$时，$S=\sigma$。因此，

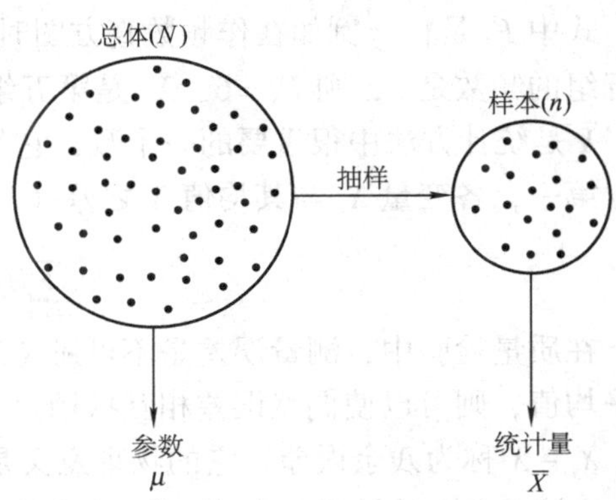

图2-8　总体与样本的参数和统计量关系

在实际应用中很少区分 S 和 σ 的数值差异。

2.5 质量数据的特征值

质量数据特征值是根据样本数据计算的描述样本质量数据波动规律的指标。统计分析就是根据这些样本数据特征值来分析、判断总体的质量状况的。常用的有描述数据分布集中趋势的算术平均值、众数和中位数，以及描述数据分布离散趋势的标准偏差、极差和离散系数等。

2.5.1 数据分布集中趋势的特征数

数据分布的集中趋势是指一组数据向某一中心值靠拢的倾向，测评数据分布集中趋势就是找数据的中心值。

1. 算术平均值（$\bar{X}$）

算术平均值又称均值，它是各质量数据的总和除以数据总频数（即个数）所得的商。它是一个消除了个体之间差异，显示出所有个体共性和数据一般水平的统计指标，是数据的分布中心，对数据的代表性较好。这种均值有两种：简单均值和加权均值。

（1）简单均值

$$\bar{X} = \frac{1}{n}(X_1 + X_2 + X_3 + \cdots + X_n) = \frac{1}{n}\sum_{i=1}^{n} X_i \tag{2-9}$$

这是最常用的，它根据未经分组整理的数据进行计算。

【课堂活动 2-5】测量某型号发动机凸轮轴的轴径（单位：mm），总计测量十台，测量数据分别为 44.025，43.425，43.850，43.450，43.900，43.500，43.650，43.625，43.516，43.825。该次测量的凸轮轴轴径的简单均值为多少？

（2）加权均值

$$\bar{X} = \frac{X_1F_1 + X_2F_2 + X_3F_3 + \cdots + X_kF_k}{F_1 + F_2 + F_3 + \cdots + F_k} = \frac{\sum_{i=1}^{k} X_iF_i}{\sum_{i=1}^{k} F_i} \tag{2-10}$$

式中 F_i 是权。例如在作频数直方图时，要把数据分组，每组中的频数就是权值 F_i，如第五组的频数是6，则 $F_5=6$，X_5 是第五组的组中值。

$\bar{X}$ 是统计方法中很重要的一个数，它是一组数据的重心所在，它有如下特点：

第一，各变量 X_i 与其均值 $\bar{X}$ 之差（$X_i-\bar{X}$）之和等于零

$$\sum_{i=1}^{n}(X_i - \bar{X}) = 0$$

在质量检验中，测量误差是不可避免的，根据均值的这一特点，可以多测量几次后取算术平均值，则可以使偶然误差相互抵销。

$X_i-\bar{X}$ 称为残余误差，它的物理意义是 $\bar{X}$ 相当于被测量的真值。X_i 是测量结果的数值，$X_i-\bar{X}$ 是考察测量结果与真值的接近程度，如果 $X_i-\bar{X}=0$，说明测量误差为零，$X_i-\bar{X}$ 越小说明这组数越趋于中心值 $\bar{X}$。

第二，各变量 X_i 与其均值 $\bar{X}$ 之差的平方和最小。

$$\sum_{i=1}^{n}(X_i - \bar{X})^2 = \text{最小值}$$

2. 众数（M_0）

密度函数或概率函数达到极大值的称为众数。通俗地说，在一组数中出现次数最多的那个数，叫作众数。

例如，有一组数1，4，5，7，4，5，12，5，8，11，17，5。从中可见，5出现的次数最多，它是这一组数的众数。

众数的缺点是不唯一，对一组数来说可能没有众数，也可能有两个或多个众数。

3. 中位数（Me）

随机变量或它的概率分布的0.5分位数，称为中位数。中位数是将全部数据按大小顺序排列后，处于中央位置的那个数值。中位数把全部数据分为两部分，一部分比它大，另一部分比它小。中位数是由数据的位置确定的，其大小不受极端数据的影响。因此，它是以位置来表示数据集中趋势的统计值，不能反映大部分数据值的变化情况。

值得注意的是，由于中位数是由数据的位置确定的，因此，在计算中位数时，首先要确定中位数的位置，然后再根据位置找出中位数的数值。

当数据项数为奇数时，中位数就是中点位置的数据值，即中位数就是位置为 $\frac{n+1}{2}$ 处的数值。用公式表示为

$$m = X_{\frac{n+1}{2}} \tag{2-11}$$

当数据项数为偶数时，中位数则是取中点位置相邻两个数据的平均值。即中位数为位于 $\frac{n}{2}$ 和 $\frac{n}{2}+1$ 处的两个数据的平均值。用公式表示为

$$m = \frac{X_{\frac{n}{2}} + X_{\frac{n}{2}+1}}{2} \tag{2-12}$$

2.5.2　数据分布离散趋势的特征数

1. 标准偏差

标准偏差简称标准差或方差，是个体数据与均值离差平方和的算术平均数的算术根，是大于0的正数。总体的标准偏差用 σ 表示，样本的标准偏差用 S 表示。标准偏差越小说明数据分布集中程度越高，离散程度越小，均值对总体（样本）的代表性越好。标准偏差的平方是方差，它有鲜明的数理统计特征，能确切说明数据分布的离散程度和波动规律，是最常用的反映数据变化程度的特征值。

（1）总体的标准偏差（σ）的计算公式如下

$$\sigma = \sqrt{\frac{1}{n}\sum_{i=1}^{n}(X_i - \bar{X})^2} \tag{2-13}$$

（2）样本的标准偏差（S）的计算公式如下

$$S = \sqrt{\frac{1}{n-1}\sum_{i=1}^{n}(X_i - \bar{X})^2} \tag{2-14}$$

【案例分析 2-2】一个班级的 A、B 两个宿舍各有 4 名学生，均学习相同的课程。学期末 A 宿舍学生的绩点分别为：1.0，2.0，3.0，4.0；B 宿舍学生的绩点分别为：2.2，2.35，3.05，2.4。

这两个宿舍的平均绩点均为 2.5，但 A 宿舍的标准偏差为 $S=1.291$，B 宿舍的标准偏差为 $S=0.376$，说明 A 宿舍学生之间的差距要比 B 宿舍学生之间的差距大得多。

2. 极差（R）

样本中最大值 X_{max} 与最小值 X_{min} 之差，称为样本极差 R

$$R = X_{max} - X_{min} \tag{2-15}$$

极差又称为全距，它表示样本取值范围的大小，也反映了总体取值集中与分散的程度，R 越小说明总体取值越集中。一般而言，若标准偏差 S 大，则 R 也大；标准偏差 S 小，则 R 也小。

极差常在 $n \leqslant 30$ 的情况下使用效果更好，如果样本量 n 很大，则丢弃的信息更多，因为 R 只顾两头，中间众多的信息都丢失了。通常，在测定个数 $n \leqslant 10$ 的场合，用极差 R 表示离散程度；而当 $n>10$ 时，则用标准偏差 S 表示离散程度。

3. 离散系数（V）

离散系数是用标准偏差除以算术平均值得到的相对数，它用于比较不同总体或样本数据的离散程度，离散系数 V 越大，说明数据的离散程度越大；反之，说明数据的离散程度越小。

总体的离散系数 $V_\sigma = \dfrac{\sigma}{\overline{X}}$，样本的离散系数 $V_S = \dfrac{S}{\overline{X}}$。

【案例分析 2-3】对 10 名成年人和 10 名幼儿的身高（单位：cm）进行抽样调查，结果如下：

成年组：166，169，172，177，180，170，172，174，168，173。

幼儿组：68，69，68，75，70，71，73，72，73，74。

比较分析哪一组的身高差异大。

解：经计算，得到成年组的平均身高为 172.1，标准偏差为 4.21，离散系数为 0.024；幼儿组的平均身高为 71.3，标准偏差为 2.5，离散系数为 0.035。由以上计算结果可知，因离散系数 0.035>0.024，故幼儿组的身高差异大。

【知识拓展 2-2】利用 Excel 计算特征参数

Excel 是微软办公套装软件的一个重要的组成部分，是办公自动化中非常重要的一款软件。它不仅能够方便地处理表格和进行图形分析，其更强大的功能体现在它可以进行各种数据的处理、统计分析和辅助决策操作，故而广泛地应用于管理、统计、财经、金融等众多领域。Excel 的统计工作表函数用于对数据区域进行统计分析，如统计样本的方差、数据区间的频率分布等。一些常用的统计函数包括：

SUM：返回参数的和，格式为 SUM（number1，number2…）。

AVERAGE：计算所有参数的算术平均值，格式为 AVERAGE（number1，number2…）。

MAX：返回给定参数表中的最大值，格式为 MAX（number1，number2…）。

MIN：返回给定参数表中的最小值，格式为 MIN（number1，number2…）。

MEDIAN：返回给定数值集合的中位数，格式为 MEDIAN（number1，number2…）。

NORMDIST：返回给定平均值和标准偏差的正态分布的累积函数，格式为 NORMDIST（x，mean，standard_ dev，cumulative）。

NORMSDIST：返回标准正态分布的累积函数，该分布的平均值为0，标准偏差为1，格式为 NORMSDIST（z）。

STDEV：估算样本的标准偏差，格式为 STDEV（number1，number2…）。

VAR：估算样本方差，格式为 VAR（number1，number2…）。

2.6 统计方法的三个特性

2.6.1 统计规律性

统计方法的研究对象是有多种可能结果的事物。例如，用一枚质量均匀的1元硬币重复向上抛后自由落地，当抛的次数很多时，就会发现硬币出现正面和反面的次数大体相当，即比值接近于1:1。当抛的次数越多，就越接近1:1，这就是抛硬币所呈现的统计规律性。

统计方法的工具很多，但可分为两类：描述性统计方法和推断性统计方法。

描述性统计方法是通过图表的形式，对所收集到的统计数据进行加工显示，进而进行计算、分析、概括得出反映事物的规律性数量特征的方法。

推断性统计方法是在描述性统计方法的基础上，进一步研究如何利用样本数据推断总体特征的方法。

2.6.2 统计随机性

统计数据的样本均是从总体中随机抽取的，总体的每个个体均有同等机会被抽到，因此，统计的结果具有随机性。

2.6.3 统计风险性

通过样本推断总体是存在风险的。尽管样本从总体中随机抽取，具有相当的代表性，其推断结论一般来说是可靠的。但既然是样本，一则因其为总体的局部，代表性有限；二则抽样有随机性，用样本的统计结果去推断总体的状态存在风险。

假如，使用方要验收一批产品，现从这批产品中随机抽取一个样本，通过检测此样本的质量状况来推断整批产品的质量好坏，然后做出接收或拒收的决定。上述做法可能发生以下4种情况：

1）假定这批产品的质量是合格的。通过对样本的检测，发现此样本的质量合格，于是就推断这批产品是合格的，决定将其接收。

2）假定这批产品的质量是合格的。通过对样本的检测，发现此样本的质量不合格，于是就推断这批产品不合格，决定将其拒收。

3）假定这批产品质量是不合格的。通过对样本的检测，发现此样本的质量不合格，决定将其拒收。

4）假定这批产品质量是不合格的。通过对样本的检测，发现此样本质量合格，决定将其接收。

在上述 4 种情况中，第 1 种和第 3 种情况的推断是正确的，它符合客观事实；而第 2 种和第 4 种情况的推断是错误的，它不符合客观事实。

对于第 2 种情况，把质量好的当成质量不好的，这类错误称为第 I 类错误，又称为“弃真”错误，即原假设为真而被拒绝。犯这类错误的概率一般用 α 表示，α 又称第 I 类错误的风险率，又称为生产方风险。

对于第 4 种情况，把质量坏的当成质量好的，这类错误称为第 Ⅱ 类错误，又称“存伪”错误，原假设不真而被接受。犯这类错误的概率一般用 β 表示，β 又称第 Ⅱ 类错误的风险率，又称为使用方风险。

在一定条件下，风险率 α 和风险率 β 是一对矛盾，两者此消彼长。但是，运用统计方法可以把这两者的总风险率和总损失控制在期望的范围内。所以，如果进行抽样检验，一定要按规定的抽样标准进行，例如 GB/T 2828. 1—2012、GB/T 2829—2002 等。遵守这些标准进行抽样检测，充分考虑了 α 和 β，既保护了生产方，又保护了使用方。

本章小结

➢ 产品质量控制也称为产品质量的统计管理，统计方法是产品质量控制的基础。

➢ 一个量用数目表示出来的多少，根据数值性质不同可分为计量数值和计数数值。数据是进行各种统计、计算、科学研究或技术设计等所依据的数值，质量数据是指对产品进行某种质量特性的检查、试验、化验等所得到的量化结果。在过程控制中，要求收集过程处于受控状态下生产出来的产品的数据，通过对这些数据进行统计、分析，才能判断过程的运行状态，为开展质量控制提供依据。一般来说，收集到的数据不能直接用于统计分析，而先要经过加工处理，使统计数据系统化、条理化、符合统计分析的需要。

➢ 一个统计问题中研究对象的全体称为总体，依据总体所包含的个体数目分为有限总体和无限总体。按一定程序从总体中抽取的一组个体称为样本，构成样本的个体的数目称为样本量，又称为样本容量。

➢ 在制造业的产品制造过程中，由于受到人（人员）、机（机器）、料（材料）、法（制造加工方法）、环（环境）等多种因素的影响，过程总是波动的。在规定允许的范围内波动，称为正常波动，在这种状态下生产出的产品是质量合格的产品，正常波动是允许的，公差是对这种波动的无奈承认。超过规定允许范围的波动，称为异常波动，在这种状态下生产出的产品是质量不合格的产品，异常波动不允许存在。应用统计方法的目的是通过对过程的数据进行统计、分析，及时发现过程的异常波动，便于生产者有目的地进行改进，达到稳定生产的目的。

➢ 生产过程输出产品的特性值可以看作随机变量，分为离散型随机变量和连续型随机变量。质量特性数据作为随机变量，均服从一定的概率分布规律。离散型随机变量的典型分布为二项分布，连续型随机变量的典型分布为正态分布。正态分布广泛应用于产品质量检验中，对经检验得到的产品质量特性数据拟合正态分布函数并绘制正态分布曲线，可迅速、准确地了解产品质量特性的分布范围及合格品率。

➢ 样本的某种特征值称为统计量，它是描述样本特征的概括性数字。质量数据特征值是根据样本数据计算的描述样本质量数据波动规律的指标。统计分析就是根据这些样本数据特征值来分析、判断总体的质量状况。常用的有描述数据分布集中趋势的算术平均值、众数和中位数，以及描述数据分布离散趋势的标准偏差、极差和离散系数等。

➢ 统计方法具有规律性、随机性和风险性。

自我测试

1. 在正态分布情况下，工序加工产品的质量特性值落在 $\pm 3\sigma$ 范围内的概率或可能性约为（　　）。

A. 99.73%　　B. 95.45%　　C. 68.26%　　D. 80.25%

2. 质量数据的收集方法有________和________。

3. 产品质量的波动分为________和________，前者是由________引起的，后者是由________引起的。当生产过程仅受随机因素影响时，过程处于________状态；当生产过程中存在系统因素影响时，过程处于________状态。

4. 当 $X=$________时，正态分布的函数值为最大。

5. 表示数据分布集中趋势的特征数有：________、________、________等。

6. 表示数据分布离散趋势的特征数有：________、________、________等。

7. 数值和数据有何区别？

8. “不波动的过程是不存在的”这句话对吗？你是如何理解的。

9. 举例说明随机变量的概念。

10. 正态分布有何特点？

11. 对同一根轴的直径进行等精度连续测量 15 次，各次测得值（单位：mm）如下：30.742，30.743，30.740，30.741，30.739，30.740，30.739，30.741，30.742，30.743，30.739，30.740，30.743，30.742，30.741。求该轴直径的均值、极差、中位数、众数和标准偏差。

12. 一位检验员某天同时检验三个工人生产产品的质量，得到大量的数据，这些数据混在一起。下班前他要对这些数据进行统计、分析，他第一步应该做什么？

第3章　常用质量控制工具

【学习目标】

知识目标：

- 熟悉常用质量工具的种类和作用；
- 了解分层法、调查表法和直方图法的概念，了解其操作步骤和注意事项；
- 掌握排列图法和因果分析法的概念、操作步骤和注意事项；
- 熟悉散布图法的概念、操作步骤和注意事项；
- 熟悉控制图的概念、类型与特点。

技能目标：

- 会运用分层法对质量数据进行合理分层并简单分析；
- 会应用调查表收集数据，能根据现场数据记录的要求设计简单的调查表；
- 会绘制排列图并分析影响质量的主要因素、次要因素和一般因素；
- 会绘制简单因果图并分析；
- 会绘制直方图并分析产生质量问题的原因；
- 会绘制均值－极差控制图，会分析控制的异常及其发生的可能原因。

【引例】

20世纪日本的质量管理活动

在20世纪50年代以前，日本制造的产品质量不如人意。日本企业界逐渐意识到他们在产品质量方面的问题是日本产品进军国际市场的最大障碍。为了改变这一状况，企业界的有识之士着手年复一年、常抓不懈地实施质量变革。

第二次世界大战后，为改进产品质量，成立于20世纪40年代的日本科学技术联盟（JUSE）于1949年1月成立了海外技术调查委员会，下设质量管理分会及质量管理研究小组，开始从美国引进质量管理理论和方法。1950年，该组织邀请美国质量管理专家戴明博士讲授统计质量管理（Statistical Quality Control，SQC），从此日本的企业开始把SQC应用于制造现场。在头十年，质量管理和统计技术的应用仅限于制造和检验领域。从20世纪60年代初开始，日本将质量管理的概念拓展为全公司质量管理（CWQC）。伴随着CWQC活动的深入，具有创造性的质量组织QC小组诞生了，在小组活动中常用的统计工具被称为“七种工具”。自20世纪60年代开始，日本的企业通过运用质量管理七大工具，收集工作现场的数据并进行分析，大大改善了产品的质量，使日本的产品成为“品质”的代名词。在全公司范围内应用统计质量控制的概念和方法的结果，最终使得日本的产品质量在20世纪70年代赶上了西方国家的水平。

日本引进美国的质量管理理论和技术，不是生搬硬套，而是结合国情，予以灵活运用并有所发展。SQC要求质量管理人员具有深厚的统计学功底，日本企业开始加强员工的教育，并将员工的教育形成制度，分门别类，固定培训。引进、吸收、推行、发展、成功是日本质量管理的成功途径，也是质量管理在日本结出丰硕果实的重要原因。在21世纪的今天，日本产品的质量受到世界的赞誉，"日本制造"成为高质量的象征，日本也成为大量出口先进产品的经济强国。世界公认："日本之所以能够后来发展成为经济强国是同它的优质产品密不可分的。"日本的经济振兴是一次成功的质量革命，无论从广度还是深度，20世纪日本的质量管理活动都是一个典范。

在质量管理中，经常要用到一些方法和工具。质量管理统计方法一般包括影响产品质量的因素分析和工序分析方法两个方面，常用的有分层法、调查表、排列图、因果分析图、直方图、控制图和散布图等七种方法，统称常用七种工具。本章将介绍这七种工具，实践中，这些工具常常是配合使用的。

3.1 分层法

3.1.1 分层法的概念

分层法也称分类法或分组法，就是把收集来的原始质量数据，按其性质、来源、影响因素等，按照一定标志进行分类，把性质相同或相近的进行归类整理和汇总分析的一种方法。

质量问题往往是多种因素的综合结果，要想把原因分析得清楚，问题判断得准确，有效的方法就是将收集到的数据分层，即将数据按各种影响质量的因素分别整理，层层分析，从而使分析准确无误。例如，一个检验员一天内同时检验由车削、铣削、刨削、磨削加工的工件，检验结果得到数据。如果把这四种工件检验结果的数据混在一起，来统计分析它们的质量情况，很难从中看出每种加工的质量变化趋势。为了清楚地了解这四种加工工件质量的变化趋势，必须把它们的数据分开，分别进行统计分析。

分层法是质量管理中常用来分析影响质量因素的一种最基本的方法，它也是其他质量管理方法应用的基础。

3.1.2 分层的标志

根据分层的目的，按照一定的标志加以区分，把性质相同、在同一条件下收集的数据归在一起。选择合适的分层标志，是分层法的关键环节。对在制造过程收集到的统计数据进行分层时，可采用下述归类标志：

（1）人员。按操作者分，如按性别、年龄、操作技术水平高低进行分类。

（2）机器。按机器设备分，如按型号、新旧程度进行分类。

（3）材料。按原材料分，如按供料单位、进料时间、生产环境等标志分类。

（4）方法。按操作方法分，如按切削用量、温度、压力等工作条件进行分类。

（5）环境。按生产和测量的环境分，如按气候环境、室内环境、电磁场环境分类。

（6）测量。按检验手段分，如按测量仪器、测量人员、测量地点等进行分类。

（7）时间。按时间分，如按班次（早、中、晚）、日期进行分类。

（8）缺陷。按生产废品的缺陷项目分，如按铸件的裂纹、气孔等缺陷分类。

（9）其他分层标志。如按发生情况、发生位置和使用条件分类。

对质量特性数据进行分层时，要求处于同一层次内的数据波动幅度尽可能小，而层与层之间的差别尽可能大，否则很难起到归类的作用。

分层时要注意分层的合理性，要按不同的层次进行组合分层，既可选择单一标志分层，也可同时选择多个标志分层，这样可以使事物的本质体现得更清楚些。如果分层不合理，一些问题可能会被掩盖。

【课堂活动3-1】某汽车销售公司欲统计当年公司的汽车销售情况，以便对市场需求和公司的年度经营状况做出判断，可以采用哪些标志对销售数据进行分层？

3.1.3 分层法的应用

分层法的应用步骤如下：

1）明确分析目的。

2）收集相关质量数据。

3）选用合适的分层标志。

4）将已收集的数据按分层标志分别进行统计整理。

5）根据整理结果确定问题来源。

6）进一步分析问题原因并施行有效措施。

【案例分析3-1】使用铆接机铆接螺柱，铆接螺柱的高度与作业人员和铆接设备都有关系。表3-1为铆接螺柱作业状况统计，请根据作业人员及设备分别确认导致铆接高度偏高的主要原因。

表3-1 铆接螺柱作业状况统计

作业人员	铆接机	高度合格数	高度偏高数
张	铆接机1	9	2
王	铆接机1	1	9
李	铆接机1	11	2
赵	铆接机1	21	3
张	铆接机2	11	4
王	铆接机2	1	11
李	铆接机2	8	4
赵	铆接机2	12	3

分析：表3-1中的总体数据没有依据作业人员或设备进行分层处理，不便于确认造成铆接高度问题的作业人员或设备的原因，需将表格内容依据作业人员和设备进行分层处理，铆接螺柱作业状况分层统计见表3-2。

表 3-2 铆接螺柱作业状况分层统计

原因		合格品数	不合格品数	不合格品率
作业人员类别	张	20	6	23%
	王	2	20	91%
	李	19	6	24%
	赵	33	6	15%
设备类别	铆接机 1	42	16	28%
	铆接机 2	32	22	41%

根据经分层处理后的统计表可清楚地知道，从作业人员类别分析，造成铆接高度偏高的主要原因出在作业人员小王身上，应及时查找小王身上的原因，如确实是操作技术水平方面的问题，需对小王进行相关技术培训；从设备类别分析，造成铆接高度偏高的主要原因是铆接机 2，应及时查找设备中造成质量问题的原因并加以排除。

【案例分析 3-2】某工具厂在对钻头接柄焊缝质量进行因果分析的基础上，初步确定操作者和机器设备因素是产生废品的主要原因，为深入了解焊缝质量的主要原因，在三台同型号对焊机上，由甲、乙两名操作者，在不同班次且执行同一工艺条件下进行操作，收集焊件断裂报废的数据，见表 3-3 和表 3-4。

请根据统计表内容，对对焊废品数据进行分层分析，鉴别影响对焊质量的原因。

表 3-3 对焊废品设备－班次分层统计表

焊机编号 / 废品率(%) / 班次	754－005	754－008	754－009	平均废品率
早班	0.22	0.43	0.62	0.42
中班	0.20	0	4	1.40
夜班	0.37	0.50	2.50	1.12
平均废品率	0.26	0.31	2.37	废品率指标≤1%

表 3-4 对焊废品设备－操作者分层统计表

焊机编号 / 废品率(%) / 操作者	754－005	754－008	754－009	平均废品率
甲	0.21	0.21	2.31	0.91
乙	0.37	0.50	2.50	1.21
平均废品率	0.29	0.35	2.40	废品率指标≤1%

分析：

1）从表3-3和表3-4明显看出，不论在何班次，由谁操作，编号754－009对焊机生产的焊件平均废品率都大大超过1%的废品率指标，中、夜班和操作工人乙生产的焊件平均废品率也超过了1%。由此可见，造成废品的主要原因在于设备状况不良，其次才是生产班次和操作工人的技术水平。经过对754－009对焊机的检查，果然发现电气部分的元器件有质量问题，更换为优质的元器件后，废品情况即有好转。

2）其次是班次的原因，是由于中、夜班电压起伏不够稳定，时高时低难以控制，尤以中班为甚，当采用稳压器后，对焊质量有了改善。

3）对于操作者方面，不同操作者的操作技术水平也有某种差距。从表3-4中进一步分析，从总体来看，操作者乙的质量水平比操作者甲的水平稍低。在机器设备良好状态下，操作者乙生产产品的质量状态远比甲的差；但在机器设备状态不佳的情况下，操作者甲生产出的废品也较多的。

由此可见，操作者水平虽高，但在设备状态差的情况下也无能为力。因此，主要矛盾应当放在改善设备质量状况上，其次才应加强操作者的技术培训，以提高他们的技术水平和综合素质。

3.2 调查表

3.2.1 调查表的概念

1. 调查表的含义

调查表是利用统计表来进行数据整理和粗略原因分析的一种方法，也叫检查表或统计分析表。

调查表是为了掌握生产和试验现场情况，根据分层的思想设计出的数据及不合格记录表格，是收集数据并对数据进行粗略整理的有效工具，是最基本的质量原因分析方法，也是最常用的方法。调查表用起来简便而且能自行调整数据，便于以后的统计分析，所以得到了广泛应用。在实际工作中，经常把调查表和分层法结合起来使用，这样可以把可能影响质量的原因调查得更为清楚。

2. 调查表的结构

从形式上看，调查表由总标题、横纵行标题和数据资料四个部分组成。总标题是调查表的名称，反映其主要内容，一般用简明扼要的文字写在调查表的上端正中央或上端左方，与表格左边框对齐。横行标题是横行的名称，反映各横行要说明的对象或内容，一般写在表格左边的位置；纵行标题是纵行的名称，反映各纵行要说明的对象或内容，一般写在表格右上方的位置。数据资料是统计调查到的数据信息，对应地写在各横、纵行交叉栏内。有的调查表还列有补充资料，如资料来源、数据的计算方法及其他需备注的信息。在调查表的下方还需列明制表人、审核人、填报时间等项目。表3-5是针对产品不合格品而设计的统计表，表格内数据需根据实际检验情况填写。

表 3-5　______产品不合格品统计表

序　号	零部件代号	不合格原因	评审结果（数据）				日　期	责任部门	检验员	评审员	备　注
			返工	返修	报废	使用					
1											
2											
…											

审核人：　　　　　　　　　　　制表人：　　　　　　　　　　　　　　　　　　　年　　月　　日

3.2.2　调查表的常用类型

根据使用目的、使用场合、使用对象以及使用范围的不同，调查表的形式、内容也多种多样，在实际中可以灵活设计和应用。以下介绍几种常用调查表的类型。

（1）不合格品数分布调查表。不合格品检验统计是为了减少生产中出现的各种不合格品，调查各种不合格品的类型及其百分比，并进行分类统计，以便分析和控制产品质量。表 3-6 为某机械零件的工序不合格品调查表，表中横行表示的是一道工序多种因素的自检不合格品率，纵向列表示了一个零件（多道工序）一种因素的自检不合格品率。

表 3-6　某机械零件的工序不合格品调查表

工序号	工序内容	自检数 $\sum n$	不合格品数 $\sum d$	自检工序不合格品率	（按因素分）不合格品件数 djT/工序自检因素不合格品率 pjT					
					操作 J_1	设备 J_2	工具 J_3	工艺 J_4	材料 J_5	其他 J_6
1	铣端面	132	3	2.27%	1				2	
					0.76%				1.51	
2	精车大头	280	5	1.79%	2		2		1	
					0.71%		0.71%		0.37%	
3	粗车小头	150	6	4%		3		3		
						2%		2%		
4	精车小头	305	8	2.62%	4	1	3			
					1.31%	0.33%	0.98%			
5	铣花键	1102	13	1.18%	3		9	1		
					0.27%		0.82%	0.09%		
6	磨 ϕ48 外圆	204	8	3.92%	3	3		2		
					1.47%	1.47%		0.98%		
7	磨 ϕ50 外圆	316	7	2.22%		6				1
						1.90%				0.32%
8	磨 ϕ62 外圆	198	4	2.02%	1	3				
					0.51%	1.51%				
9	钻十字孔	51	0	0						
10	攻螺纹	134	2	1.49%				1	1	
								0.75%	0.75%	
$\sum$		2872	56		14	16	14	7	4	1

表3-6具体而细致地列出了造成零件不合格的工序原因，从上述列表中能清楚地看到造成零件不合格的工序，以及造成该不合格工序的原因分布情况，便于针对具体工序展开质量控制与改进措施。

（2）不良项目调查表。质量管理中“良”与“不良”，是相对于标准、规格、公差而言的。一个零件和产品不符合标准、规格、公差的质量项目叫不良项目，也称不合格项目。不良项目调查表用于调查产品质量发生了哪些不良情况及其各种不良情况的比例大小。柴油机总装不良项目调查表见表3-7。

表3-7 柴油机总装不良项目调查表

名　称	柴油机	项目数	7	日　期	×年1－12月
代号		不良件数	208台	检查人	
工段名称	总装工段	检查数	310台	制表人	
返修项目名称		频数	小计	占返修工作量比例（%）	
气缸内径圆度超差			72	34.6	
进水管漏水			46	22.1	
凸轮轴超差			30	14.5	
检爆阀座漏水			24	11.5	
出水管漏水			12	5.8	
载丝漏水			10	3.8	
其他			14	7.7	
总计			208	100	

（3）缺陷原因调查表。要弄清楚各种不良品发生的原因，就需要按设备、操作者、时间等标志进行分层调查，填写缺陷原因调查表（见表3-8）。

表3-8 缺陷原因调查表

×年×月×日		
品名：	工厂名：	
工序：最终检验	部门：制造部	
不合格种类	检验员：	
检查总数：2530	批号：02－8－6	
备注：全数检验	合同号：02－5－3	
不合格种类	检查结果	小计
表面缺陷 砂眼 加工不合格 形状不合格 其他	正正正正正正正一 正正正正 正正正正正正正正正一 正 正正	36 20 46 5 10
	总计	117

（4）缺陷位置调查表。对于零件或产品有磕碰、锈蚀等，以及电镀、涂装件等的气孔、斑点，铸件、注塑件的气孔等缺陷，可采用缺陷位置调查表调查缺陷情况。将产品或零件的外形展开图画在调查表上，当某种缺陷发生时，可采用不同的符号或颜色在发生缺陷的部位上标出。若在草图上划分缺陷分布情况区域，可进行分层研究，划分时尽可能等分。表3-9为机翼划伤位置调查表，从中可知机翼划伤及压坑的分布位置及数目。

表3-9　机翼划伤位置调查表

单　位：×车间×工段	日　期：___年___月___日
操作者：×××	填表人：______
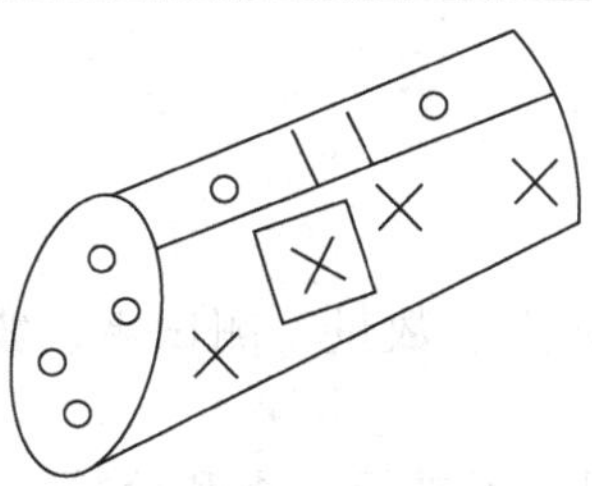	×：轻划伤 ☒：严重划伤 ○：压坑

3.2.3　调查表的设计与填写

1. 调查表的设计

（1）设计原则。调查表的设计遵循目的性、简洁实用性和美观大方等基本原则。其中，目的性是指调查表是为特定的目的而设计，其栏目内容要紧紧围绕中心目的而选择。例如，一个消费品使用习惯调查与制造业零部件生产质量的调查由于目的不同，必然具有不同的结构和内容。简洁实用性是指调查表的栏目设计、标题内容等应以最能集中、准确、有效地反映调查对象特点和调查目的为基准，使调查表具有高度的实用性和简洁性。美观大方性是指统计调查表的整体长宽尺寸比例以及各单元格的长宽尺寸比例均符合人的审美要求，给人以美观大方的感觉。

（2）设计步骤。设计调查表时通常需遵循以下基本步骤：

第一步，选定调查的对象。

第二步，明确调查的目的。

第三步，设计选择调查的项目。

第四步，草拟调查初表。

第五步，将调查初表进行试用和完善。

第六步，对调查初表进行修改完善并形成最终使用表。

2. 调查表的填写

填写调查表时应注意以下事项：

（1）书写工整、规范。

（2）当调查表的上下左右出现相同数据时，应分别如实填写各栏目数据，不能用“同上”“同左”等字样代替。

(3) 当某项数据为0时，也要在相应栏目上写明。对不应有数据的栏目，在对应的方格内用“—”表示，对于缺乏数据的栏目，在相应的格中用“…”表示。

(4) 对于某些需要特别说明的项目，应在表下或表右加设“备注”栏，填写说明事项或直接在表下方加注说明。

(5) 调查表的填写、审核均应有专人负责，表格数据内容填写完成后应由相关负责人在表的下方相应栏目处签字以示负责和权威。

【课堂活动3-2】某汽车生产厂的总装车间对总装完成的某型号汽车进行总装测试，测试项目有外观、淋雨、装调和动态测试（50km）四个项目，对每个项目的测试缺陷分为严重缺陷和一般缺陷。现请设计一个缺陷项目调查表，以便把总装测试的结果填写在内。

3.2.4 应用调查表的注意事项

(1) 注意记录与数据有关的数据背景，如测试时间、地点、数量、测试者、零件号、批号、名称规格及必要的环境条件等。

(2) 统计分析表必须针对具体的产品，设计出专用的调查表进行调查和分析，应有利于分析问题，且可以避免不同条件的数据混淆。

(3) 调查表内填写的数据必须真实、可靠、准确。

3.3 排列图

3.3.1 排列图的概念

1. 排列图的含义及原理

排列图又称主次因素分析图或帕累托图，它是用来找出影响产品质量主要因素的一种有效工具。

排列图是意大利经济学家、统计学家帕累托于1897年提出的，他在研究社会财富的分布情况时发现20%的人占有80%的社会财富，80%的人占有20%的社会财富，这就是有名的“二八法则”。1951－1956年，美国质量管理专家朱兰博士把该原理应用于质量管理工作中，他运用洛伦兹的图表法将质量问题分为“关键的少数”和“次要的多数”，并将这种方法命名为“帕累托分析法”。朱兰博士指出，在许多情况下，多数不合格及其引起的损失是由相对少数的原因引起的。就是根据“关键少数，次要多数”的原理，使排列图在质量管理中成为查找影响产品质量关键因素的重要工具。

【知识拓展3-1】有趣的现象：二八法则

◇ 你所完成的工作里80%的成果，来自于你20%的付出；而80%的付出，只换来20%的成果。

◇ 80%的销售额来自20%的顾客，80%的利润来自20%的顾客。

◇ 20%的公务员承担了80%以上的政府工作。

◇ 20% 的论坛作者发表了 80% 以上的精品文章。

◇ 20% 的人拥有 80% 的社会财富，80% 的人拥有 20% 的社会财富。

◇ 20% 的人有目标，80% 的人爱瞎想。

◇ 20% 的人笔记好，80% 的人忘性好。

◇ 20% 的人只为成功找方法，80% 的人只为失败找理由。

二八法则所提倡的指导思想，就是“有所为，有所不为”。

2. 排列图的构成

排列图是由两个纵坐标、一个横坐标、几个直方条和一条折线所构成的，如图 3-1 所示。排列图的横坐标表示影响产品质量的因素或项目，按其影响程度大小，从左到右依次排列。排列图左侧的纵坐标表示频数，即质量问题或因素的多少，如件数、金额、工时、吨位等；右纵坐标表示累积频率，以百分比表示。直方条的高度表示某个因素的影响程度大小，按照从高到低、、从左到右的顺序依次排列。折线是将各累积频率点连接而成的线，表示影响因素大小的累积百分数，是由左到右逐渐上升的，这条折线就称为帕累托曲线。

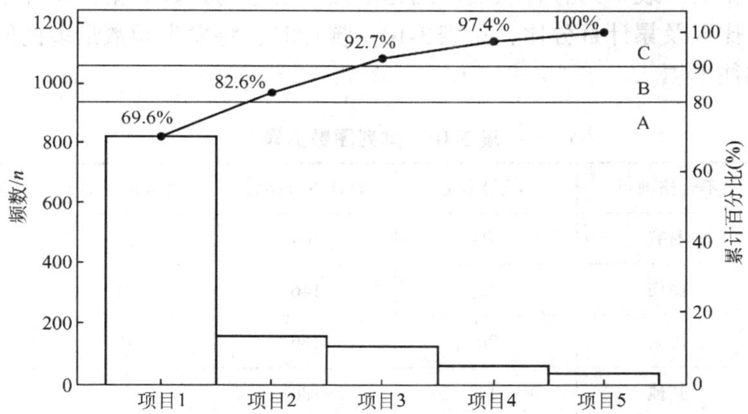

图 3-1 排列图的构成

3. 排列图中的因素分类

通常将影响质量的问题或因素按其对质量的影响大小而分为主要、次要和一般三类，或者称为 A、B、C 三类。其中，累计频率处于 0 ~ 80% 之间的为 A 类问题（或因素），即主要问题（或因素），它们是影响产品质量的关键原因，其个数为 1 ~ 2 个，最多 3 个；累计频率处于 80% ~90% 之间的为 B 类问题（或因素），即次要问题（或因素），它们对产品质量有一定的影响；累计频率在 90% ~100% 之间的为 C 类问题（或因素），即一般问题（或因素），它们对产品质量仅有轻微影响，如图 3-1 所示。

根据“关键的少数”原理，在对质量问题或因素进行分析时，就是要准确找到少数的关键问题或因素，即找到 A 类问题或因素。因为这类问题或因素的累积频率至少占全部问题或因素的 80% 以上。因此，只要采取有效措施把这类问题解决了，绝大部分的质量问题就可以得到解决。

4. 排列图的用途

在作质量分析时发现，影响产品质量最关键的往往只是少数几项，而由它们造成的不合格产品却占总数的绝大部分。通过排列图，可一目了然地知道各质量因素影响的主次位置，从而明确改进方向和改进措施。采取措施后的效果，还可用排列图进行对比确认。排列图可作为降低不良品率的依据，可用于发现作业现场的重要问题，可更直观地反映报表或记录的数据状况等。任何质量改进问题都可以使用排列图法，排列图不仅可用于质量管理，还广泛地应用于各行各业以及各个方面的工作改进活动。

3.3.2 排列图的绘制

绘制排列图时通常按以下步骤进行：

第一步，确定所要调查的问题。为了绘制排列图，首先要确定拟调查的问题，关键要定出分类方法及统计项目，例如可按不合格项目、不同缺陷、不同班次、不同机床等进行分类。

第二步，收集数据。收集问题的相关数据。

第三步，为了防止混乱和便于统计计算，应设计一张数据记录表，将数据填入其中，作为排列图专用数据表。表中列有各项质量问题或因素发生的频数数据，累计不合格数，各项不合格所占百分比以及累计百分比，见表 3-10。统计时，将发生频数最多的问题填写在第一栏内，其他依次往下填。

表 3-10 排列图数据表

序　　号	不合格项目	不合格频数	累计不合格数	百分比（%）	累计百分比（%）
1	断裂	104	104	52	52
2	擦伤	42	146	21	73
3	污染	20	166	10	83
4	其他	14	180	7	90
5	弯曲	10	190	5	95
6	裂纹	6	196	3	98
7	砂眼	4	200	2	100
合　　计		200	—	100	—

第四步，画两根纵轴和一根横轴，在左边纵轴上标明频数的刻度，最大刻度为总频数；在右边纵轴上标明累计百分比（频率）的刻度，最大刻度为 100%。左边总频数的刻度与右边总频率的刻度（100%）高度相等。在横轴上将各项目依据频数从大到小依次列出。

第五步，在横轴上按频数大小画出矩形，矩形的高度代表各不合格项目的频数大小。

第六步，在每个直方柱的右侧上方标出各质量因素的累计频率点（发生频数和累计百分比的交点），并用一条折线把它们连接起来形成一条从左向右的上升曲线。根据表 3-10 中的数据制作出的排列图如图 3-2 所示。

第七步，利用排列图分析主次原因，确定对质量改进最为重要的问题或因素。

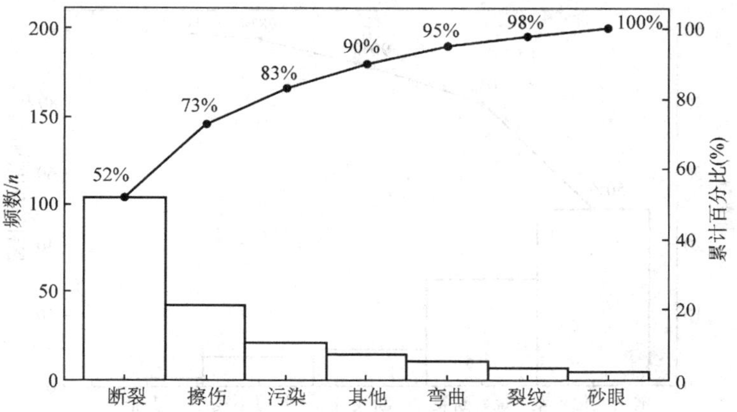

图 3-2　排列图的绘制

【案例分析 3-3】经检验发现，一批传感器中有 50 只不合格，分析不合格产生的原因有：输出变化超差、螺钉断裂、断线、绝缘不良和其他原因。为了找出这几项不合格原因中影响较大的一项，现需对传感器不合格项目的数据进行分类统计，数据见表 3-11，绘制排列图并分析主次原因。

表 3-11　传感器不合格项目分类统计表

序　　号	不合格项目	不合格频数
1	输出变化超差	25
2	螺钉断裂	15
3	断线	5
4	绝缘不良	4
5	其他	1
合　　计		50

根据表 3-11 内的各项数据，经计算得出各不合格项目累计不合格数、百分比及累计百分比，各项数据见表 3-12，根据表内数据绘制排列图，如图 3-3 所示。

表 3-12　传感器不合格项目排列图统计表

序　　号	不合格项目	不合格频数	累计不合格数	百分比（%）	累计百分比（%）
1	输出变化超差	25	25	50	50
2	螺钉断裂	15	40	30	80
3	断线	5	45	10	90
4	绝缘不良	4	49	8	98
5	其他	1	50	2	100
合　　计		50	—	100	—

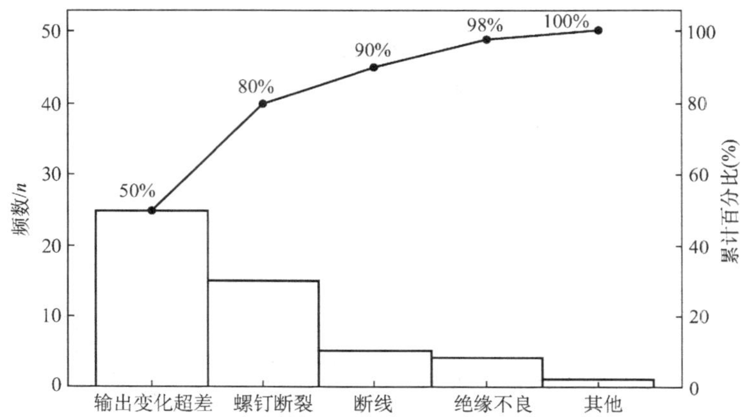

图 3-3　传感器不合格项目排列图

从图 3-3 可知，对传感器质量影响最大的为输出变化超差和螺钉断裂两项，合计占不合格项目的 80%，是造成质量问题的主要因素；断线是造成质量问题的次要因素；绝缘不良和其他因素是造成质量问题的一般因素。

【案例分析 3-4】对某批铸件的缺陷原因进行统计，记录下缺陷原因和出现的频数，缺陷数据见表 3-13，对该数据绘制排列图并分析造成缺陷的主次因素。

表 3-13　铸件缺陷项目统计表

序　号	缺陷项目	不合格频数
1	气孔	48
2	未浇满	28
3	偏心	10
4	形状不佳	4
5	裂纹	3
6	其他	2
合　计		95

根据表 3-13 内的各项数据，经计算得出各缺陷项目累计不合格数、百分比及累计百分比，各项数据见表 3-14，根据表内数据绘制排列图，如图 3-4 所示。

表 3-14　铸件缺陷项目排列图统计表

序　号	缺陷项目	不合格频数	累计不合格数	百分比（%）	累计百分比（%）
1	气孔	48	48	50.5	50.5
2	未浇满	28	76	29.5	80
3	偏心	10	86	10.5	90.5
4	形状不佳	4	90	4.2	94.7
5	裂纹	3	93	3.2	97.9
6	其他	2	95	2.1	100
合　计		95	—	100	—

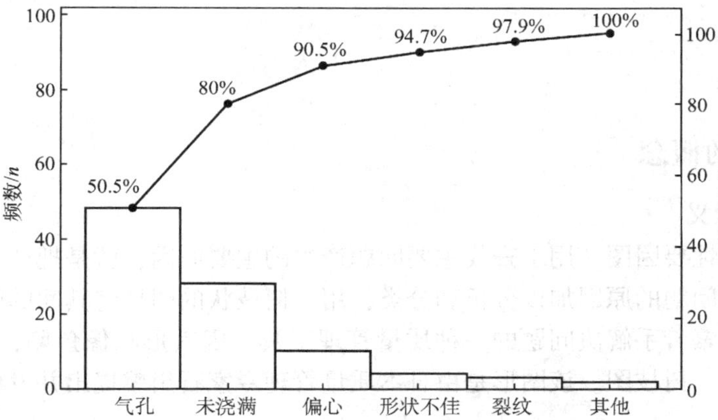

图 3-4　铸件缺陷项目排列图

从图 3-4 可知，气孔和未浇满是造成铸件缺陷的主要因素，合计占缺陷项目的 80%；偏心是造成铸件缺陷的次要因素；形状不佳、裂纹和其他因素是造成铸件缺陷的一般因素。

3.3.3　排列图的效果验证

（1）如果改进措施有效，排列图在横轴上的项目排列顺序应发生变化。

（2）当项目的顺序发生变化，而总的不合格品数仍没有变化时，可认为是生产过程仍然不稳定，过程未得到控制，应继续查找原因。

（3）各项目不合格品数同时减少，说明纠正措施效果良好。

（4）经采取改进措施后，出现频数最多的前两项同时减少，但排列顺序仍未发生变化，说明这两项存在相关关系。

（5）一旦确认改进后的效果，就应修订相应质量管理文件，对改进过程进行标准化。

3.3.4　应用排列图时的注意事项

应用排列图时应注意以下问题：

（1）一般来说，主要因素最好是一至两个，最多不超过三个。否则，就失去了“找主要矛盾”的意义，需要重新考虑因素的分类。

（2）排列图上的项目数要选取适当，6 项左右为宜，太少了用不着排列来分析，太多了图形太分散。

（3）适当合并一般因素，影响小于 5% 的因素可以统一归并为其他因素，并列放在横轴的最后面。

（4）绘制排列图时要注意左边和右边两条直线取值之间的比例，要两边等高，这点最容易错，矩形底边的宽度要适宜，不然画出的排列图不是太“胖”就是太“瘦”，不够美观。

（5）针对主要原因采取措施后，应再取数据，按因素项目重新排列分析，以检验改进措施的实施效果。

3.4 因果图

3.4.1 因果图的概念

1. 因果图的含义

因果图也叫特性要因图，用于查找主要问题产生的主要原因，就是把产品存在的某个质量问题以及产生该问题的原因加以分析和分类，用一树枝状的图形将其间的因果关系表示出来，以便从重要因素着手解决问题的一种质量管理工具。因其形状像鱼刺，又像倒着的树，所以又称为鱼刺图、树枝图。该图形是由日本质量管理专家石川馨提出并发展出来的，故又名石川图。

因果图法采用质量分析会的方式，集思广益，找出影响质量的所有因素，并按其因果关系进行系统整理，分出大原因、中原因、小原因，绘成一张因果分析图，从中找出影响质量问题的主要原因，并能有针对性地采取措施的一种方法。它形象地表示了探讨问题的思维过程，通过有条理地逐层分析，可以清楚地看出“原因－结果”的关系，使问题的脉络清晰地显现出来。

2. 因果图的构成

因果图由一系列方框、特性、主干和枝干等部分构成，如图 3-5 所示。其中，特性用来描述质量问题或结果；主干为一水平从左至右的粗线箭头指向特性；主干两侧均匀分布有大枝，代表产生质量问题或结果的主要原因（因素），填写在大枝上方的水平方框内；大枝两侧分布有中枝，代表大原因包含下的造成质量问题的中原因；中枝两侧分布有小枝，代表中原因包含下的造成质量问题的小原因；小原因如可继续细分为更细小的原因，则画出细枝代表。

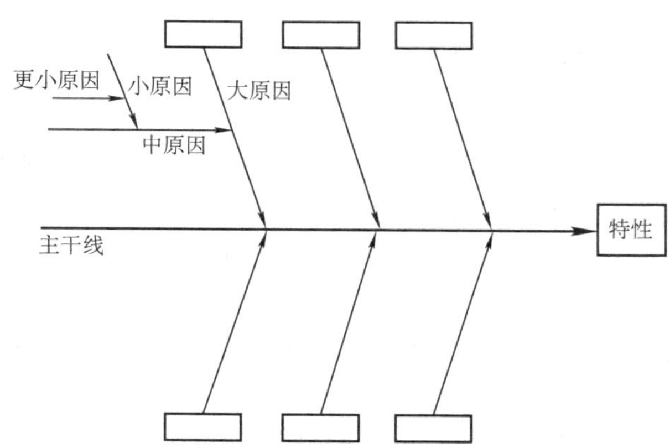

图 3-5 因果图的构成

3.4.2 因果图的绘制

1. 因果图的绘制步骤

绘制因果图通常按以下步骤进行：

第一步，确定分析对象。把要分析的质量特性问题，填入主干线箭头指向的特性方框内，可通过排列图法确定质量问题的主要因素，对其绘制因果图进行分析。

第二步，确定原因类别。采用质量分析会的方式，召集与质量问题相关的人员参加分析会，集思广益，各抒己见，找出影响质量的所有因素，并按其因果关系进行系统整理，分出大原因、中原因、小原因。把大家针对质量特性问题所提出的各种原因，用长短不等的箭线排列在主干线的两侧。属于大原因的，用较长的箭线指向主干线；属于某大原因内次一级的中原因，用略短的箭线指向该大原因的箭线；属于小原因的箭线指向与它关联的中原因的箭线。

在制造业中，一般影响过程质量的主要因素有：人员、机器、材料、工艺、环境和测量，即5M1E，将这些因素作为大原因，分别填入图3-5中主干线两侧的水平方框内。

第三步，检查有无遗漏。即对所分析的种种原因检查一下，看有无遗漏，若有遗漏可及时补上。

第四步，找出重要原因。寻找各层原因时要不断追问“为什么”，层层往下追，直到回答不出来能直接采取具体的更小的原因为止，这个原因就是末端原因，也就是要寻找的重要原因、关键原因。有多少个末端原因，就有多少个重要原因。可把重要的、关键的原因表示出来，例如将最重要的原因画上三个圈，次重要的原因画上两个圈；或者用▲符号在重要原因旁边标志等；原则上选定4～6个重要原因。

第五步，记上必要事项。注明绘图者、参加讨论分析人员、时间等可供参考事项。

2. 绘制因果图的注意事项

（1）质量特性问题应尽量具体、明确、有针对性。

（2）确定原因类别时，应召开质量分析会，采用“头脑风暴法”并配合与会人员的专业知识与经验进行。要充分发扬民主思想，集思广益，把各种意见都记录、整理入图，不遗漏重要的因素。不要过分地追究个人责任，而要注意从组织上、管理上找原因。实事求是地提供质量数据和信息，不互相推托责任。

【知识拓展3-2】“头脑风暴法”

头脑风暴法又称智力激励法、BS法、自由思考法，是由美国创造学家A·F·奥斯本提出的一种激发性思维的方法。头脑风暴法出自“头脑风暴”一词，所谓头脑风暴（Brainstorming）最早是精神病理学上的用语，指精神病患者的精神错乱状态而言的，现在转为无限制的自由联想和讨论，其目的在于产生新观念或激发创新设想。

采用头脑风暴法组织群体决策时，要集中有关专家召开专题会议。参加人数一般为5～10人（课堂教学也可以班为单位），最好由不同专业或不同岗位者组成，会议时间控制在1h左右。会议设主持人一名，主持人以明确的方式向所有参与者阐明问题，说明会议的规则，尽力创造融洽轻松的会议气氛，主持人只主持会议，对设想不作评论，由专家们“自由”地提出尽可能多的方案，以免影响会议的自由气氛。设记录员1～2人，要求认真地将与会者的每一设想不论好坏地、完整地记录下来。

头脑风暴法的所有参加者都应具备较高的联想思维能力。在进行“头脑风暴”时，应尽可能提供一个有助于把注意力高度集中于所讨论问题的环境。有时某个人提出的设想，可能正是其他准备发言的人已经考虑过的设想。其中一些最有价值的设想，往往是在已提出设想的基础之上，经过“思维共振”的“头脑风暴”迅速发展起来的设想，以及对两个或多个设想的综合设想。因此，头脑风暴法产生的结果，应当认为是专家成员集体创造的成果，是专家组这个宏观智能结构互相感染的总体效应。实施头脑风暴法有四个原则：禁止批评、自由联想、相互启发、大量构想。

实践经验表明，头脑风暴法可以排除折中方案，对所讨论问题通过客观、连续的分析，找到一组切实可行的方案，因而头脑风暴法在军事决策和民用决策中得到了较广泛的应用。例如在美国国防部制定长远科技规划中，曾邀请50名专家采取头脑风暴法召开了两周会议。参加者的任务是对事先提出的长远规划提出异议，通过讨论，得到一个使原规划文件变为协调一致的报告。

当然，头脑风暴法实施的成本（时间、费用等）是很高的；另外，头脑风暴法要求参与者有较好的素质，这些因素是否满足会影响头脑风暴法实施的效果；头脑风暴法不适用于一些具有机密性和高技术含量及专业性问题。

（3）制造业过程中影响质量问题的主要原因通常从6个方面考虑，即人、机、料、法、环、测，主要原因的类别和数量也可按实际情况增减。

（4）要想在改进后有效果，原因应细分到能采取措施为止。如果分析出的原因不能采取措施，说明问题还没有得到解决，不能采取措施的因果图只能算是练习。

（5）应以客观数据（如影响的产品数量、影响范围、影响时间等）为依据评价每个因素的重要性。

【案例分析3-5】某电器厂传感器的输出电压不稳定，现应用因果图来分析造成电压输出不稳的原因，以找到解决质量问题的方法，如图3-6所示。

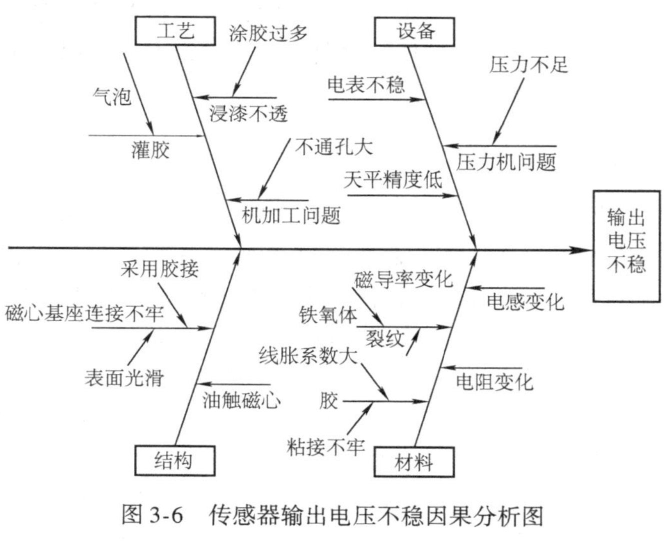

图3-6　传感器输出电压不稳因果分析图

【案例分析3-6】某工厂在对压力容器引流槽进行焊接作业时，发现内槽焊缝出现夹渣现象，造成焊接存在质量问题，现采用因果图分析产生夹渣的原因，绘制焊缝夹渣因果分析图如图3-7所示。

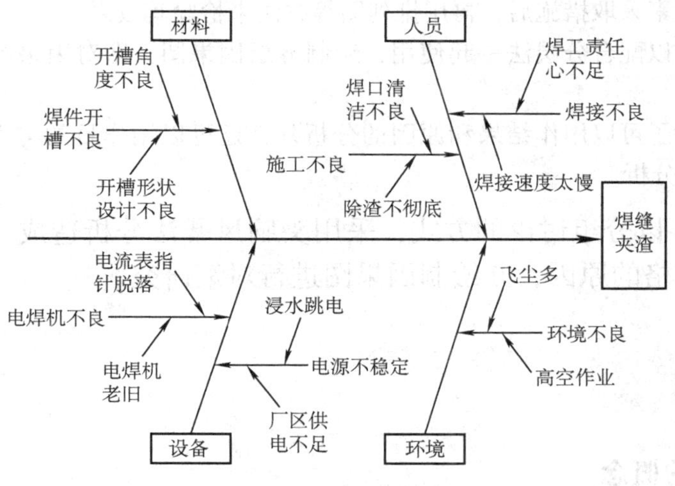

图 3-7 焊缝夹渣因果分析图

【案例分析 3-7】因果图不仅可用来分析生产中产生各类质量问题的原因，还广泛用于其他领域的因果分析，图 3-8 表示的是对企业出现的内部管理问题进行的因果分析。

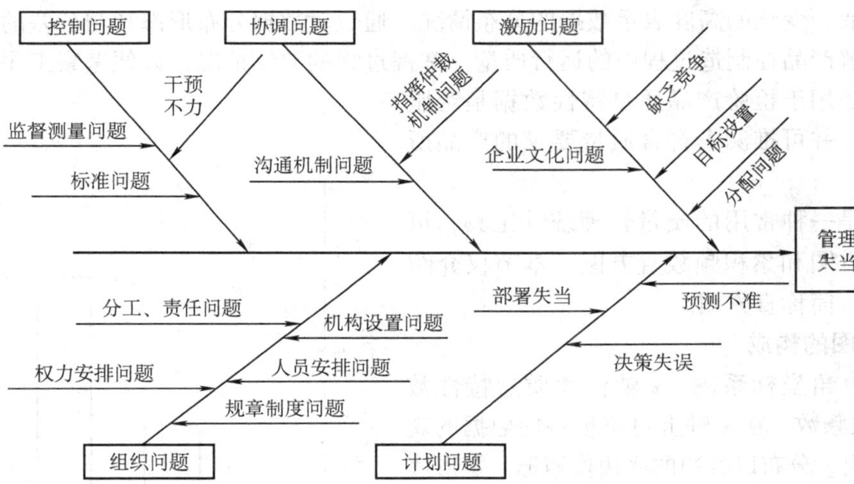

图 3-8 内部管理问题因果分析图

3.4.3 应用因果图的注意事项

（1）一个质量问题绘制一张因果图。

（2）同一个原因在同一张因果图上只能出现一次，不能重复出现。

（3）描述原因时要用贬义词，不能用中性词或褒义词，文字要准确。

（4）画出因果图，找出重要原因、关键因素后，要把重点放在解决问题即采取改进措施上，改进过程为：依据 PDCA 循环规划改进活动步骤；使用 5W1H（What、When、Where、Who、Why、How）决定改进活动进度和分配任务。5W1H 也被称为六何，即何人、何时、何地、何事、为何、如何。

（5）对关键因素采取措施后，再用排列图等方法来检验其效果。

（6）因果图可以配合分层法一起使用，绘制分层因果图，即对因果图上的重要原因进行更深入的探讨。

（7）因果图除了可以用作结果和原因的分析外，还可以用作目的与手段间的分析，以及全体和要素间的分析。

【课堂活动 3-3】 以分组讨论的方式，采用头脑风暴法分析造成“职业技能资格鉴定考试”不合格的原因，并绘制因果图进行对策研究。

3.5 直方图

3.5.1 直方图的概念

1. 直方图的含义

直方图（histogram）法是从总体中随机抽取样本，将从样本中获得的数据进行整理后，用一系列等宽的矩形来表示数据，宽度表示数据分布的范围间隔，高度表示在给定间隔内数据出现的频数，变化的高度表示数据的分布情况。通过对数据分布形态和与公差的相对位置的研究，了解产品在制造过程中的运行质量，掌握过程的波动情况，以便考察工序质量的好坏。直方图还用于检验产品质量特性数据是否服从正态分布，并可推测不符合质量要求的产品所占比例。

直方图是一种常用的质量管理统计工具，可分为频数直方图和累积频数直方图，本节仅介绍频数直方图，简称直方图。

2. 直方图的构成

在平面直角坐标系内，x 轴代表质量特性数据，y 轴代表频数。在 x 轴上将质量特性数据的观测值区间分组，分布以各边的底边作矩形，矩形底边宽度 $a_1a_2=a_2a_3=a_3a_4=\cdots$ 表示质量特性数据的范围间隔，其高度 b 等于组内质量特性数据的频数，如图 3-9 所示。观察图中矩形的高矮即排列情况，即可知道质量特性数据的分布情况。

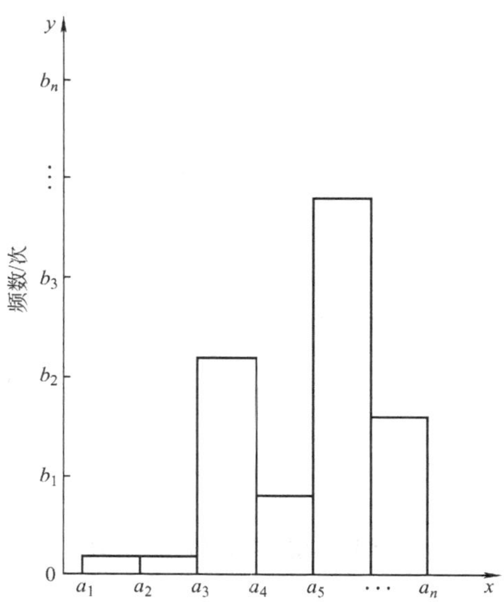

图 3-9 频数直方图

3.5.2 直方图的绘制

1. 直方图的绘制步骤

绘制直方图通常按以下步骤进行：

第一步，收集数据并整理。质量特性数据总数 n 一般为 50 个以上，最少不得低于 30 个。

第二步，求极差 R。在原始数据中找出最大值和最小值，计算两者的差就是极差，即 $R=X_{max}-X_{min}$。

第三步，将质量特性数据分组，确定分组的组数 k。一批数据究竟分多少组，通常根据数据总数 n 的多少来定。分组不宜过多，也不宜过少，组数太多，直方图的矩形太多、太挤，无法达到简化数据的目的；组数太少，失去了数据统计的意义，画出的图也不美观。组数的确定可参考表3-15选取。

表3-15　直方图分组数表

质量特性数据个数 n	分组数 k	常用组数 k
50～100	5～10	10
101～250	7～12	
>250	10～20	

也可用数学家史特吉斯提出的公式计算组数，其公式如下

$$k = 1 + 3.32\lg n \tag{3-1}$$

第四步，计算组距 h。计算公式如下

$$h = \frac{R}{k} \tag{3-2}$$

组距的计算结果常为小数，为便于后期数据整理，通常将组距舍入到最小测量单位的整数倍。

第五步，确定各组界限值（$a_{i\text{下}}$、$a_{i\text{上}}$）。为避免数据最大值和最小值落在组的界限上，也为使图形紧凑好看，第一组的下界限值 $a_{1\text{下}}$ 要比 $X_{\min}$ 略小。界限值的选择没有绝对标准，通常做法有两种：一是第一组的下界限值 $a_{1\text{下}}$ 取值为 $X_{\min}$ − 测量最小单位值/2；二是第一组的下界限值 $a_{1\text{下}}$ 取值为 $X_{\min}$ − 组距/2。第一组的下界限值 $a_{1\text{下}}$ 确定后，加上一个组距 h，即得到第一组的上界限值 $a_{1\text{上}}$。

第一组的上界限值就是第二组的下界限值，第二组的下界限值加上组距就是第二组的上界限值，也就是第三组的下界限值，依次类推，可得到其余各组的界限值。

为了计算的需要，往往要决定各组的中心值。每组的上下界限相加除以2，所得数据即为组中值。组中值为各组数据的代表值，用 m_i 表示。

第六步，制作频数分布表。将测得的原始数据分别归入到相应的组中，统计各组的数据个数，即频数 f_i，各组频数填好以后检查一下总数是否与数据总数相符，避免重复或遗漏，频数分布表样式见表3-16。

表3-16　频数分布表样式

组　　号	组界 $a_{i\text{下}}$、$a_{i\text{上}}$	组中值 m_i	频数 f_i
1			
2			
3			
…			

第七步，画直方图。以横坐标表示质量特性数据，纵坐标为频数，在横轴上标明各组组

界，以组距为底，以各组频数为直方图的高度，画出一系列的直方柱，就完成了直方图的绘制。

第八步，在直方图的空白区域，记上有关数据的资料，如样本数 n，平均值 $\bar{X}$，标准差 S 等。

【案例分析 3-8】某台卧式车床成批加工直径为 ϕ8mm 的内孔，检验员从一批成品中随机抽取 100 件进行检验，并记录下测量数值，数据见表 3-17。为分析加工尺寸分布情况，需绘制该批零件的直方图。

表 3-17 ϕ8mm 内孔直径检验记录 （单位：mm）

7.938,	7.930,	7.938,	7.914,	7.924,	7.929,	7.928,	7.920,	7.918,	7.920
7.930,	7.925,	7.930,	7.930,	7.925,	7.918,	7.920,	7.918,	7.928,	7.928
7.918,	7.913,	7.925,	7.926,	7.928,	7.924,	7.922,	7.923,	7.915,	7.919
7.925,	7.925,	7.925,	7.925,	7.927,	7.920,	7.922,	7.917,	7.923,	7.925
7.923,	7.927,	7.927,	7.927,	7.923,	7.922,	7.923,	7.929,	7.931,	7.922
7.930,	7.920,	7.924,	7.925,	7.929,	7.922,	7.925,	7.930,	7.916,	7.918
7.920,	7.925,	7.930,	7.926,	7.923,	7.920,	7.929,	7.930,	7.925,	7.922
7.929,	7.928,	7.930,	7.935,	7.930,	7.938,	7.925,	7.924,	7.930,	7.935
7.922,	7.918,	7.922,	7.925,	7.925,	7.920,	7.927,	7.922,	7.930,	7.930
7.925,	7.938,	7.922,	7.915,	7.918,	7.927,	7.935,	7.931,	7.922,	7.922

分析：

绘制该零件直方图的过程如下：

第一步，求该组数据的极差 R。

找出该组数据的最小值 $X_{min}=7.913\text{mm}$，最大值 $X_{max}=7.938\text{mm}$，则极差 $R=X_{max}-X_{min}=7.938\text{mm}-7.913\text{mm}=0.025\text{mm}$。

第二步，确定分组的组数 k。

根据总体数据 n 大小为 100，可取组数 $k=10$。

第三步，计算组距 h。

$h=R/k=0.025/10=0.0025$，为方便整理数据，组距 h 取 0.003。

第四步，确定各组界限值及组中值。

第 1 组的下界限 $a_{1下}$ 取最小值 X_{min} 减去组距的一半，即 $a_{1下}=X_{min}-h/2=7.913\text{mm}-\frac{1}{2}\times 0.003\text{mm}=7.9115\text{mm}$，则第 1 组的上界限 $a_{1上}=a_{1下}+h=7.9115\text{mm}+0.003\text{mm}=7.9145\text{mm}$，第 1 组的组中值 $m_1=(a_{1下}+a_{1上})/2=(7.9115\text{mm}+7.9145\text{mm})\times\frac{1}{2}=7.913\text{mm}$。

第 2 组的上下界限及组中值分别为：7.9145，7.9175，7.916。

第 3 组的上下界限及组中值分别为：7.9175，7.9205，7.919。

第 4 组的上下界限及组中值分别为：7.9205，7.9235，7.922。

第 5 组的上下界限及组中值分别为：7.9235，7.9265，7.925。

第 6 组的上下界限及组中值分别为：7.9265，7.9295，7.928。

第7组的上下界限及组中值分别为：7.9295，7.9325，7.931。

第8组的上下界限及组中值分别为：7.9325，7.9355，7.934。

第9组的上下界限及组中值分别为：7.9355，7.9385，7.937。

第五步，根据计算得到的各组界限值统计各分组数据出现的频数 f_i，填写频数分布表，见表3-18。

表3-18 ϕ8mm孔内径直方图频数分布表

组 号	组界 $a_{i下}$、$a_{i上}$	组中值 m_i	频数 f_i
1	7.9115 ~ 7.9145	7.913	2
2	7.9145 ~ 7.9175	7.916	4
3	7.9175 ~ 7.9205	7.919	16
4	7.9205 ~ 7.9235	7.922	18
5	7.9235 ~ 7.9265	7.925	22
6	7.9265 ~ 7.9295	7.928	16
7	7.9295 ~ 7.9325	7.931	15
8	7.9325 ~ 7.9355	7.934	3
9	7.9355 ~ 7.9385	7.937	4

注：因第10组中无数据落入其中，故此处只列出9组。

第六步，画直方图，如图3-10所示。

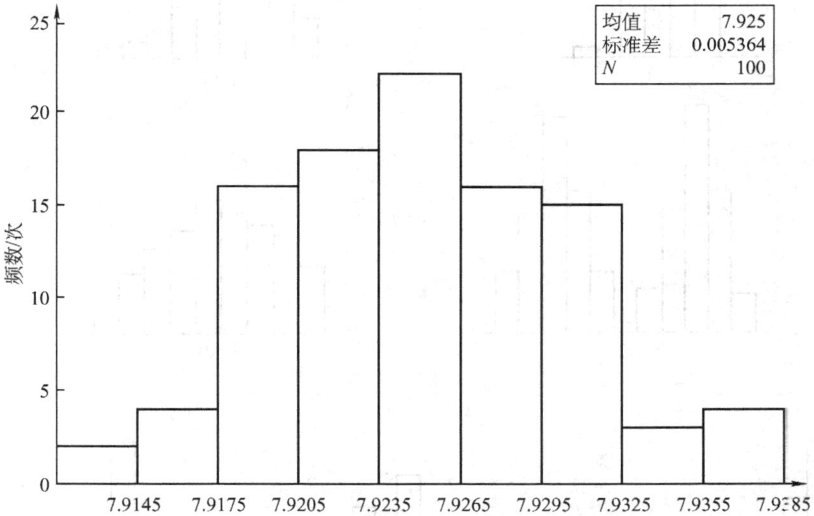

图3-10 ϕ8mm孔内径分布直方图

2. 直方图的定量表示

频数直方图定量表示的主要特性值有以下两个。

（1）样本平均值 $\bar{X}$。作直方图时要保证一定的抽样数量，设数据为 X_1，X_2，…，X_n，则平均值用下式计算

$$\bar{X} = \frac{1}{n}(X_1 + X_2 + X_3 + \cdots + X_n) = \frac{1}{n}\sum_{i=1}^{n} X_i \tag{3-3}$$

平均值 $\bar{X}$ 表示数据的分布中心位置，它与产品特性的公差中心 M 越靠近越好。

（2）标准偏差值 S。标准偏差表示测量数据的分散程度，用以下公式计算

$$S = \sqrt{\frac{1}{n-1}\sum_{i=1}^{n}(X_i - \bar{X})^2} \tag{3-4}$$

通常用标准偏差表示测量数据的分散程度。标准偏差越小，数据分散程度越小，加工精度越高；标准偏差越大，测量数据分散性越大，加工精度越低。

根据上述计算公式，可计算得出案例中的 ϕ8mm 孔内径数据的平均值为 $\bar{X}=7.925$mm，标准偏差值 $S=0.005364$mm。

3.5.3 直方图的分析

1. 典型直方图及其产生原因

在制造过程中，直方图的形状是各种各样的，但可以归纳出一些典型的直方图，图 3-11 给出了各种典型直方图类型的形状，分析如下。

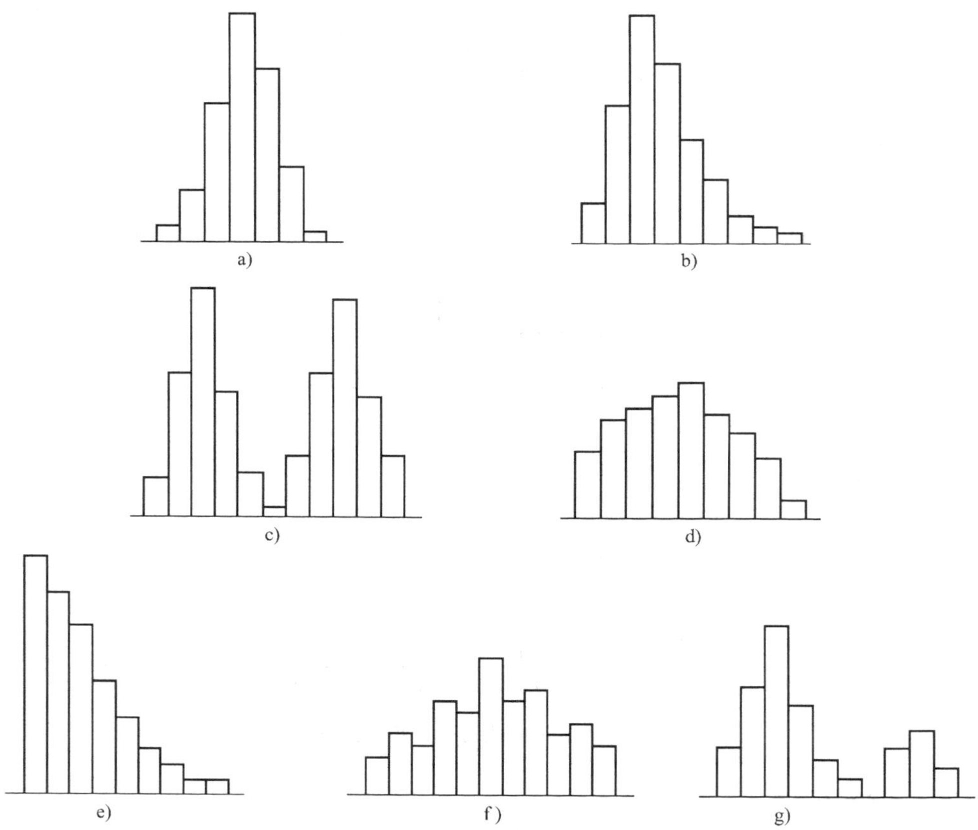

图 3-11 典型直方图形状

a）标准型 b）偏向型 c）双峰型 d）平顶型 e）陡壁型 f）锯齿型 g）孤岛型

（1）标准型，又称对称型，如图3-11a所示。

这种图形的特点是中间高、两边低，数据的平均值与最大和最小值的中间值相同或接近，频数在中间值附近出现最多，离开中心后向两边缓慢下降，并且以平均值左右对称。这是数据服从正态分布的特征（如果用一条光滑曲线将该直方图包络，则得一条正态分布曲线），说明生产过程处于理想的统计控制状态，即稳定状态。这种形状也是大多数产品质量特性所具有的图形。

（2）偏向型，如图3-11b所示。

数据的平均值对分布中心偏向左侧（或右侧），从左至右（或从右至左），数据分布的频数在左（右）侧较陡，右（左）侧较缓，形状左右不对称，分别称为左偏型和右偏型。这种图形的产生可能由几何公差要求（只控制一侧界限）或操作者倾向性加工习惯等引起，如机械加工中孔的尺寸往往偏向于尺寸的下限，特性值往往偏小，易出现左偏型；而轴的尺寸往往偏向于尺寸的上限，特性值往往偏大，易出现右偏型。

（3）双峰型，如图3-11c所示。

其特点是靠近直方图中间值的频数较少，而在左右两侧各有一个高峰。这种图形往往是由于来自两个总体的数据混在一起所致，如两个工人加工的产品、两批原材料、两台设备或两个厂家生产的产品混在一起作直方图造成的。

（4）平顶型，如图3-11d所示。

在分布范围内，各组间的频数差距不大，而在中央区域呈现平坦形状，不符合正态分布的变化规律。这种情况说明生产过程中可能有缓慢变化的因素在起作用，如加工刀具逐渐磨损、操作者疲劳等引起产品质量特性的变化。

（5）陡壁型，如图3-11e所示。

这种图形的平均值相对于分布中心极端偏左（右），频数分布左（右）侧很陡而右（左）则缓和，图形左右不对称。通常，当出现工序能力不足，或过程中存在自动反馈调整，如人为地将规格以下的数据全部剔除时，会出现这种图形。应当核对检测过程有否作假，有无检测失误，有无测量误差等。

（6）锯齿型，如图3-11f所示。

直方图出现参差不齐的状况，即频数不是梯次减少，而是隔区间减少，形成锯齿状。造成这种现象的原因一般不是测量数据本身的问题，可能由于数据分组过多，或测量方法有问题或读错测量数据。

（7）孤岛型，如图3-11g所示。

在标准型的直方图的一侧出现一个小直方图，犹如一个“小岛”。出现这种情况是夹杂了其他分布的少量数据，如工序异常、测量错误、加工工具突然磨损、短时间内由不熟练工人替班或混有另一分布的少量数据等。

2. 直方图分布中心与规范界限的比较

当直方图的形状呈正常型时，即工序在此时此刻处于稳定状态时，还需要进一步将直方图同产品特性的规范界限（即公差）进行比较，以分析判断工序满足标准公差要求的程度及问题症结所在，并采取相应的对策措施。

设 T_U 和 T_L 分别为上规范界限和下规范界限，M 为公差中心，$\bar{X}$ 为直方图分布中心。直方图分布中心与规范界限的比较大致有以下6种情况。

(1) 理想型，如图 3-12a 所示。

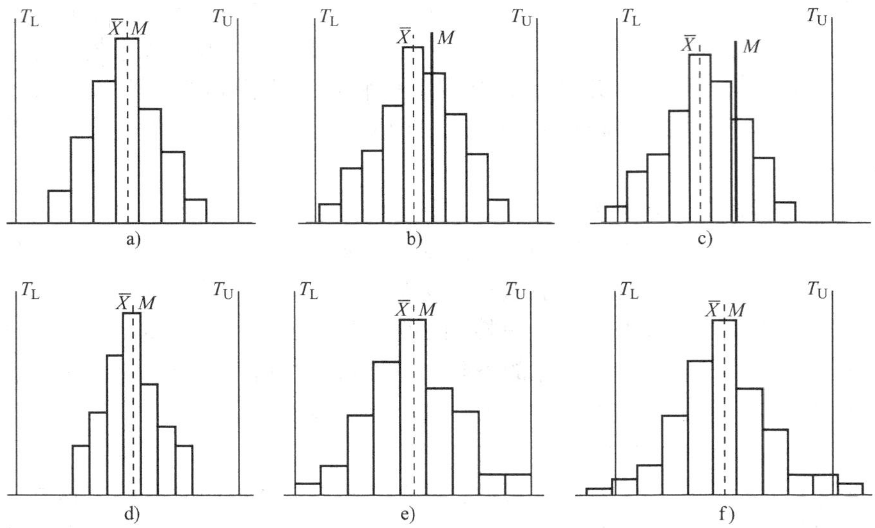

图 3-12 直方图分布中心与公差的比较分析

a) 理想型 b) 偏心型Ⅰ c) 偏心型Ⅱ d) 能力富裕型 e) 无富裕型 f) 能力不足型

数据全部在公差范围内，质量特性分布中心与公差中心 M 重合，图形对称分布，且两边各有一定余量。该类型是理想状态，此时无须调整，保持运行，可考虑在以后的生产中抽取少量的样品进行检验。

(2) 偏心型Ⅰ，如图 3-12b 所示。

质量特性分布范围虽然也落在公差界限之内，但分布中心 $\bar{X}$ 与公差中心 M 不重合，已偏向一边，存在偏移量 $\varepsilon = |\bar{X} - M|$，使某一边余量很小，因而存在超差的可能性。若工序状态稍有变坏，就会出现废品。此时应采取措施调整分布中心，使偏离量减少或使分布中心与公差中心 M 重合。

(3) 偏心型Ⅱ，如图 3-12c 所示。

质量特性分布范围过分地偏离公差范围，平均值偏离公差中心，一边已明显超差，存在偏移量 $\varepsilon = |\bar{X} - M|$，已经出现废品。此时应多方面查找原因，采取纠正措施，减少标准偏差 S。

(4) 能力富裕型，如图 3-12d 所示。

质量特性分布中心与公差中心重合，但公差范围过分大于实际要素分布范围，两边余地过大，公差范围质量过分满足标准要求，太不经济了。可以考虑改变工艺以提高生产速度，缩小公差，或降低加工精度，以控制成本。

(5) 无富裕型，如图 3-12e 所示。

质量特性分布范围在公差范围内，但最大、最小值已与公差界限重合，完全没有余地，两边都有出现废品的潜在危险，一不小心就会超差。这时应加强质量控制，设法缩小实际分布的范围；或在不影响质量的前提下适当扩大公差范围。

(6) 能力不足型，如图 3-12f 所示。

质量特性分布中心虽与公差中心重合，但数据分布范围太大，两边都产生了超差，已出现不合格品，这是由于质量波动太大，工序能力不足造成的。这时应采取措施提高加工精度，设法缩小质量特性分布的范围，或在不影响质量的前提下适当扩大过大、过严的公差范围。

【案例分析 3-9】一家食品加工厂生产的某种独立包装食品，标准质量为 18g/袋，由机器自动包装。为确保每袋食品的质量保持在合适状态下，现随机抽取包装线上的产品样本共计 70 袋并测量，结果显示样本质量分布在 14 ~ 37g 之间，根据样本数据绘制直方图并拟合正态分布曲线，如图 3-13 所示。请根据该直方图形评估数据是否呈正态分布，以及样本与标准质量的接近程度。

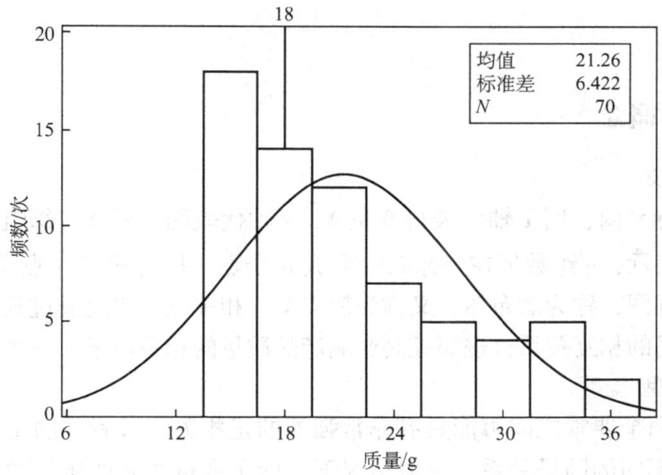

图 3-13　食品包装质量分布直方图

分析：

对直方图的分析主要有两个方面：一是分析直方图的全图形态，能够发现生产过程中的一些质量问题；二是把直方图和质量指标比较，观察质量是否满足要求。

（1）对直方图形态进行分析，样本分布范围在 14 ~ 37g 之间，分布中心位置处于 25.5g，而该样本的质量平均值为 21.26g，位于分布中心的左边。从图中也可看出，分布中心左侧频数较集中，右侧则较平缓，因此属于左偏向型直方图，正态分布的拟合并不理想。

（2）样本的质量平均值为 21.26g，高于目标值 18g；大部分数据位于目标值 18g 附近，但有多个样本数据偏大，超过 25g；有 5 个以上的数据超过 33g，几乎是目标值的两倍，应采取措施控制包装质量过大的问题。

3.5.4　直方图的用途

直方图作法简单，形象直观，得到了广泛应用，主要用途有以下几个方面：

（1）判别加工误差的性质。如根据直方图的形状判别加工误差产生的原因，进而有针对性地寻找原因并采取措施加以消除。

（2）确定各种加工方法所能达到的精度。由于各种加工方法在随机因素影响下所得加工尺寸的分散规律符合正态分布，因此，可以在多次统计的基础上为每一种加工方法求得它的标准偏差 σ 值，并按分布范围等于 6σ 确定各种加工方法所能达到的精度。

（3）确定工序能力及其等级。工序能力为工序处于稳定状态时加工误差正常波动的幅度，可以用该工序的尺寸分散范围表示。在加工尺寸分布接近正态分布时，标准工序能力为 6σ。

（4）估算不合格品率。正态分布曲线与 x 轴之间所包围的面积代表一批工件的总数。工件尺寸分散范围大于公差 T 时，将出现废品。

利用直方图还可以制订质量标准、确定公差范围、评价质量管理水平、判断质量分布情况等。国际上有些企业在采购产品时，不仅要求供方出具产品的合格证明，而且要求提供能反映质量变异情况的直方图。

3.6　散布图

3.6.1　散布图的概念

1. 散布图的含义

在平面直角坐标系内，用 x 轴代表自变量 X，y 轴代表因变量 Y，每组数据（X_i，Y_i）在坐标系中用一个点表示，n 组数据在坐标系中形成 n 个点，称为散点（点子云），由坐标及其散点形成的二维数据图，称为散布图，又称为散点图、相关图。它是通过观察图中点的分布状况来判断两个变量间的相互关系，进而控制影响产品质量的相关因素的一种有效方法。

2. 散布图的类型

在散布图中，两个要素之间可能具有非常强烈的正相关，或者弱的正相关。这些都体现了这两个要素之间不同的因果关系。一般情况下，两个变量之间的相关类型主要有六种，如图 3-14 所示：

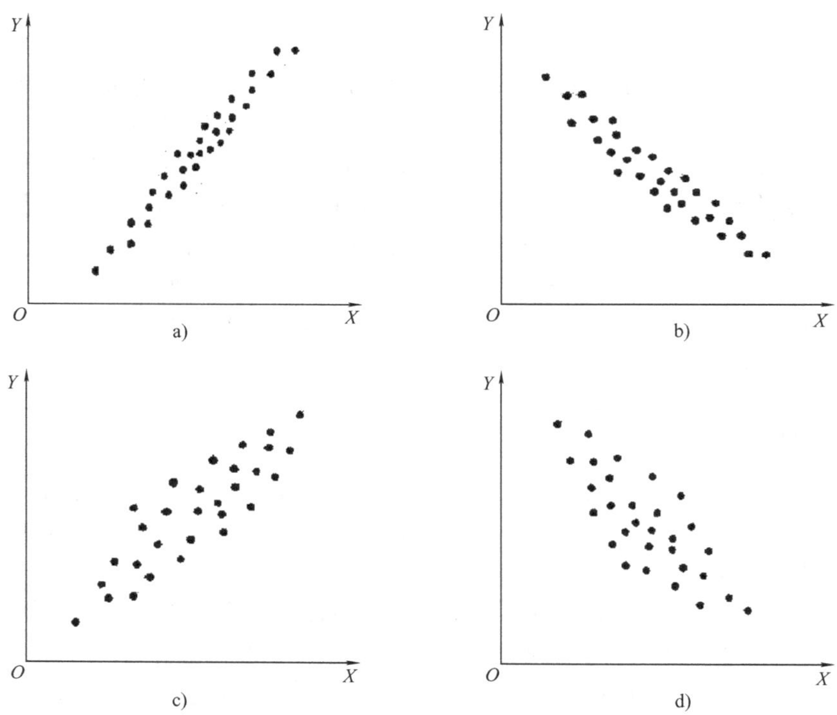

图 3-14　典型散布图类型

a）强正相关　b）强负相关　c）弱正相关　d）弱负相关

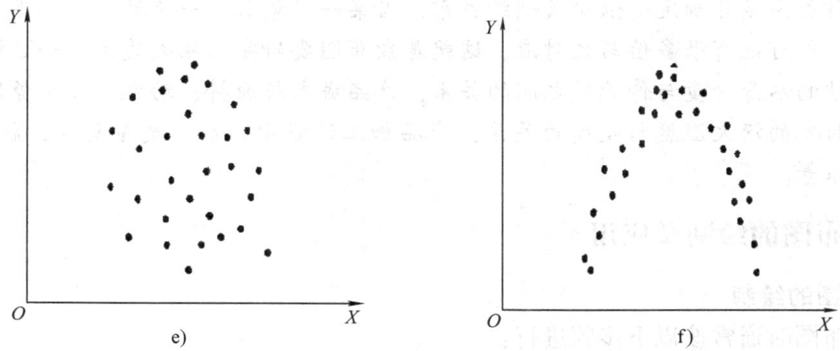

图3-14　典型散布图类型（续）
e）不相关　f）曲线相关

（1）强正相关，如图3-14a所示。当变量X增大时，另一个变量Y也随着显著增大，说明X是影响Y的主要因素。

（2）强负相关，如图3-14b所示。当变量X增大时，另一个变量Y却随着显著减小，说明X是影响Y的主要因素。

（3）弱正相关，如图3-14c所示。当变量X增大时，另一个变量Y也随着增大，但增大的程度不明显，说明X是影响Y的因素，但不是唯一因素。

（4）弱负相关，如图3-14d所示。当变量X增大时，另一个变量Y随着减小，但减小的程度不明显，说明X是影响Y的因素，但不是唯一因素。

（5）不相关，如图3-14e所示。当变量X（或Y）变化时，另一个变量并不随之改变，说明X不是影响Y的因素。

（6）曲线相关，如图3-14f所示。当变量X开始增大时，Y也随着增大，但当达到某一值后，则当X增大时，Y反而减小，说明X是影响Y的主要因素。

【课堂活动3-4】 列举在日常生活、学习或生产活动中各种类型相关关系的例子。

3. 散布图的用途

在质量管理中，三种常用类型的散布图法的应用非常广泛，一是质量特性和影响因素之间的相关性分析；二是某一质量特性和另一质量特性之间的相关性分析；三是同一质量特性的两个因素之间的相关性分析。

许多制造过程涉及两个相关数据，一个是输入，一个是输出结果。如果制造过程处于稳定状态，这两个数据存在相关关系，通过研究它们之间的关系，就知道过程的运行如何。如果两个数据之间的相关度很大，那么可以通过对一个变量的控制来间接控制另外一个变量。

【知识拓展3-3】 相关关系与函数关系的区别

函数关系是变量之间存在着的一种严格确定的数量依存关系，即只要其中一个变量取某一数值，另一个变量就有唯一的数值与之对应。如圆的面积与半径之间就存在着完全确定的函数关系，知道其中一个就能算出另一个。

还有一种关系是非确定的依赖或制约关系，当某一变量取某一值时，另一变量也相应地会发生变化，但可能有很多值与之对应，这就是散布图要研究的相关关系。如近视眼与遗传的关系，棉纱的水分含量与伸长度之间的关系，产品成本与原料、动力、各种费用之间的关系，热处理时钢的淬火温度与硬度的关系，产品加工过程中的加工质量与人、机、料、法、环之间的关系等。

3.6.2 散布图的绘制及应用

1. 散布图的绘制

绘制散布图时通常按以下步骤进行：

第一步，确定研究对象。研究对象的选定，可以是质量特性值与因素之间的关系，也可以是质量特性值之间的关系，或因素与因素之间的关系。这里，通过分析研究合成纤维的强度 y 与拉伸倍数 x 的关系来研究散布图的作法。

第二步，收集数据。一般需要收集成对的数据至少 30 组以上，数据组数 $N \geqslant 50$ 较为理想。把两个变量相对应的数据成对填入数据表中，同时要记录收集数据的日期、取样方法、检测器具、检测和记录人员等有关事项。

第三步，画出横坐标 x 与纵坐标 y，添上特性值标度。一般横坐标表示原因特性，纵坐标表示结果特性。进行坐标轴的标度时，应先求出数据 x 与 y 各自的最大值与最小值。划分间距的原则是：应使 x 最小值至最大值的距离大致等于 y 最小值至最大值的距离。其目的是为了避免因散布图作法不合适而导致判断的错误。

第四步，根据数据画出坐标点。按 x 与 y 的数据分别在横、纵坐标上取对应值，然后分别引出平行于 y 轴与 x 轴的平行线，其交点即为所求的坐标点。当有点重合时，应以该点为圆心画同心圆加以标识。

2. 相关关系的判定

（1）对照典型散布图法判断相关性。将绘制得到的散布图与图 3-14 中的典型散布图形进行对照比较后，判定两因素间的相关关系。这是一种定性的判断方法，具有简单、直观的特点，但较粗糙，是简易近似判断法。

（2）相关系数法判断相关性

1）相关系数的计算。根据数据计算得到的两个变量之间线性关系强度的度量值，称为相关系数，用 r 表示，计算公式如下

$$r = \frac{\sum (X - \bar{X})(Y - \bar{Y})}{\sqrt{\sum (X - \bar{X})^2 \sum (Y - \bar{Y})^2}} = \frac{L_{XY}}{\sqrt{L_{XX} L_{YY}}} \tag{3-5}$$

式中 $\bar{X}$——表示 n 个 X 数据的平均值；

$\bar{Y}$——表示 n 个 Y 数据的平均值；

L_{XX}——表示 X 的离差平方之和，即 $\sum (X - \bar{X})^2$；

L_{YY}——表示 Y 的离差平方之和，即 $\sum (Y - \bar{Y})^2$；

L_{XY}——表示 X 的离差与 Y 的离差的乘积之和，即 $\sum (X - \bar{X})(Y - \bar{Y})$。

通常为了避免计算离差时的麻烦和误差，在计算相关系数时，也可采用下式进行

$$r = \frac{\sum XY - \frac{1}{n}(\sum X)(\sum Y)}{\sqrt{\left[\sum X^2 - \frac{1}{n}(\sum X)^2\right]\left[\sum Y^2 - \frac{1}{n}(\sum Y)^2\right]}} \tag{3-6}$$

2）判断规则。

$0 < r \leqslant l$，X 与 Y 之间存在正相关关系；

$-1 \leqslant r < 0$，X 与 Y 之间存在负相关关系；

$r = 1$，X 与 Y 之间存在完全正相关关系；

$r = -1$，X 与 Y 之间存在完全负相关关系；

$r = 0$，X 与 Y 之间无线性相关关系，可能存在曲线相关关系。

根据经验，可将 X 与 Y 的相关程度分为：

当 $|r| \geqslant 0.8$ 时，X 与 Y 为高度相关关系；

当 $0.5 \leqslant |r| < 0.8$ 时，X 与 Y 为中度相关关系；

当 $0.3 \leqslant |r| < 0.5$ 时，X 与 Y 为低度相关关系；

当 $|r| < 0.3$ 时，X 与 Y 不相关。

对照典型散布图法和相关系数法的判定结果是一致的，其中对照典型散布图法较简便，相关系数法较复杂，需要进行大量计算，因而只有在进行新产品试验或科学研究，需要精确判断两组相关数据时，才用这种方法。在制造过程质量控制中，用典型散布图法进行判断即可。

【案例分析3-10】某企业对新开发产品的配方进行试验研究，得到投入与产出的数据（表3-19）。其中，X 为投入的某种原料质量（kg），Y 为产品的产出率百分比（%）。请绘制投入与产出的散布图，并判断两者之间的相关关系。

表3-19 产品投入与产出的数据

序号	X	Y	序号	X	Y	序号	X	Y
1	0.3	62.2	11	2.1	46.3	21	4.3	26.4
2	2.3	58.4	12	2.8	38.4	22	3.8	28.5
3	4.9	18.7	13	3.2	42.1	23	3.5	35.4
4	2.7	48.5	14	4.7	15.4	24	3.9	38.5
5	4.5	31.2	15	0.2	75.1	25	3.4	48.3
6	1.7	73.2	16	4.8	5.3	26	1.9	55.2
7	1.5	53.6	17	4.3	20.1	27	1.2	61.2
8	4.7	21.8	18	3.6	53.1	28	0.9	63.4
9	0.6	60.2	19	2.8	55.4	29	2.6	55.1
10	0.4	71.2	20	1.1	75.6	30	1.9	65.1

分析：

根据表3-19数据绘制散布图如图3-15所示：

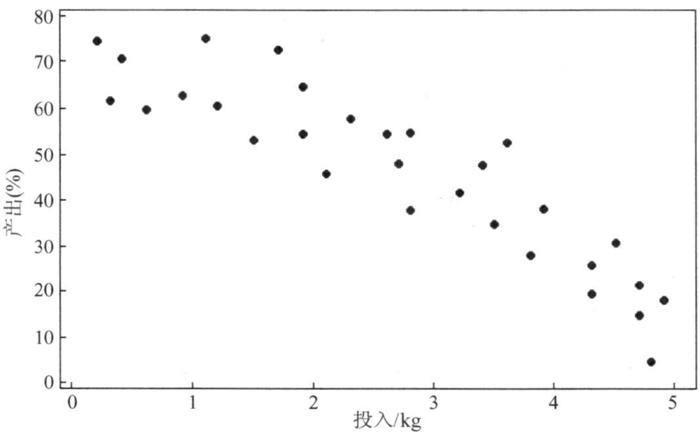

图 3-15　投入与产出散布图

对照典型散布图可知，投入与产出为弱负相关关系。

3.6.3 注意事项

（1）做散布图时，要注意对数据进行正确的分层，否则可能作出错误的判断。

（2）对明显偏离群体的点应进行检验，要查明原因，看它是否是异常值，对被确定为异常值的点子要剔除，否则不能剔除。

（3）当收集的数据较多时，难免出现重复数据。在作图时为了表示这种情况，应在点的右上方标明重复次数。

（4）由相关分析所得的结论，仅适用于试验的取值范围内，不能随意扩大适用范围；当取值范围不同时，再作相应的试验与分析。

（5）通过散布图得出的相关关系是否与固有技术、经验相符，如不符合，应做进一步检查，以防有什么原因造成假象。

3.7 控制图

1924 年，美国的休哈特（Walter A. Shewhart）提出了过程控制的概念与实施过程监控的方法，并首先提出利用控制图进行生产控制，稳定生产过程的质量，达到以预防为主的目的。控制图的种类很多，本节主要介绍常规控制图，也称休哈特控制图。

3.7.1 常规控制图的概念

1. 控制图的含义

控制图又叫作统计过程控制图，即 SPC（Statistical Process Control）图，是将一个过程定期收集的样本数据按顺序点绘而成的一种图示技术。控制图可展示过程变异并发现异常变异，并进而成为采取预防措施的重要手段。控制图的功用就在于对生产过程是否处于统计过程控制状态作出判断，是根据统计学原理对质量特性数据进行统计分析，通过引入控制界限，以检测和判断否有因异常原因而产生的质量波动的一种图表，现已成为生产中控制过程质量的主要方法。

常规控制图的原理是基于“小概率事件不容易发生，一旦发生说明有异常情况”的理论。当制造过程处于稳定状态时，其输出产品的质量特性值服从正态分布。目前，一般制造业的工作质量水平在正态分布曲线的 $\mu \pm 3\sigma$ 之内。根据正态分布的特性，此时的产品合格率为 99.73%，超出该范围的不合格率为 0.27%，也即 2.7‰。这意味着已生产出的 1000 件产品中有仅有 2.7 件不合格，这是少有的。一旦不合格产品出现了，就说明小概率事件发生了，则意味着制造过程发生了异常波动。

【知识拓展 3-4】统计过程控制（SPC）

生产过程是产品质量形成的关键环节，在确保设计质量的前提下，产品质量在很大程度上依赖于生产过程质量。过程控制是指为实现产品过程质量而进行的有组织、有系统的过程管理活动，其目的在于为生产合格产品创造有利的生产条件和环境，从根本上预防和减少不合格品的产生。统计过程控制的主要内容包括：对过程进行分析并建立控制标准；对过程进行监控和评价；对过程进行维护和改进。

统计过程控制是应用统计学技术对过程中的各个阶段进行评估和监控，建立并保持过程处于可接受的并且稳定的水平，从而保证产品与服务符合规定要求的一种技术。它是过程控制的一部分，从内容上来说主要有两个方面：一是利用控制图分析过程的稳定性，对过程存在的异常因素进行预警；二是计算过程能力指数，分析稳定的过程能力满足技术要求的程度，对过程质量进行评价。

2. 控制图的构成

常规控制图要求从过程中获取以近似等间隔抽取的数据，此间隔可以用时间（例如 1h）或者用数量（例如每批）来定义。通常，这样抽取的数据在过程控制中成为子组，每个子组由具有相同可测量单位和相同子组大小的同一产品或服务所组成。从每一子组中可得到一个或多个子组特性，如子组平均值 $\bar{X}$、极差 R 或标准偏差 S。常规控制图就是给定的子组特性值与子组号对应的一种图形，它的基本格式包括两个部分：

一是标题部分，主要包括企业、车间、班组的名称，机床设备的名称、编号，零件、生产名称、编号，检验部位、要求、测量器具、操作工、调试工、检验工、绘图者的名称，以及控制图的名称、编号等。

二是控制图部分，指根据概率统计的原理，在坐标纸上做出两条控制界限和一条中心线，然后把按时间顺序抽样所得的质量特性值（或样本统计量）以点子的形式依次描在图上，通过点子的动态分布情况来分析生产过程质量及趋势的图形。常规控制图的基本格式如图 3-16 所示。

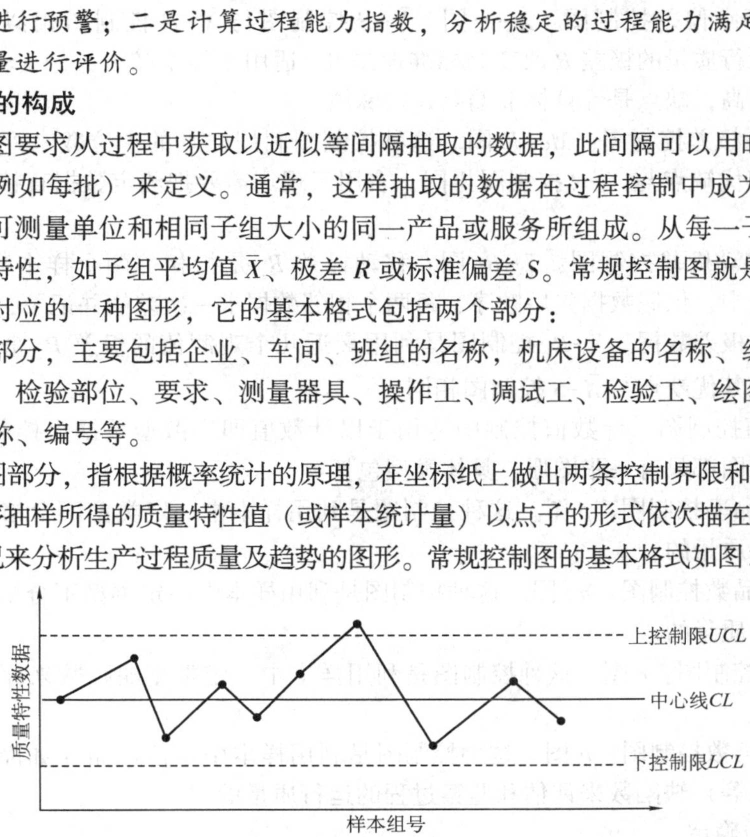

图 3-16　常规控制图的基本格式

图 3-16 中的横坐标是以时间先后顺序排列的样本组号（子组号），纵坐标为质量特性数据或样本统计量。两条控制限一般用虚线表示，上面一条称为上控制限，记为 *UCL*（Upper Control Limit）；下面一条称为下控制限，记为 *LCL*（Lower Control Limit）；中心线用实线表示，记为 *CL*（Central Line）。

控制图的基本思想就是把要控制的质量特性值用点子描在图上，若点子全部落在上、下控制限内，且没有什么异常状况时，就可判断生产过程是否处于控制状态。否则，就应根据异常情况查明并设法排除。通常，点子越过控制线就是报警的一种方式。

3. 控制图的类型

根据质量数据的性质，可将常规控制图分为两大类：计量值控制图和计数值控制图，每类又分成四种类型，共计有 8 种常规控制图。

（1）计量值控制图。计量值控制图适用于以计量值即连续型数据为控制对象的场合，一般由两张图组合使用，一张图用来监控过程中心（均值）的变化，另一张图用于监控过程的变异（极差或标准差）的变化。计量值控制图包括：

1）均值-极差控制图：$\bar{X}-R$ 图。由于正态分布的两个参数 μ 和 σ 互相独立，故 $\bar{X}$ 控制图主要用于观察分布的均值的变化，R 控制图用于观察分布的分散情况或变异度的变化，以便评估和监察过程的运行质量。这种图的优点是计算极差比较方便，缺点是评估的精度比较低。

2）均值-标准偏差控制图：$\bar{X}-S$ 图。$\bar{X}-S$ 控制图与 $\bar{X}-R$ 控制图相似，只是把评估和监察过程的运行质量的极差 R 改变为标准偏差 S。适用于样本较大，如 $n>10$ 的场合，优点是评估的精度高，缺点是计算标准偏差 S 较麻烦。

3）中位数-极差控制图：$Me-R$ 图。这种控制图利用样本的中位数来评估和监察过程的运行质量，其优缺点与 $\bar{X}-R$ 控制图相同，多用于现场需要把测定数据直接记入控制图进行控制的场合。

4）单值-移动极差控制图：$X-R_s$ 图。移动极差 R_s 是指相邻两个样本数据间的差值，在总体样本数据中，依照数据先后顺序，每两个相邻数据求一次差值并记录，即可求得样本数据的全部移动极差数据。$X-R_s$ 控制图是利用最近几个观测值的极差 R_s 来评估和监察过程的运行质量，其优缺点与 $\bar{X}-S$ 控制图相同。

（2）计数值控制图。计数值控制图适用于以计数值即离散型数据为控制对象的场合，每种计数值控制图都只有一张图形，具体类型包括：

1）不合格品率控制图：p 图。这种控制图是利用样本中一定类型不合格品率来评估和监察过程的运行质量的。

2）不合格品数控制图：np 图。这种控制图是利用样本中一定类型不合格品数来评估和监察过程的运行质量的。

3）缺陷数控制图：c 图。这种控制图是利用样本中一定类型缺陷数来评估和监察过程的运行质量的。

4）单位缺陷数控制图：u 图。这种控制图是利用样本中单位产品（如面积、长度、时间、质量、容积等）缺陷数来评估和监察过程的运行质量的。

4. 控制限的确定

控制图中上、下控制限是判断工序是否失控的主要依据，应用控制图的核心问题之一就是确定经济合理的控制限。常规控制图的理论基础是$\mu\pm3\sigma$，所以控制图中的上、下控制限一般采用“3σ 原则”来确定。其做法是取质量特性的平均值μ 作为中心线，再以中心线为基准向上和向下偏移 3σ，就确定了上、下控制限。当前，我国和大多数国家都是根据这一原则来确定上、下控制限的，这也是休哈特最早提出的控制图形式。

现在使用的常规控制图的控制限并非简单的均值$\mu\pm3\sigma$，而是在遵循“3σ 原则”的基础上，依据统计学中关于数据分布和概率论的基本原理经计算得出的。不同种类的控制图，其控制图控制限的计算公式也各不相同。常规控制图的控制限计算公式见表 3-20。

表 3-20　常规控制图的控制限计算公式

类型		名称代号		统计量	控制界限		
					CL	UCL	LCL
计量控制图	正态分布	$\bar{X}-R$	$\bar{X}$ 图	$\bar{X}$	$\bar{\bar{X}}$	$\bar{\bar{X}}+A_2\bar{R}$	$\bar{\bar{X}}-A_2\bar{R}$
			R 图	R	$\bar{R}$	$D_3\bar{R}$	$D_4\bar{R}$
		$\bar{X}-S$	$\bar{X}$ 图	$\bar{X}$	$\bar{\bar{X}}$	$\bar{\bar{X}}+A_3\bar{R}$	$\bar{\bar{X}}-A_3\bar{R}$
			S 图	S	$\bar{S}$	$B_4\bar{R}$	$B_3\bar{R}$
		$Me-R$	Me 图	X	$\overline{Me}$	$\overline{Me}+A_4\bar{R}$	$\overline{Me}-A_4\bar{R}$
			R 图	R	$\bar{R}$	$D_4\bar{R}$	$D_3\bar{R}$
		$X-R_s$	X 图	X	$\bar{X}$	$\bar{X}+E_2\overline{R_s}$	$\bar{X}-E_2\overline{R_s}$
			R_s 图	R_s	$\overline{R_s}$	$D_4\overline{R_s}$	$D_3\overline{R_s}$
计数控制图	二项分布	p	p 图	p	$\bar{p}$	$\bar{p}+3\sqrt{\bar{p}(1-\bar{p})/n}$	$\bar{p}-3\sqrt{\bar{p}(1-\bar{p})/n}$
		np	np 图	np	$n\bar{p}$	$n\bar{p}+3\sqrt{n\bar{p}(1-\bar{p})}$	$n\bar{p}-3\sqrt{n\bar{p}(1-\bar{p})}$
	泊松分布	c	c 图	c	$\bar{c}$	$\bar{c}+3\sqrt{\bar{c}}$	$\bar{c}-3\sqrt{\bar{c}}$
		u	u 图	u	$\bar{u}$	$\bar{u}+3\sqrt{\bar{u}/n}$	$\bar{u}-3\sqrt{\bar{u}/n}$

注：1. 控制限计算公式中的系数 A_2、A_3、A_4、B_3、B_4、D_3、D_4 从表 3-21 中根据 n 查选。

2. 该表摘自 GB/T 4091—2001《常规控制图》。

表 3-21　计量值控制图计算控制限的系数表

子组样本数量	控制限系数							中心线系数
	A_2	A_3	A_4	B_3	B_4	D_3	D_4	d_2
2	1.880	2.659	1.88	0.000	3.267	0.000	3.267	1.128
3	1.023	1.954	1.19	0.000	2.568	0.000	2.574	1.693
4	0.729	1.628	0.80	0.000	2.266	0.000	2.282	2.059
5	0.577	1.427	0.69	0.000	2.089	0.000	2.114	2.326
6	0.483	1.287	0.55	0.030	1.970	0.000	2.004	2.534
7	0.419	1.182	0.51	0.118	1.882	0.076	1.924	2.704

（续）

子组样本数量	控制限系数							中心线系数
	A_2	A_3	A_4	B_3	B_4	D_3	D_4	d_2
8	0.373	1.099	0.43	0.185	1.815	0.136	1.864	2.847
9	0.337	1.032	0.41	0.239	1.761	0.184	1.816	2.970
10	0.308	0.975	0.36	0.284	1.716	0.223	1.777	3.078
11	0.285	0.927	–	0.321	1.679	0.256	1.744	3.173
12	0.266	0.886	–	0.354	1.646	0.283	1.717	3.258
13	0.249	0.850	–	0.382	1.618	0.307	1.693	3.336
14	0.235	0.817	–	0.406	1.594	0.328	1.672	3.407
15	0.223	0.789	–	0.428	1.572	0.347	1.653	3.472

注：该表摘自 GB/T 4091—2001《常规控制图》。

5. 控制图的选用

在应用控制图前，应该根据所要控制的质量特性指标的情况和数据性质选择控制图，找到适宜的控制图对正确应用是很重要的，常规控制图的选择流程如图 3-17 所示。

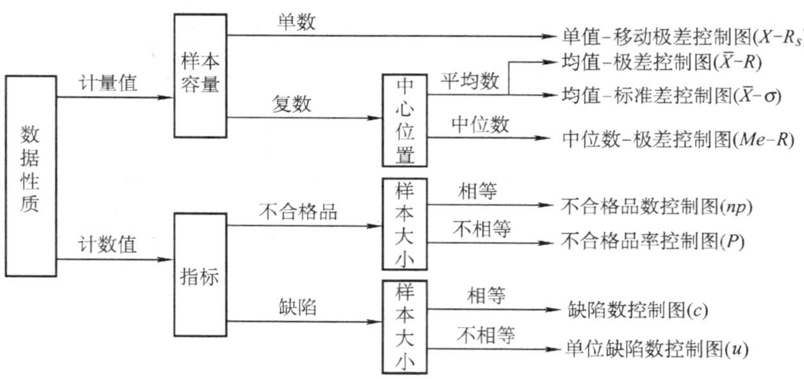

图 3-17　常规控制图的选择流程

相比较而言，在制造业制造过程质量控制中，计量控制图比计数控制图用得更广泛，这是因为：

（1）大多数制造过程输出产品的质量特性值是计量数值，例如，在机械行业中生产的机械零件的尺寸、几何公差、表面粗糙度，以及材料的物理、化学性能，都是计量数值。

（2）在作控制图时，所用计量数据的样本量比计数数据的样本量要少，更为有效，有助于减少检验费用，以及缩短生产与采取纠正措施之间的时间间隔。

（3）计量数据包含的信息比计数数据包含的信息要多，因而具有较高的灵敏度，容易查找出现异常波动的原因。

有些质量特性，如酒的口感、香水的味道，现在还无法定量，只能用计数控制图；用多种指标来衡量的场合，只要其中一项指标不达到要求，就认为产品不合格，此时应用计数控制图就比较简单。

【课堂活动3-5】下列数据可以采用何种类型控制图进行日常控制？

- 汽车发动机曲轴的长度。
- 袋装食品的质量。
- 液晶显示屏的坏点数。
- 电热水器的耗电量。
- 啤酒的口感。
- 铸造零件的缺陷数量。
- 报纸上的印刷错误数。
- 螺纹的直径。

3.7.2 常规控制图的绘制

1. 计量值控制图

（1）均值－极差控制图：$\bar{X}-R$ 控制图。对于计量值数据，$\bar{X}-R$ 控制图是最常用、最重要的控制图，具有适用范围广、灵敏度高的优点。绘制 $\bar{X}-R$ 控制图的步骤如下：

第一步，数据的收集整理与分组。

休哈特在发明控制图时提出“合理分组原则”，即将收集到的数据合理划分为一系列子组样本。经分组后，样本组内的变差可认为仅由偶然因素造成，即随机误差；而样本组间的差异由系统性因素造成，即系统误差，这也是控制图所要查明并改进的质量因素。一般来说，应按时间或数据的来源确定样本，而且样本量 n 最好保持不变，以避免烦琐的计算。对 $\bar{X}-R$ 控制图而言，合适的样本数为25组数据，过少影响精度，过多则计算烦琐；子组样本量 n 在2～10之间，以 $n=5$ 为宜。

第二步，计算各组的平均值 $\bar{X}$、极差 R。

第三步，计算总体平均值的平均值 $\bar{\bar{X}}$ 与极差的平均值 $\bar{R}$。

第四步，计算 $\bar{X}$ 图与 R 图的控制限。

第五步，制作控制图。

【案例分析3-11】某传动轴零件的关键质量特性为其轴颈直径尺寸，为控制产品质量，现从连续生产工序中每隔半小时抽检产品一次，每次抽检5件，共抽25次，测得数据见表3-22，试制作控制图。

表3-22 轴颈直径尺寸抽检数据表 （单位：mm）

子组号	测定值					平均值 $\overline{X_i}$	极差 R_i
	X_{i1}	X_{i2}	X_{i3}	X_{i4}	X_{i5}		
1	50.42	50.54	50.45	50.57	50.30	50.46	0.27
2	50.41	50.35	50.44	50.29	50.47	50.39	0.18
3	50.21	50.54	50.29	50.21	50.26	50.30	0.33
4	50.48	50.39	50.39	50.52	50.69	50.49	0.30
5	50.39	50.22	50.56	50.36	50.47	50.40	0.34

（续）

子组号	测定值					平均值$\overline{X_i}$	极差 R_i
	X_{i1}	X_{i2}	X_{i3}	X_{i4}	X_{i5}		
6	50.46	50.21	50.47	50.42	50.49	50.41	0.28
7	50.23	50.42	50.36	50.26	50.41	50.34	0.19
8	50.20	50.48	50.46	50.54	50.42	50.42	0.34
9	50.47	50.38	50.46	50.37	50.31	50.40	0.16
10	50.41	50.35	50.36	50.56	50.48	50.43	0.21
11	50.55	50.39	50.51	50.42	50.29	50.43	0.26
12	50.43	50.42	50.35	50.36	50.42	50.40	0.08
13	50.48	50.29	50.23	50.25	50.58	50.37	0.35
14	50.49	50.23	50.43	50.47	50.41	50.41	0.26
15	50.20	50.51	50.34	50.51	50.36	50.38	0.31
16	50.19	50.43	50.34	50.30	50.43	50.34	0.24
17	50.48	50.39	50.31	50.53	50.51	50.44	0.22
18	50.23	50.46	50.59	50.30	50.39	50.39	0.36
19	50.46	50.31	50.40	50.36	50.58	50.42	0.27
20	50.42	50.23	50.39	50.48	50.51	50.41	0.28
21	50.52	50.63	50.62	50.36	50.35	50.50	0.28
22	50.31	50.39	50.26	50.92	50.31	50.44	0.66
23	50.58	50.39	50.52	50.43	50.32	50.45	0.26
24	50.32	50.43	50.65	50.39	50.38	50.43	0.33
25	50.45	50.53	50.26	50.39	50.33	50.39	0.27
合计						$\bar{\bar{X}}=50.41$	$\bar{R}=0.28$

分析：

第一步，根据表 3-22 中记录的数据计算各组的平均值$\overline{X_i}$、极差R_i。

第二步，计算总体平均值的平均值 $\bar{\bar{X}}$，即各样本组平均值的平均值；极差的平均值 $\bar{R}$。以上两步的计算结果填入数据表 3-22 内。

第三步，计算 $\bar{X}$ 图与 R 图的控制限。

查表 3-20，得到 $\bar{X}-R$ 的控制限计算公式为

$$\begin{cases} CL=\bar{\bar{x}} \\ UCL=\bar{\bar{x}}+A_2\bar{R} \\ LCL=\bar{\bar{x}}-A_2\bar{R} \end{cases}$$

$$\begin{cases} CL=\bar{R} \\ UCL=D_4\bar{R} \\ LCL=0 \end{cases}$$

由 $n=5$，查表3-21，得 $A_2=0.577$，根据 $\bar{X}$ 控制图的控制限公式，求得 $\bar{X}$ 控制图的控制限为

$$\begin{cases}CL=\bar{\bar{x}}=50.41\\UCL=\bar{\bar{x}}+A_2\bar{R}=50.41+0.577\times0.28=50.57\\LCL=\bar{\bar{x}}-A_2\bar{R}=50.41-0.577\times0.28=50.25\end{cases}$$

由 $n=5$，查表3-21，得 $D_4=2.114$，$D_3=0.000$，根据 R 控制图的控制限公式，求得 R 控制图的控制限为

$$\begin{cases}CL=\bar{R}=0.28\\UCL=D_4\bar{R}=2.114\times0.28=0.59\\LCL=0\end{cases}$$

第四步，点绘 $\bar{X}$ 图与 R 图。

把表3-22中所列各组平均值$\overline{x_i}$和极差$\overline{R_i}$的数值点绘在建立的控制限中，制作完成的控制图如图3-18所示。

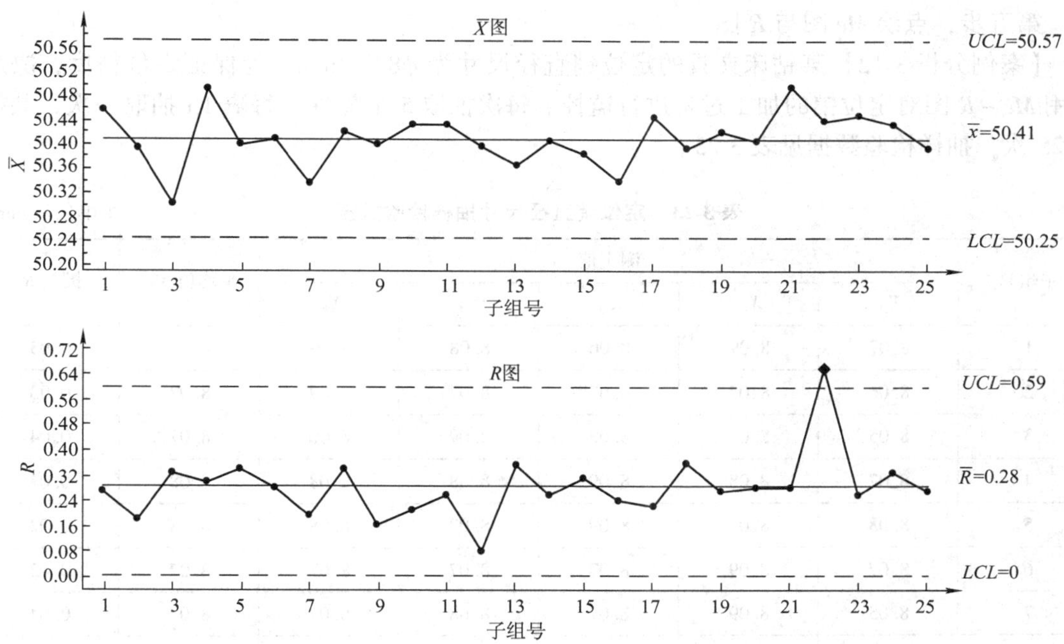

图3-18　轴颈直径尺寸控制图

从图3-18中可知，R 图中第22组数据超出控制限，显示异常。要研究出现这种状况时所用的原材料、生产工艺、机器或其他因素有无发生变化，从中找出点失去控制的原因。

（2）均值－标准差控制图：$\bar{X}-S$ 图。绘制 $\bar{X}-S$ 控制图的步骤与绘制 $\bar{X}-R$ 控制图的步骤相似，不同点在于：

① 计算的是标准差 S，而非极差 R。

② 样本的分组数取值相同，适宜的样本组数为25，但子组样本量大小 n 一般要求大于或等于10。因此，$\bar{X}-S$ 图的信息量大，评估和监察过程的运行质量的精度更高，缺点是计算 S 的工作量大。

③ 控制限计算公式不同，$\bar{X}-S$ 控制图的控制限计算公式分别为

均值控制图 $\bar{X}$：$\begin{cases} CL=\bar{\bar{X}} \\ UCL=\bar{\bar{X}}+A_3\bar{R} \\ LCL=\bar{\bar{X}}-A_3\bar{R} \end{cases}$

s 标准差控制图：$\begin{cases} CL=\bar{S} \\ UCL=B_4\bar{R} \\ LCL=B_3\bar{R} \end{cases}$

A_3、B_3、B_4 从表 3-21 中查得。

（3）中位数 – 极差控制图：$Me-R$ 图。绘制 $Me-R$ 控制图的步骤如下：

第一步，收集数据。

第二步，计算各组的中位数 Me、极差 R。

第三步，计算中位数的平均值$\overline{Me}$与极差的平均值 $\bar{R}$。

第四步，计算 Me 图与 R 图的控制限。

第五步，点绘 Me 图与 R 图。

【案例分析 3-12】某钻床夹具的定位销直径尺寸为 $\phi 8^{+0.10}_{0}$mm，为保证定位精度，决定采用 $Me-R$ 图对定位销的加工过程进行监控。每次抽取 5 个零件，每隔 1h 抽取一次，共抽取 25 次，抽样检验数据见表 3-23。

表 3-23 定位销直径尺寸抽样检验数据 （单位：mm）

子组号	测定值					平均值 Me_i	极差 R_i
	X_{i1}	X_{i2}	X_{i3}	X_{i4}	X_{i5}		
1	8.07	8.09	8.06	8.08	8.09	8.08	0.03
2	8.06	8.07	8.09	8.07	8.09	8.07	0.03
3	8.05	8.07	8.08	8.09	8.06	8.07	0.04
4	8.07	8.08	8.09	8.08	8.08	8.08	0.02
5	8.08	8.07	8.09	8.07	8.08	8.08	0.02
6	8.07	8.09	8.07	8.07	8.07	8.07	0.02
7	8.05	8.09	8.07	8.08	8.07	8.07	0.04
8	8.09	8.08	8.09	8.10	8.09	8.09	0.02
9	8.09	8.10	8.07	8.08	8.07	8.08	0.03
10	8.09	8.09	8.07	8.08	8.09	8.09	0.02
11	8.07	8.07	8.07	8.06	8.06	8.07	0.01
12	8.09	8.08	8.09	8.09	8.07	8.09	0.02
13	8.07	8.08	8.09	8.10	8.10	8.09	0.03
14	8.09	8.07	8.10	8.09	8.07	8.09	0.03
15	8.07	8.08	8.09	8.08	8.10	8.08	0.03
16	8.09	8.09	8.07	8.08	8.09	8.09	0.02

（续）

子组号	测定值					平均值 Me_i	极差 R_i
	X_{i1}	X_{i2}	X_{i3}	X_{i4}	X_{i5}		
17	8.07	8.08	8.09	8.07	8.08	8.08	0.02
18	8.09	8.07	8.09	8.10	8.06	8.09	0.04
19	8.09	8.08	8.08	8.07	8.09	8.08	0.02
20	8.06	8.09	8.08	8.07	8.10	8.08	0.04
21	8.09	8.10	8.09	8.09	8.07	8.09	0.03
22	8.09	8.07	8.07	8.09	8.07	8.07	0.02
23	8.07	8.08	8.1	8.08	8.09	8.08	0.03
24	8.09	8.07	8.09	8.07	8.1	8.09	0.03
25	8.09	8.09	8.07	8.07	8.07	8.07	0.02
合　计						$\overline{Me}=8.081$	$\bar{R}=0.026$

分析：

第一步，计算各组的中位数 Me 和极差 R，中位数的平均值$\overline{Me}$与极差的平均值 $\bar{R}$，计算数据填入表 3-23 内。

第二步，计算 Me 图与 R 图的控制限。

$Me-R$ 图控制限的计算公式为

$$\text{中位数控制图 } Me\text{：}\begin{cases} CL=\overline{Me} \\ UCL=\overline{Me}+A_4\bar{R} \\ LCL=\overline{Me}-A_4\bar{R} \end{cases}$$

$$\text{极差控制图 } R\text{：}\begin{cases} CL=\bar{R} \\ UCL=D_4\bar{R} \\ LCL=D_3\bar{R} \end{cases}$$

本例中子组样本量 $n=5$，查表 3-21，得 $A_4=0.69$，$D_3=0.000$，$D_4=2.114$，代入控制限计算公式，得

$$\text{中位数控制图 } Me\text{：}\begin{cases} CL=\overline{Me}=8.081 \\ UCL=\overline{Me}+A_4\bar{R}=8.081+0.69\times0.026=8.099 \\ LCL=\overline{Me}-A_4\bar{R}=8.081-0.69\times0.026=8.063 \end{cases}$$

$$\text{极差控制图 } R\text{：}\begin{cases} CL=\bar{R}=0.026 \\ UCL=D_4\bar{R}=2.114\times0.026=0.055 \\ LCL=D_3\bar{R}=0 \end{cases}$$

第三步，点绘 Me 图与 R 图。

把表 3-23 中所列各组中位数 Me_i 和极差 R_i 的数值点绘在建立的控制限中，制作完成的控制图如图 3-19 所示。

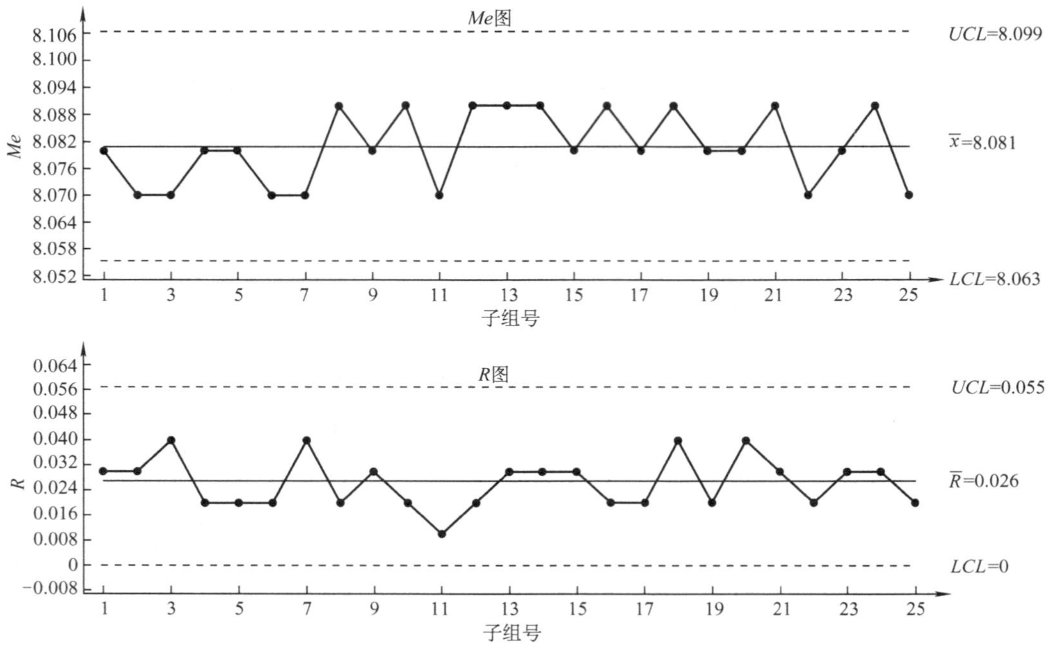

图 3-19 定位销直径尺寸控制图

图中未见异常，说明定位销的加工过程受控。

（4）单值 – 移动极差控制图：$X-R_s$ 图。$X-R_s$ 控制图中的 X 是单值，即样本中只能取一个数据（观测值）。在生产中，由于种种原因得不到合理的样本量，在这种情况下使用单值 – 移动极差控制图是唯一的选择。下面结合一个具体例子说明 $X-R_s$ 控制图的绘制过程。

【案例分析 3-13】某汽车制造厂大量使用某钢铁厂生产的钢板，为保证汽车质量，汽车厂每天从钢厂送来的钢板中随机抽取一张钢板取样做化学分析，检验其锰的质量分数（%）是否符合标准要求，以控制钢板的入厂质量。现连续 25 天分析钢板的化学成分，每天抽样一次，得到一组数据，共计 25 个数值，见表 3-24。请根据表中数据，绘制控制图。

表 3-24 钢板锰的质量分数数据

子组号	锰的质量分数 X_i（%）	移动极差 R_{si}（%）	子组号	锰的质量分数 X_i（%）	移动极差 R_{si}（%）	子组号	锰的质量分数 X_i（%）	移动极差 R_{si}（%）
1	0.45	–	10	0.46	0.03	19	0.45	0.05
2	0.48	0.03	11	0.45	0.01	20	0.45	0.00
3	0.50	0.02	12	0.49	0.04	21	0.46	0.01
4	0.47	0.03	13	0.49	0.00	22	0.49	0.03
5	0.49	0.02	14	0.50	0.01	23	0.46	0.03
6	0.50	0.01	15	0.47	0.03	24	0.47	0.01
7	0.47	0.03	16	0.49	0.02	25	0.50	0.03
8	0.48	0.01	17	0.50	0.01			
9	0.49	0.01	18	0.50	0.00			
总计							$\overline{X}=0.478$	$\overline{R_s}=0.02$

分析：样本数据每天抽样一次，得到一组数据，因此选用单值－移动极差控制图。

第一步，收集数据，见表3-24。

第二步，计算样本的平均值 $\bar{X}$、移动极差 R_{si} 和移动极差的平均值 $\overline{R_s}$。在一个数列中，第1个数与第2个数的绝对差，第2个数与第3个数的绝对差，第3个数与第4个数的绝对差，依次类推，称为移动极差，用 R_s 表示，$R_{si}=|X_i-X_{i-1}|$，式中 $i=1, 2, 3, \cdots, n$。

将计算得出的数据填入表3-24中。

第三步，计算 X 图与 R_s 图的控制限。

$X-R_s$ 控制限计算公式为

单值控制图 X：$\begin{cases} CL=\bar{x} \\ UCL=\bar{x}+E_2\overline{R_s} \\ LCL=\bar{x}-E_2\overline{R_s} \end{cases}$

移动极差控制图 R_s：$\begin{cases} CL=\overline{R_s} \\ UCL=D_4\overline{R_s} \\ LCL=D_3\overline{R_s} \end{cases}$

其中，$E_2=3/d_2$。因为每个样本只有一个数据，即 $n=1$，但表3-21中没有 $n=1$，所以取子组样本量 $n=2$，按 $n=2$ 查表3-21得 $d_2=1.128$，$D_3=0.000$，$D_4=3.267$，代入控制限计算公式，得

单值控制图 X：$\begin{cases} CL=\bar{x}=0.478 \\ UCL=\bar{x}+E_2\overline{R_s}=0.478+\dfrac{3}{1.128}\times 0.02=0.531 \\ LCL=\bar{x}-E_2\overline{R_s}=0.478-\dfrac{3}{1.128}\times 0.02=0.425 \end{cases}$

移动极差控制图 R_s：$\begin{cases} CL=\overline{R_s}=0.02 \\ UCL=D_4\overline{R_s}=3.267\times 0.02=0.065 \\ LCL=D_3\overline{R_s}=0 \end{cases}$

第四步，点绘 X 图与 R_s 图。

把表3-24中所列各组数据 X_i 和移动极差 R_{si} 的数值点绘在建立的控制限中，制作完成的控制图如图3-20所示。

图中未见到有异常现象，从 X 图上看，钢板中锰的质量分数稳定；从 R_s 图上看，钢板中锰的质量分数波动小。

2. 计数值控制图

计数值控制图中的 p 图和 np 图建立在二项分布的理论基础上，c 图和 u 图建立在泊松分布的理论基础上。当样本量 $n>100$ 时，二项分布趋于正态分布；$\lambda\geqslant 6$ 时，泊松分布趋于正态分布。由于这个特点，这四种控制图的形态与上述介绍过的计量值控制图的形态相似，不过每种计数控制图只有一个图形，而每种计量控制图由两个图形组成。

（1）不合格品率控制图：p 图。绘制 p 控制图的步骤如下：

第一步，收集数据。

第二步，计算各样本组的不合格品率 p 与总体的不合格品率平均值 $\bar{p}$。

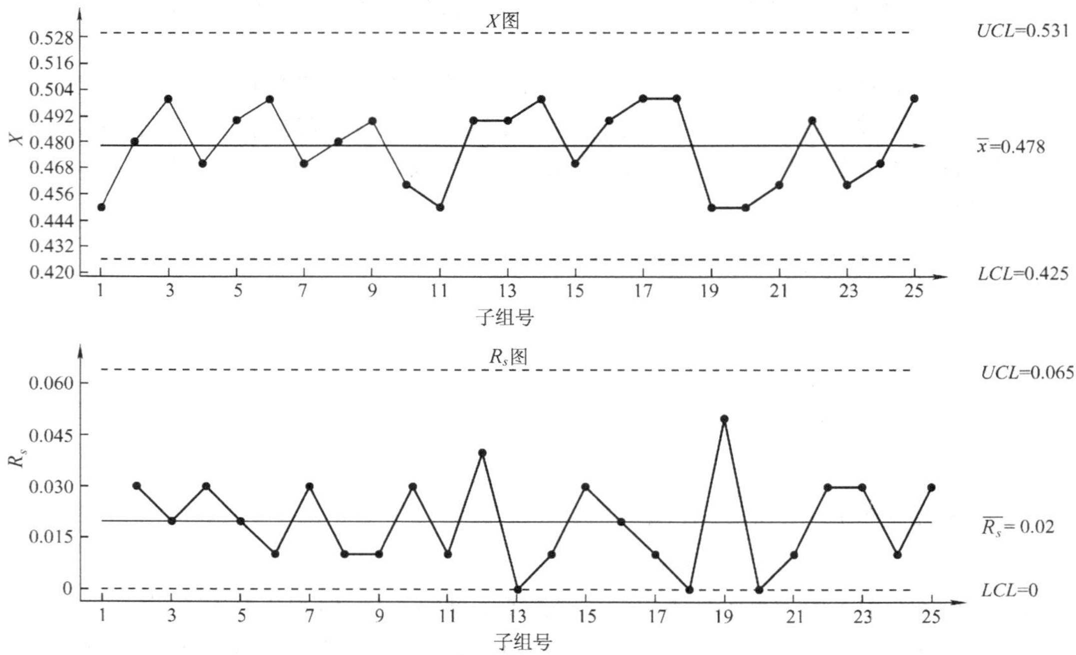

图 3-20 钢板锰的质量分数控制图

第三步，计算 p 图的控制限。

p 图在各样本组的样本量相等和不相等的情况下都能使用，对于样本量相等的情况，只需根据控制限计算公式计算得到统一的控制限，为一条直线；对于样本量不相等的情况，则需对每个样本组计算一次控制限，计算过程较烦琐，最终得到的控制限由不规则线段组成，呈凹凸状变化。

第四步，点绘 p 图。

【案例分析 3-14】某机床厂生产的数控机床大量使用某型号的集成电路板，为了评估和监控所采购的电路板的质量，对电路板实行入厂抽样检验。每次抽检 150 块进行通电实验，通电为合格，不通电为不合格，共抽查 30 批。检测数据见表 3-25，试绘制控制图。

表 3-25 电路板通电实验数据

子组号	样本数 n/块	不合格品数 np/块	不合格品率 p（%）	子组号	样本数 n/块	不合格品数 np/块	不合格品率 p（%）
1	150	3	2.0	7	150	4	2.7
2	150	1	0.7	8	150	0	0.0
3	150	4	2.7	9	150	5	3.3
4	150	2	1.3	10	150	1	0.7
5	150	1	0.7	11	150	3	2.0
6	150	2	1.3	12	150	3	2.0

（续）

子组号	样本数 n/块	不合格品数 np/块	不合格品率 p（%）	子组号	样本数 n/块	不合格品数 np/块	不合格品率 p（%）
13	150	4	2.7	22	150	5	3.3
14	150	3	2.0	23	150	0	0.0
15	150	3	2.0	24	150	1	0.7
16	150	5	3.3	25	150	4	2.7
17	150	1	0.7	26	150	3	2.0
18	150	1	0.7	27	150	2	1.3
19	150	0	0.0	28	150	1	0.7
20	150	2	1.3	29	150	3	2.0
21	150	0	0.0	30	150	2	1.3
总　计					4500	$\sum np = 69$	$\bar{p} = 1.53$

分析：

电路板通电实验的结果只有两种，即通电（合格）与不通电（不合格），检测产品的数量为计件数据，可选用不合格品率 p 控制图分析生产电路板的质量状况。

第一步，收集数据，见表 3-25。

第二步，计算各样本组的不合格品率 p 与总体的不合格品率平均值 $\bar{p}$。

将所得数据填入表 3-25 中。

第三步，计算 p 图的控制限。

p 图的控制限计算公式为

$$\begin{cases} CL = \bar{p} \\ UCL = \bar{p} + 3\sqrt{\dfrac{\bar{p}(1-\bar{p})}{n}} \\ LCL = \bar{p} - 3\sqrt{\dfrac{\bar{p}(1-\bar{p})}{n}} \end{cases}$$

将样本量 $n = 150$，$\bar{p} = 0.0153$ 带入上述公式，计算得到 p 图控制限为

$$\begin{cases} CL = \bar{p} = 0.0153 \\ UCL = \bar{p} + 3\sqrt{\dfrac{\bar{p}(1-\bar{p})}{n}} = 0.0153 + 3\sqrt{\dfrac{0.0153 \times (1-0.0153)}{150}} = 0.0453 \\ LCL = \bar{p} - 3\sqrt{\dfrac{\bar{p}(1-\bar{p})}{n}} = 0.0153 - 3\sqrt{\dfrac{0.0153 \times (1-0.0153)}{150}} = -0.0147 \end{cases}$$

计算得到的下控制限 $LCL < 0$，取 $LCL = 0$。

第四步，点绘 p 图。

把表 3-25 中所列各组 p 值点绘在建立的控制限中，制作完成的控制图如图 3-21 所示。

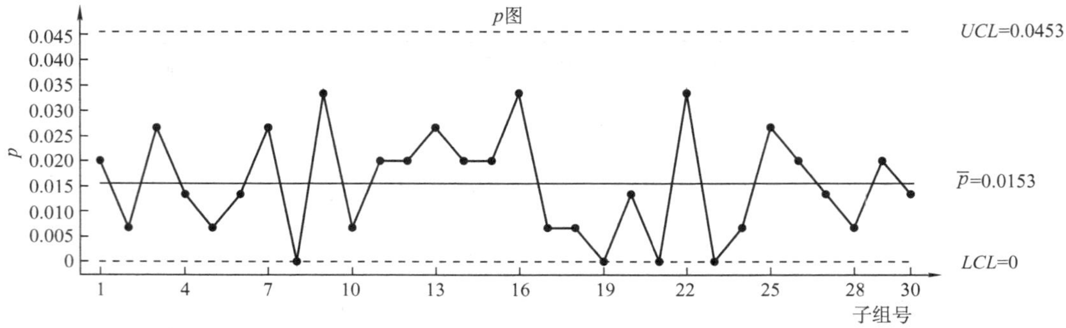

图 3-21 电路板通电实验数据表 p 控制图

图中未见异常点，说明电路板生产过程受控。

（2）不合格品数控制图：np 图。与 p 图不同的是，np 控制图只有在子组样本量相等的情况下使用，其绘制过程与 p 图类似，现以表 3-25 数据为例，说明 np 图的绘制过程。

第一步，收集数据，见表 3-25。

第二步，计算总体样本的平均不合格品数 $n\bar{p}$

$$n\bar{p}=\frac{\text{不合格品总数}}{\text{批数}}=\frac{\sum np}{\text{批数}}=\frac{69}{30}=2.3\ (\text{块})$$

第三步，计算 np 图的控制限。

np 图的控制限计算公式为

$$\begin{cases}CL=n\bar{p}\\UCL=n\bar{p}+3\sqrt{n\bar{p}(1-\bar{p})}\\LCL=n\bar{p}-3\sqrt{n\bar{p}(1-\bar{p})}\end{cases}$$

把 $n\bar{p}=3.3$ 块、$\bar{p}=0.0153$ 带入上述公式，计算得到 np 图的控制限为

$$\begin{cases}CL=n\bar{p}=2.3\\UCL=n\bar{p}+3\sqrt{n\bar{p}(1-\bar{p})}=2.3+3\sqrt{2.3\times(1-0.0153)}=6.8\\LCL=n\bar{p}-3\sqrt{n\bar{p}(1-\bar{p})}=2.3-3\sqrt{2.3\times(1-0.0153)}=-2.2\end{cases}$$

计算得到的下控制限 $LCL<0$，取 $LCL=0$。

第四步，点绘 np 图。

把表 3-25 中所列各组不合格品数点绘在建立的控制限中，制作完成的控制图如图3-22所示。

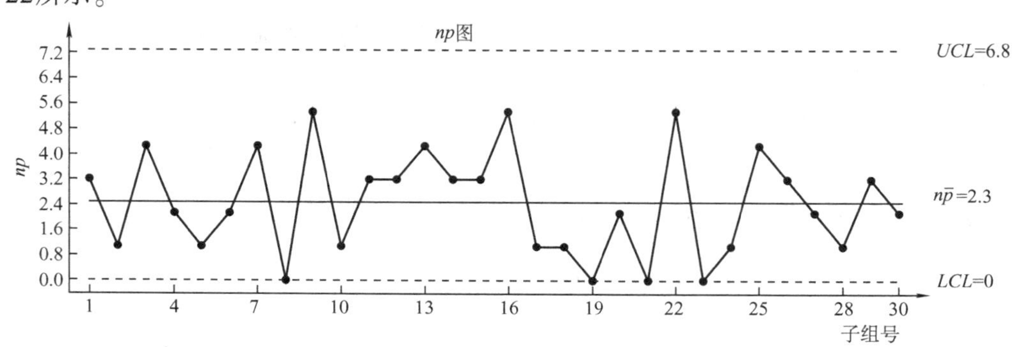

图 3-22 电路板通电实验数据表 np 控制图

图中未见异常点，说明电路板生产过程受控。

（3）缺陷数控制图：c 图。当样本容量 n 相同时，可用 c 控制图来控制产品的缺陷数。绘制 c 控制图的步骤如下：

第一步，收集数据。c 控制图的样本量没有统一的规定，只要使样本上总有缺陷出现即可。对容易发生缺陷的产品，样本量可以取小些，而对缺陷出现较为稀少的产品，其样本量取大些；一般样本量 n 取 20～25 个。

第二步，计算总体样本的缺陷数平均值 $\bar{c}$。

第三步，计算 c 图的控制限。

第四步，点绘 c 图。

【案例分析 3-15】某机床厂生产的数控机床导轨对表面质量要求较高，为保证机床导轨质量，现对机床导轨表面缺陷进行抽样检测，每天从生产线上抽取 5 段导轨，统计每段导轨出现的划痕、拉伤、磨损、裂纹等缺陷数，连续检测 25 天，检测数据见表 3-26，试绘制控制图。

表 3-26 机床导轨缺陷数统计表

子组号	样本数 n/段	缺陷数 c_i	平均每段导轨缺陷数 $\overline{u_i}$	子组号	样本数 n/段	缺陷数 c_i	平均每段导轨缺陷数 $\overline{u_i}$
1	5	3	0.6	16	5	0	0
2	5	2	0.4	17	5	1	0.2
3	5	3	0.6	18	5	2	0.4
4	5	0	0	19	5	1	0.2
5	5	5	1	20	5	4	0.8
6	5	1	0.2	21	5	3	0.6
7	5	1	0.2	22	5	3	0.6
8	5	5	1	23	5	5	1
9	5	3	0.6	24	5	6	1.2
10	5	2	0.4	25	5	2	0.4
11	5	2	0.4	26	5	3	0.6
12	5	7	1.4	27	5	7	1.4
13	5	6	1.2	28	5	6	1.2
14	5	4	0.8	29	5	5	1
15	5	1	0.2	30	5	2	0.4
总计						$\sum c=95$	$\bar{u}=0.63$

分析：控制对象为缺陷数，每次检测的样本量相同，可使用 c 控制图。

第一步，收集数据，见表 3-26。

第二步，计算总体样本的缺陷数平均值 $\bar{c}$

$$\bar{c}=\frac{\text{缺陷总数}}{\text{批数}}=\frac{95}{30}=3.17$$

第三步，计算 c 图的控制限。

c 图的控制限计算公式为

$$\begin{cases} CL = \bar{c} \\ UCL = \bar{c} + 3\sqrt{\bar{c}} \\ LCL = \bar{c} - 3\sqrt{\bar{c}} \end{cases}$$

把 $\bar{c} = 3.17$ 带入上述公式，计算得到 c 图的控制限为

$$\begin{cases} CL = \bar{c} = 3.17 \\ UCL = \bar{c} + 3\sqrt{\bar{c}} = 3.17 + 3 \times \sqrt{3.17} = 8.51 \\ LCL = \bar{c} - 3\sqrt{\bar{c}} = 3.17 - 3 \times \sqrt{3.17} = -2.17 \end{cases}$$

计算得到的下控制限 $LCL < 0$，取 $LCL = 0$。

第四步，点绘 c 图。

把表3-26 中所列各组缺陷数点绘在建立的控制限中，制作完成的控制图如图3-23 所示。

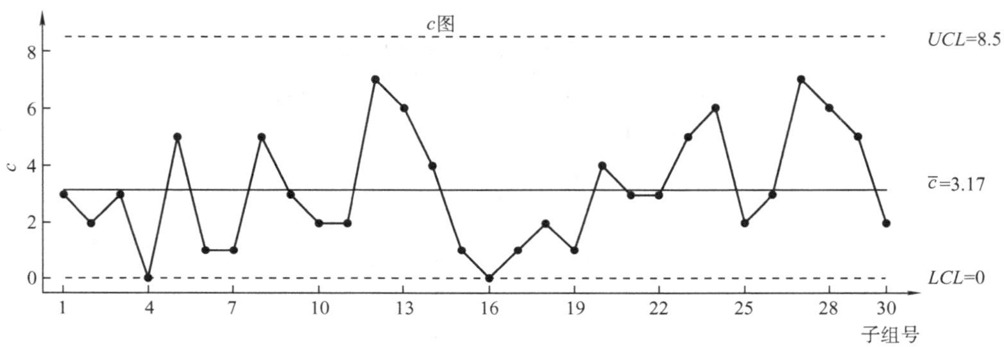

图 3-23 机床导轨缺陷 c 控制图

（4）单位缺陷数控制图：u 图。当样本容量 n 相同时，可用 u 控制图来控制产品的缺陷数。

第一步，收集数据，见表3-26。

第二步，计算每段机床导轨的缺陷数平均值 $\bar{u}$

$$\bar{u} = \frac{\text{缺陷总数}}{\text{导轨总数}} = \frac{95}{150} = 0.63$$

第三步，计算 u 图的控制限。

u 图的控制限计算公式为

$$\begin{cases} CL = \bar{u} \\ UCL = \bar{u} + 3\sqrt{\bar{u}/n} \\ LCL = \bar{u} - 3\sqrt{\bar{u}/n} \end{cases}$$

把 $\bar{u} = 0.63$ 带入上述公式，计算得到 u 图的控制限为

$$\begin{cases} CL = \bar{u} = 0.63 \\ UCL = \bar{u} + 3\sqrt{\bar{u}/n} = 0.63 + 3 \times \sqrt{0.63/5} = 1.69 \\ LCL = \bar{u} - 3\sqrt{\bar{u}/n} = 0.63 - 3 \times \sqrt{0.63/5} = -0.43 \end{cases}$$

计算得到的下控制限 $LCL < 0$，取 $LCL = 0$。

第四步，点绘 u 图。

把表3-26中所列各组每段导轨缺陷数点绘在建立的控制限中，制作完成的控制图如图3-24所示。

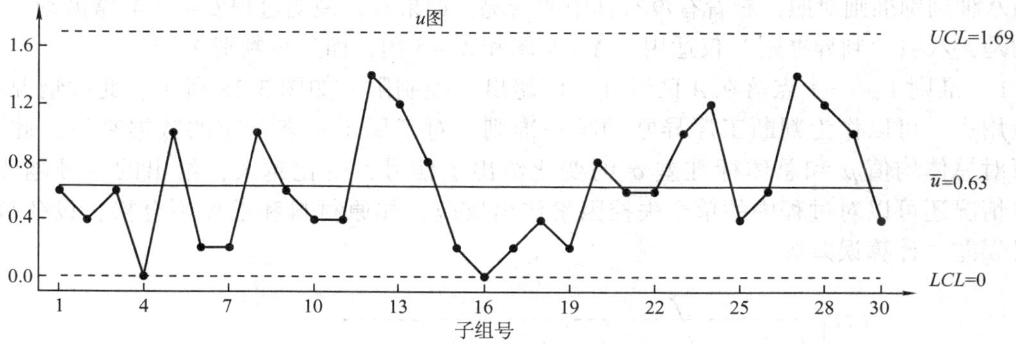

图3-24 机床导轨缺陷 u 控制图

3.7.3 常规控制图的观察与分析

用控制图识别生产过程的状态，主要是根据样本数据形成的样本点位置以及变化趋势进行分析和判断，判断工序是处于受控状态还是失控状态。观察分析控制图的常用准则有判稳和判异两种。

1. 判稳准则

判断过程处于稳定状态的标准可归纳为两条：

(1) 控制图上的点不超过控制界限。该条准则包括以下具体内容：

① 连续25点没有在控制限上及以外的点。

② 连续35点中仅有1点在控制限上及以外。

③ 连续100点中仅有2点在控制限上及以外。

(2) 控制图上的点排列分布没有缺陷。控制图上的点排列分布没有缺陷，即点在控制限内的波动是随机波动，不应有明显的规律性。点排列的明显规律性称为点的排列缺陷，指的是判异准则所列的各种情况。

在控制图满足以上两个条件的情况下，就应该判断过程处于受控状态。这时，控制图的控制限可以作为以后生产过程或工作过程中进行控制所遵循的依据。

2. 判异准则

控制图上的点超出控制限是最直接、最明显的判异准则，出现这种情况时，很容易被发现，进而研究出现这种状况时所用的原材料、生产工艺、机器或其他因素有无发生变化，从中找出点失去控制的原因。

此外，当所有的点均在控制限内，它们的排列方向和位置呈现某种特殊状态时，也意味着生产过程中有异常情况，需要及时采取措施。例如，若干点连续在中心线一侧、若干点连续上升或下降、若干点接近控制界限、点出现周期性变化等情况。对于异常波动对应的点，当其落在控制限内时，各个点之间的关系不易判断。为了指导人们正确识别异常波动各点之间的关系，GB/T 4091—2001《常规控制图》给出了“可查明原因的检验”，其中列出了解释常规控制图的八种模式检验示意图，即“判别准则”。

为了应用这些准则，将控制图等分为六个区域，每个区宽 σ，这六个区的标号分别为 A、B、C、C、B、A。两个 A 区、B 区和 C 区都关于中心线 CL 对称。画出控制图后，应将它与八种判别准则对照，看看有没有其中的情况，如果有，说明过程发生了异常波动。需注意的是，八项“判异准则”仅适用于 $\bar{X}-R$ 图和 $\bar{X}-S$ 图，而且只判别 $\bar{X}$ 图。

1）准则 1：一个点落在 A 区以外，即超出了控制限，如图 3-25 所示。此种情况在许多应用中，可以作为判断工序异常的唯一准则。对于属于正态分布的数据来说，此种情况可对总体均值 μ 和总体标准差 σ 的变化给出了信号，变化越大，给出的信号越明显。此种情况还可以对过程中的单个失控因素作出反应，如原材料和毛坯不合格，设备故障，测量误差，计算误差等。

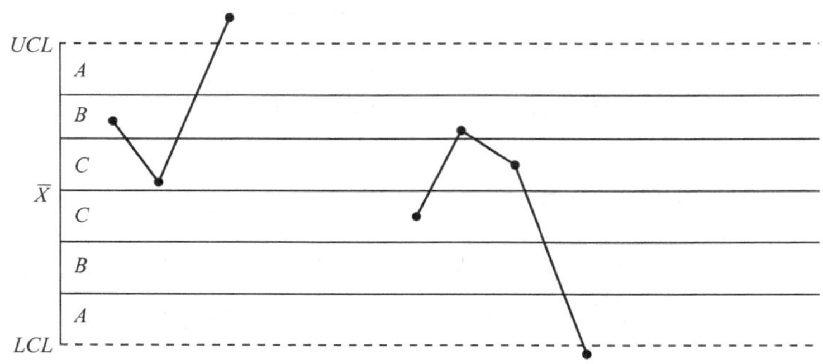

图 3-25　准则 1

2）准则 2：连续 9 点落在中心线同一侧，如图 3-26 所示。当数据点连续出现在中心线 CL 一侧的现象称为链，链的长度可用链内所含点数的多少来判断。数据点出现在同一侧的概率 $A_1=1/2$，连续 5 点出现在同一侧的概率 $A_5=(1/2)^5=3.1\%$，32 次才发生 1 次，而 $A_9=(1/2)^9=0.2\%$，即 512 次中才发生 1 次，属于小概率事件，若发生，则认为生产状态出现了异常。

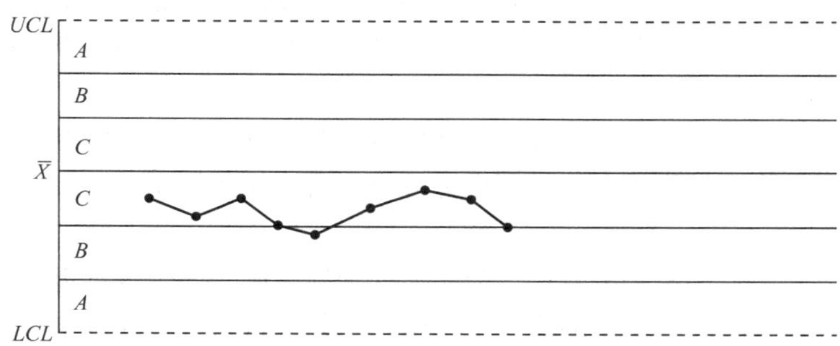

图 3-26　准则 2

3）准则 3：连续 6 点递增或递减，如图 3-27 所示。若干个数据点连续上升或下降的情况称为趋势。当出现连续 6 点不断上升或不断下降趋向时（有时相邻两点虽然有上有下，但从整体上显示出上升或下降的趋势），则认为生产过程处于异常。可能是刀具磨损、人员疲劳、量具磨损等原因造成的。

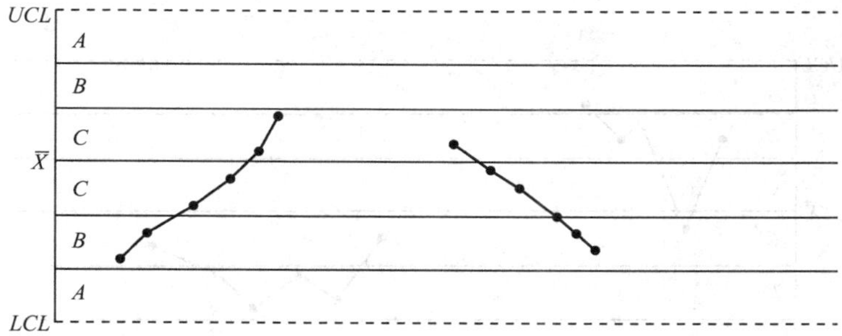

图 3-27　准则 3

4）准则 4：连续 14 点中相邻点交替上下，如图 3-28 所示。此种情况可能是来自两个样本组（轮流使用两台设备，或由两人轮流进行操作而引起的系统效应），出现此种情况的概率也是非常小的，如果出现了，则认为生产过程出现了异常。

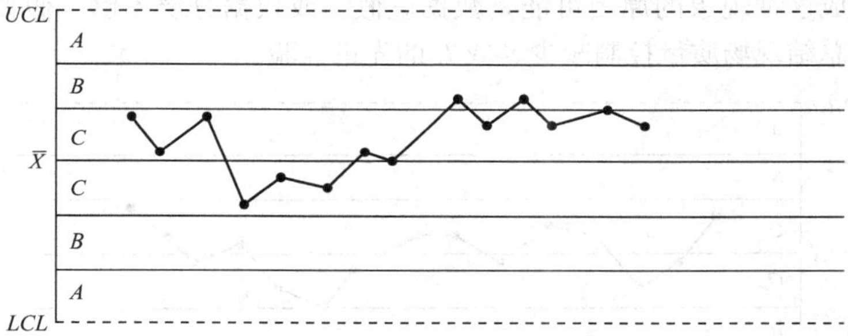

图 3-28　准则 4

5）准则 5：连续 3 点中有 2 点落在中心线同一侧的 B 区以外，如图 3-29 所示。在数据属于正态分布的情况下，数据点落在 $\pm 2\sigma$ 之外的概率仅为 0.0455，而 3 点中同时有两点落在了 $\pm 2\sigma$ 之外的概率也是非常小的，如果发生，则认为属于小概率事件，是异常现象。

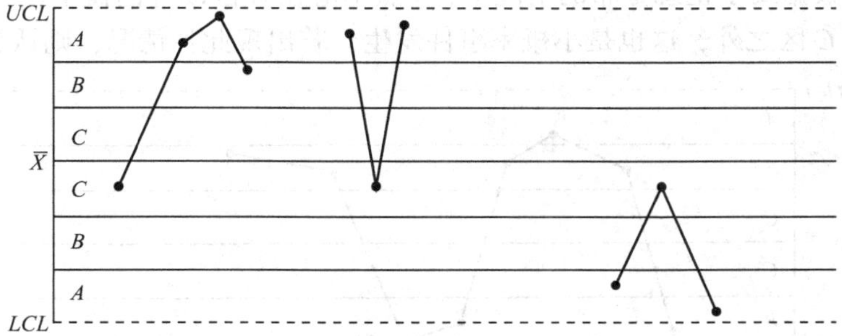

图 3-29　准则 5

6）准则 6：连续 5 点中有 4 点落在中心线同一侧的 C 区以外，如图 3-30 所示。在数据属于正态分布的情况下，数据点落在 $\pm\sigma$ 以外单侧的概率仅为 0.1587，即 5 点中仅有 0.8 个点落在 $\pm\sigma$ 以外的单侧，现在居然有 4 个点落在了 $\pm\sigma$ 以外的单侧，也属于小概率事件，若发生则认为是异常现象。

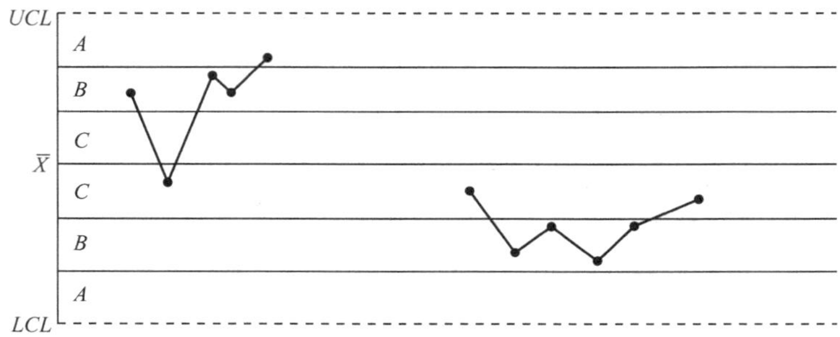

图 3-30 准则 6

7）准则 7：连续 15 点落在中心线两侧的 C 区内，如图 3-31 所示。出现这种现象是由于样本的标准差 S 变小，这本是一种好现象，但我们决不能被这种假象所迷惑，而应注意到它的非随机性。造成这种现象的原因可能是数据虚假，或数据分层不够，假如没有这两种原因，我们才可以总结现场质量控制减少 S 或 R 的先进经验。

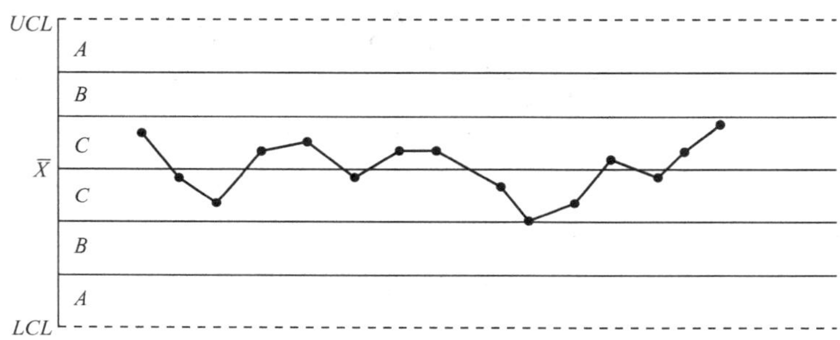

图 3-31 准则 7

8）准则 8：连续 8 点落在中心线两侧且无 1 点落在 C 区，如图 3-32 所示。此种情况与检验 6 类似，在数据属于正态分布的情况下，8 点中落在 C 区以外的概率仅为 0.3174，最多有 2.5 个点落在 C 区之外，这也是小概率事件发生，若出现此种情况，则认为是发生异常。

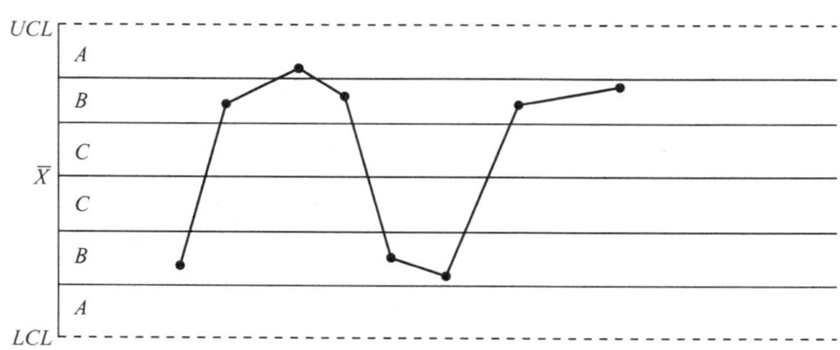

图 3-32 准则 8

3.7.4 控制图异常的处理

应用控制图的目的是预防生产过程中的异常因素，当异常因素露出苗头，甚至在未造成不合格品之前就能及时被发现。当控制图中的点超出控制限或点分布不正常时，表明异因已经发生，需及时寻找过程中造成异常的原因并采取相应处置措施。对控制图异常情况的处理可贯彻“20 字方针”，即“查出异因、采取措施、保证消除、不再出现、纳入标准”，处理流程如图 3-33 所示。

该流程是一个循环，每贯彻一次循环就消除一个异因，使它不再出现，从而达到预防的目的。由于异因只有有限多个，故经过有限次循环后，最终可以达到稳定状态，即在过程中只存在偶因而不存在异因。

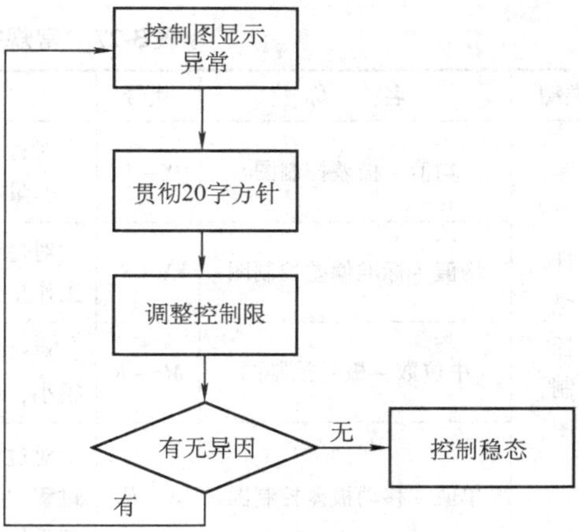

图 3-33 控制图异常处理流程

3.7.5 控制图的特点及应用

1. 应用控制图的目的

应用控制图的目的，首先是用来帮助评估和监察一个过程是否已达到或继续保持在具有适当规定水平的统计控制状态，其次是用来帮助在生产过程中，通过保持持续的产品质量记录，获得并保持对重要产品或服务特性的控制与高度的一致性。应用控制图并仔细分析控制图，可以更好地了解和改进过程。

2. 计量控制图的特点

计量控制图对工序中存在的系统性原因反应敏感，所以具有及时查明并消除异因的明显作用，其效果比计数控制图显著。计量控制图经常用来预防、分析和控制工序加工质量，特别是几种控制图的联合使用。

在计量控制图中，$\bar{X}$、X 和 Me 图均用于控制和分析质量分布的波动趋势，即控制过程平均中心的位置，表明过程的稳定性。在这些图上，若有失控点出现，往往说明机器或操作方法上有问题，这时应检查机器和操作，作出适当调整。

在计量控制图中，R、S 和 R_s 图均用于控制和分析过程质量分布的离散程度和变化，即揭示样本内不希望出现的变差，表明质量波动情况。在这些图上，若有失控点出现，往往说明原材料型号混料，或者操作工人违反工艺纪律所致。

在计量控制图中，应首先选用 $\bar{X}-R$ 控制图，其次选用 $Me-R$ 控制图，最后选用 $\bar{X}-S$ 控制图。因为 S 的计算较麻烦，但它对过程变化的反应灵敏。由于 Me 不用计算，所以生产现场工人喜欢用 $Me-R$ 控制图。随着计算机的普及和应用，S 将代替 R、R_s、Me。

3. 计数控制图的特点

计数控制图的作用与计量控制图类似，其目的也是分析和控制生产工序的稳定性，预防不合格品的发生，保证产品质量。获得计数数值快，而且经济，是计数控制图的最大优点。np 与 c 图可用于样本大小为常数的场合，p 与 u 图既可用于样本大小为常数，也可用于样本大小不是常数的场合。当样本量不是常数时，计算工作量很大，控制限呈凹凸不平状。

常规控制图的特点与应用场合见表 3-27。

表 3-27 常规控制图的特点与应用场合

类型	名 称	代号	特 点	应用场合
计量控制图	均值－极差控制图	$\bar{X}-R$	对过程变化的反应灵敏度高，计算 R 的工作量小，最常用	过程稳定，产品批量大，重复过程
	均值－标准偏差控制图	$\bar{X}-S$	对过程变化的反应灵敏度最高，计算 S 的工作量大，常用	过程稳定，产品批量大，重复过程
	中位数－极差控制图	$Me-R$	对过程变化的反应灵敏度差，计算工作量很小，生产现场工人喜欢	过程稳定，产品批量大，重复过程
	单值－移动极差控制图	$X-R_s$	对过程变化的反应灵敏度较差，不易发现过程中心的变化，但能及时判断过程是否处于受控状态，少用	过程稳定，每次只能得到一个数据
计数控制图	不合格品率控制图	p	当样本大小不是常数时计算工作量很大，控制限凹凸不平，常用	样本大小可为常数，也可不是常数
	不合格品数控制图	np	计算工作量小，生产工人易理解，常用	样本大小为常数
	缺陷数控制图	c	同 np 图，工人易理解，常用	样本大小为常数
	单位缺陷数控制图	u	当样本大小不是常数时计算工作量很大，控制限凹凸不平，常用	样本大小可为常数，也可不是常数

4. 其他控制图

除了常规控制图以外，常用的还有通用控制图和带有警戒限和行动限的均值控制图等。

通用控制图是将常规控制图所用的统计量进行标准化变换后所得到的控制图。它以零线为中心线（$CL=0$），上下控制限分别为 $UCL=+3$、$LCL=-3$，适用于所有情况，所以叫作通用控制图。它的用途与常规控制图的用途相同，但主要用于样本量不相等的场合。对计数值而言，通用控制图只有两种：np 图和 c 图。因为在通用控制图中，不合格品数与不合格品率恒相等，故采用通用不合格品数图；缺陷数与单位缺陷数恒相等，所以采用缺陷数图。

带警戒限控制图的原理与使用条件与常规控制图相同，它是对常规控制图的改进，改进常规图没有警戒限和行动限的缺点。它的用途与常规控制图的用途相同。但是，警戒限图只适用于在过程标准差已知的条件下对过程均值进行控制。

3.7.6 注意事项

1. 注意控制图的应用条件

常规控制图只能控制一个质量特性，一张控制图只能控制一个控制对象。计量型控制图所用样本必须服从正态分布，计数型控制图中的 p 图和 np 图所用样本为二项分布，c 图和 u 图所用样本为泊松分布。只有在大批量生产的条件下，产品的质量分布才符合正态分布曲线。因此，利用正态分布曲线的性质控制产品质量必须具备以下条件：必须是成批生产的产品或零部件；必须具备相对稳定的生产过程而且过程能重复；$u \pm 3\sigma$ 的控制限必须小于公差范围；必须具备统一的测量仪器。短期过程很少能提供足够的数据，故难以建立适宜的控制限，所以不能用控制图。

2. 注意选择合适的控制图

要明确应用控制图的目的，是用来发现工序异常点，还是为了使工序保持受控状态；要根据质量特性和数据的收集方式选择控制图的类型。

3. 注意样本的抽取

样本数据的抽取应进行充分的分层，针对不同的设备、原材料、操作人员、工艺装备等条件分别进行质量分析与控制，进行分层控制，只有这样，才能使控制图及时反映异常，并准确、及时地找出异常原因。同一样本中的几个数据，也应尽可能取自相同的生产条件，如换刀前后的数据不应放入一个样本，以充分反映生产过程中生产条件之间的差异。综合考虑可靠性和经济性两方面的因素，选择适当的样本容量和时间间隔。

4. 注意控制图的及时性与动态性

抽样间隔时间一经确定就必须按时抽样，及时进行测量取得数据，计算后及时在控制图上描点。

5. 注意控制图的风险性

根据控制图的控制限所作的判断也可能发生错误，这种可能的错误有两种：

第一种错误是将正常判为异常。在生产正常的情况下，点出界的可能性为2.7‰。这数值虽然很小，但这类事件不是绝对不可能发生的，当某点由于偶然原因落在控制限之外时，根据点出界判断生产过程异常就犯了虚发警报的错误。这种错误是“假报警”，将导致对本不存在的问题而去无谓寻找原因而增加费用，给产品生产企业造成损失，所以叫作生产方风险。

第二种错误是将异常判为正常。当生产过程已经有了异常，产品质量的分布偏离了典型分布，可总还有一个部分产品的质量特征值由于偶然的原因，是处于上下控制界线之内的。如果我们抽取到这样的产品进行检验，这时由于点未出界而判断生产过程正常，就犯了漏发警报的错误。这种错误由于未检验出不合格品给用户带来损失，所以叫作使用方风险。

这两种风险都能减少，但不能消除。

6. 注意控制图的保管与更新

控制图中的一个点就是一个数据，一张控制图就是一段时间内完整的质量记录。控制图不仅是评估和监察过程，而且是测量质量管理体系运行状态的记录，它可作为证据之一输入管理评审，也可作为质量保证能力的证据提供给顾客。因此，要妥善保管好作为生产过程控制重要资料的控制图。

经过一段时期后，生产过程有了变化，例如加工工艺改变、刀具改变、设备改变以及进行了某种技术改革和管理改革措施后，应重新收集近期的数据，以重新计算控制限并作出新的控制图，使之与新条件相适应。

本章小结

本章学习了七种常用的质量管理统计方法，称为质量控制七大工具。这七种工具的应用是为了更有效地开展统计质量管理，通过对质量数据的挖掘和整理，寻找产生质量问题的原因、加以分析并寻求解决问题的途径。质量控制工具最先出现于美国，到20世纪60年代在日本出现，因其作用明显，在日本得到迅速发展，为日本的产品在全世界奠定声誉起到了不可磨灭的作用。正因为如此，自20世纪70年代～80年代在全世界范围内的工业界被广泛使用，并给此后产品的品质提升带来了质的飞跃。质量工具的功能与特点见表3-28。

表3-28　质量工具的功能与特点

序　号	工具名称	功　能	特　点
1	分层法	根据所收集数据的不同特性并按照特性的不同水平将数据分开进行分析，探索出不同特性水平的不同倾向以帮助解决问题	显分布
2	调查表	用来系统地收集资料和数据，确认事实并对数据进行粗略整理和分析的统计图表	集数据
3	排列图	显示质量问题项目及其累计百分比的关系曲线图，将有关质量问题项目依据发生频数的高低在图示按顺序排列，从而明确需要重点解决的主要因素	抓重点
4	因果图	将结果与被认为对结果有影响的要素之间的关系以结构的形式进行归纳整理制成的图	追原因
5	直方图	将定量的数据分成多个组，然后依据各组的出现次数加以归纳整理绘成的图表	作解析
6	散布图	将两个可能相关的变量数据用点画在坐标图上，用来表示一组成对的数据之间是否具有相关性	看相关
7	控制图	对过程质量特性值进行测定、记录、评估，从而监察过程是否处于控制状态的一种统计图样，图上设有中心线和上、下控制限	找异常

本章所介绍的七种工具并不涉及深奥的统计理论方法，简单常用、容易学习，大部分的质量分析与改进都可以通过使用其中的一种或几种方法相配合来解决，分层法是其他质量控制工具应用的基础。

自我测试

1. 直方图定量表示的主要特征值中的平均值表示（　　）。
   A. 数据的分散程度　　B. 数据范围的间隔
   C. 数据值的大小　　D. 数据的分布中心位置
2. 常用于寻找产生质量问题的原因的图是（　　）。
   A. 直方图　　B. 排列图　　C. 因果图　　D. 散布图
3. 开创了统计质量控制领域的质量管理专家是（　　）。
   A. 戴明　　B. 休哈特　　C. 朱兰　　D. 石川馨
4. 在散布图中，当 x 增加，相应的 y 增加，则称 x 和 y 之间是（　　）。
   A. 正相关　　B. 不相关　　C. 负相关　　D. 曲线相关
5. 排列图又被称为（　　）。
   A. 帕累托图　　B. 分类法　　C. 石川图　　D. 相关图

6. 在制作直方图时，如果分组过多，容易出现（　　）。

A. 偏向型　　B. 平顶型　　C. 双峰型　　D. 锯齿型

7. 控制图中表明生产过程质量失控是（　　）。

A. 所有样本点都在控制限内　　B. 位于中心点两侧的样本点数相近

C. 接近中心线的样本点较多　　D. 样本点程周期性变化

8. 以下哪种常用工具可用于明确“关键的少数”（　　）？

A. 排列图　　B. 因果图　　C. 直方图　　D. 调查表

9. 常用的计数控制图的类别有________、________、________。

10. 散布图中确定的相关关系有________、________、________类型。

11. 对在制造过程中收集到的统计数据进行分层时，可采用的归类标志有________、________、________、________。

12. 一个样本含有20个数据：35，31，33，35，37，39，35，38，40，39，36，34，35，37，36，32，34，35，36，34。在列频数分布表时，如果组距为2，那么应分成________组，32.5～34.5这组的频数为________。

13. “二八法则”是具有普遍性的社会学现象，你能举出一两个例子并加以说明吗？

14. 因果图的用途是什么？由哪几部分组成？

15. 控制图对过程异常的判断准则有哪些？列出其中的三项。

16. 某厂对活塞环槽侧壁不合格的275件产品进行缺陷分类统计，其结果是：精磨外圆不合格229件，精镗销孔不合格56件，磨偏差不合格14件，精切环槽不合格136件，垂直摆差不合格42件，斜油孔不合格15件，其他不合格8件。请绘制排列图并分析造成缺陷的主次因素。

17. 某零件轴外圆车削尺寸为$\phi10^{+0.035}_{0}$mm，为调查该零件外圆车削的尺寸分布情况，从加工线上抽取100个零件，测量尺寸$\phi10^{+X}_{0}$mm的X值见表3-29。请绘制该外圆尺寸数据直方图，并分析直方图。

表3-29　$\phi10^{+0.035}_{0}$mm外圆尺寸X的数据　　（单位：$\times10^{-3}$mm）

23	19	26	11	20	11	17	16	14	15	19	22	20	7	10	15	14	7	9	18
16	17	14	17	17	24	20	16	27	15	14	21	14	20	16	15	9	8	16	14
14	17	9	13	20	21	8	14	17	9	8	0	6	9	10	14	16	13	19	18
20	16	11	19	16	27	16	22	16	17	18	9	11	13	19	13	8	5	14	13
27	17	14	17	16	5	17	13	20	8	27	4	12	20	13	24	16	29	10	13

18. 某凸轮轴的质量特性值是零件的长度，为了控制产品的质量，从连续生产工序中每隔半小时抽检制品一次，每次抽检6件，共抽30次，测得数据并计算该批抽样件的$\bar{\bar{X}}=599.548$，$\bar{R}=1.273$，试计算$\bar{X}-R$控制图的控制限。

19. 将某零件的内孔加工抽样检验数据绘制成直方图，其形态如图3-34所示，请分析该图形，指出可能的缺陷原因并提出改进措施。

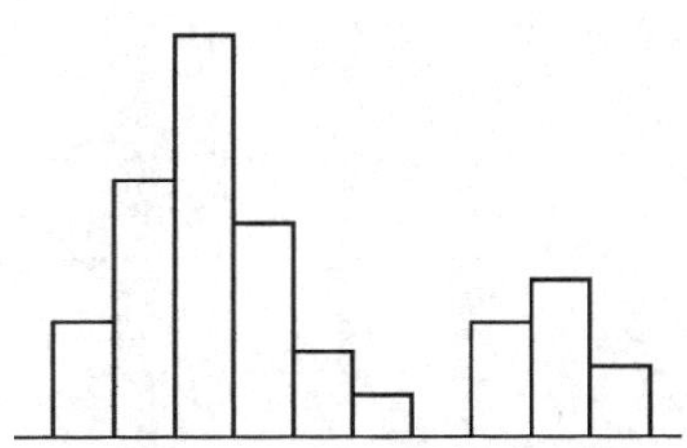

图3-34　直方图

20. 某厂车削加工班组的三位工人开展劳动竞赛，他们的技术水平、身体素质都差不多，在相同的条件下按同一张零件图样每人加工 50 件，他们在规定时间内完成了任务。检验员对他们三人的工件一一进行检验，并记录测量结果，检验结果全都合格，分不出名次。对此，三位工人不服气，他们说："我们三人的质量肯定有差别，一定能分出高低来，检验员请你想想办法吧！"如果你是检验员，根据他们三个人的检验结果数值，采用什么质量统计方法能把他们分出名次来呢？（说出思路即可）

第 4 章　过程能力分析

【学习目标】

知识目标：

➢ 了解过程能力分析的含义；
➢ 熟悉过程能力调查过程；
➢ 掌握过程能力指数计算。

技能目标：

➢ 会应用公式计算过程能力指数；
➢ 会初步开展过程能力分析。

【引例】

某啤酒瓶生产商的质量改进

某玻璃制品有限公司的主要产品是啤酒瓶，随着市场竞争的加剧和顾客对产品质量要求的不断提高，企业面临着不断改进产品质量的需要。为此，公司委托某咨询顾问公司对生产系统进行梳理和改善，系统诊断质量现状，寻找改进产品质量的突破点，并进一步提升产品质量水平。

该咨询顾问公司对啤酒瓶生产中的关键生产工序进行了系列的过程能力分析，并绘制了大量的控制图、直方图等图表，对客户生产过程能力和产品质量现状作了充分的解析。

通过对产品关键性能指标的过程能力分析，咨询顾问公司发现客户产品存在质量过剩的现象。从直方图上来看，质量的平均值（285）高于公差中心（280），每个啤酒瓶平均偏重5g，这属于质量浪费。每生产 1 个瓶平均浪费 5g 玻璃液，根据每年产量和成本，估算每年浪费 200 万元。

依据过程能力分析的结果，该咨询顾问公司向客户提供了包括 SPC 统计过程控制、过程标准化、管理机制和政策调整等建议的系统解决方案。对质量改善项目实施前后进行过程能力分析，最终确认了质量改善项目成果：平均每个玻璃瓶节约了 2.5g 玻璃液，根据每年的产量和成本，估算出每年的节约成本为 100 万元。

案例分析：在本次啤酒瓶生产商的质量改进过程中，咨询顾问团队采用了大量的科学手段和工具，主要包括过程能力分析技术、控制图分析技术、调查问卷以及结果等。该项目能够使企业充分认识到，抓质量工作并不总是带来成本的增加，质量水平和过程能力的提高将会大幅度减少质量损失和降低成本。

4.1 概述

4.1.1 过程能力分析的背景

企业制造商为了减少或取消对外购元器件和原材料的入厂检验，做到零库存，以降低成本，通常将过程能力作为评价供方和产品的主要准则，要求供方提供过程能力指数和产品制造过程控制图。同时，制造业和服务业需要通过对过程能力指数的跟踪，识别过程改进的必要性，验证改进的有效性。过程能力指数和产品制造过程控制图是过程能力分析的主要研究内容，因此，过程能力分析具有重要的实际应用价值。

4.1.2 基本概念

1. 过程能力

过程能力是将一组输入转化为输出、相互关联或相互作用，并完成一定活动的本领。在制造业中，过程能力是指人、机、料、法、环、测均处于稳定状态下的实际加工能力，是保证和提高产品质量的重要因素，衡量过程加工质量内在一致性的量值。了解和掌握过程能力是控制产品质量的必要手段。

过程能力分析是检查过程的固有变异和分布，以便估计其产生符合规范所允许变异范围的输出的能力。

【知识拓展4-1】 过程能力的影响因素

过程能力的影响因素有如下六方面：

(1) 人——与工序直接有关的操作人员、辅助人员的质量意识和操作技术水平。

(2) 机（设备）——包括设备的精度、工装的精度及其合理性、刀具参数的合理性等。

(3) 料（材料）——包括原材料、半成品、外购件的质量及其适用性。

(4) 法（工艺）——包括工艺方法及规范、操作规程的合理性。

(5) 测（测具）——测量方法及测量精度的适应性。

(6) 环（环境）——生产环境及劳动条件的适应性。

2. 工序过程能力

在产品制造过程中，工序是保证产品质量的最基本环节。工序过程能力是指工序过程处于稳定、标准状态下，工序过程在加工精度方面的实际加工能力。加工能力强或弱的区分关键是质量特性的分布范围大小或集中程度。

过程能力用 B 来表示，过程能力 $B=6\sigma$。工序的均方差 σ 是描述随机变量分散的数字特征，当产品质量特性服从正态分布时，以 3σ 原则确定其分布范围，产品的质量特性值落入范围内的概率为99.73%，落在范围外的概率为0.27%。实践证明：用这样的分散范围表示过程能力，既能保证产品的质量要求，又能具有较好的经济性。均方差 σ 是正态分布曲线的形状参数，σ 值越小，则正态分布曲线越瘦越高，说明过程能力 $B=6\sigma$ 的值越小；σ 值越大，则正态分布曲线越胖越矮，说明过程能力 $B=6\sigma$ 的值越大。

工序过程处于稳定状态，是指工序的分布状态不随时间的变化而变化，或称工序处于受控状态；工序过程处于标准状态，是指设备、材料、工艺、环境、测具均处于标准作业条件，人员的操作也是正确的。

工序过程能力分析是质量管理的一项重要的技术基础工作。它有助于掌握各道工序的质量保证能力，为产品设计、工艺、工装设计、设备的维修、调整、更新、改造提供必要的资料和依据。

【知识拓展 4-2】 过程能力与生产能力

过程能力与生产能力不同，过程能力是衡量过程加工质量内在一致性的量值，生产能力则是指工序加工最大数量的能力。

4.2 过程能力调查

了解和掌握过程能力的活动称为过程能力调查。在进行过程能力分析之前应先进行过程能力调查，通过调查后才能判断过程是否在受控（稳定）状态下运行。只有在受控状态下的过程，才能对其能力进行分析。

4.2.1 过程能力调查的流程

过程能力调查是一项技术性很强的工作，一定要按程序进行，其流程图如图 4-1 所示。

4.2.2 流程各步骤的内容与要求

1. 明确调查目的

过程能力调查的目的有三个：一是掌握过程能力满足质量要求的程度；二是掌握质量波动情况，据此判断过程是否可控；三是了解质量波动及其原因之间的关系，针对原因采取纠正措施以提高过程能力指数。

为了保证过程稳定和更好地指挥生产，生产管理者要十分清楚企业的过程能力情况。为此，要不时地对过程能力进行调查，做到心中有数。

2. 确定调查计划和方法

确定调查的日期、内容、组成人员、收集数据的方法及其处理工具等。

3. 过程标准化

对被调查过程的人、机、料、法、环、测提出明确要求，并做出具体规定，使过程规范化并处于管理状态。

4. 收集数据

按计划中规定的方法收集过程输出的数据。

5. 分析数据

根据调查目的的需要，采用计划中规定的统计方法对收集到的数据进行统计、分析。直方图是分析数据时供选择的方法之一。

6. 判断

根据数据分析结果判断过程是否处于受控状态。

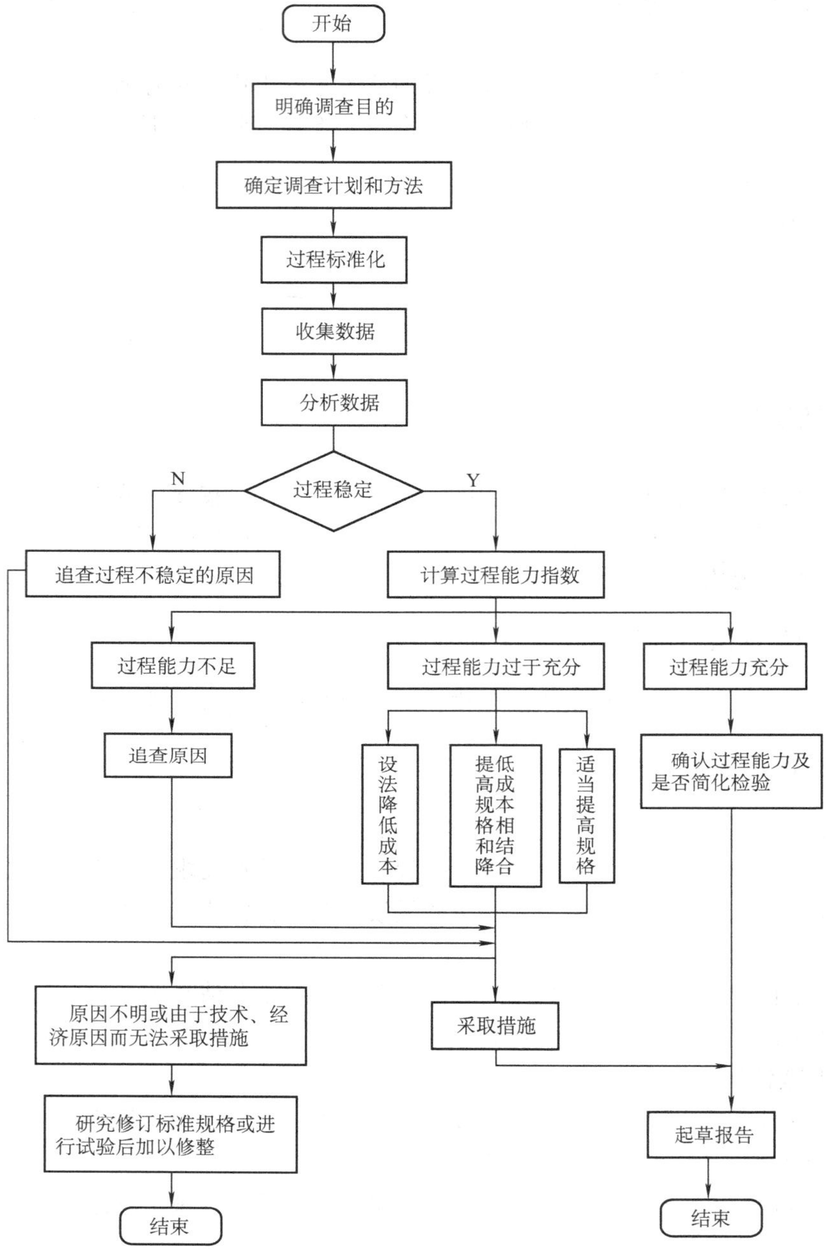

图 4-1　过程能力调查流程图

7. 计算过程能力指数

如果过程处于受控状态，则可计算过程能力指数，否则不能计算。

8. 撰写报告

过程能力指数计算出来以后，应对过程能力进行评定，最后对整个调查工作写出书面报告。

4.3 过程能力指数

【课堂活动】 你还记得在机械制造工艺课程中学过的加工误差的数理统计方法有哪些具体内涵吗？6σ 原理的含义是什么呢？

4.3.1 过程能力指数的概念

过程能力指数是衡量过程能力对产品规格要求满足程度的数量值，记为 C_p。通常以产品公差范围 T 与过程能力 B 的比值来表示。过程能力 $B=6\sigma$，则过程能力指数

$$C_p = \frac{\text{规定的允差}}{\text{过程离散程度}} = \frac{T}{B} = \frac{T}{6\sigma} \tag{4-1}$$

σ 值越小，则过程能力 $B=6\sigma$ 的值越小，过程能力指数 C_p 值越大，加工精度越高，不合格品率越低；σ 值越大，则过程能力 $B=6\sigma$ 的值越大，过程能力指数 C_p 值越小，加工精度越低，不合格品率越高。

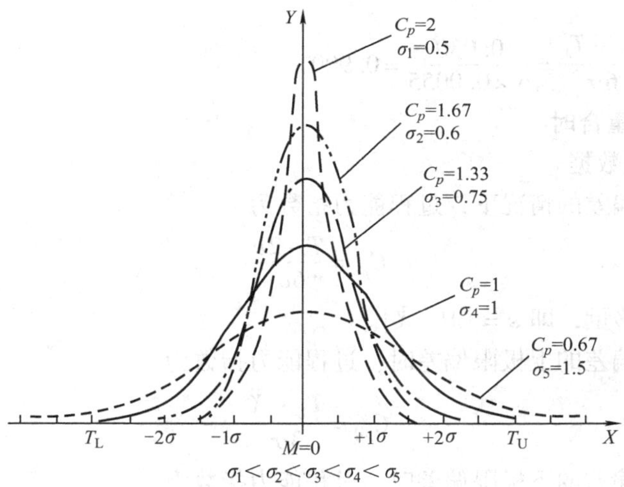

图 4-2 不同正态分布的 C_p 值

【知识拓展 4-3】 过程能力与过程能力指数

过程能力与过程能力指数是两个完全不同的概念，过程能力是工序具有的实际加工能力，而过程能力指数是指过程能力对规格要求满足的程度，这是两个完全不同的概念。过程能力强并不等于对规格要求的满足程度高，相反，过程能力弱并不等于对规格要求的满足程度低。当质量特性服从正态分布，而且其分布中心与规格中心重合时，一定的过程能力指数将与一定的不合格品率相对应。因此，过程能力指数越大，说明过程能力的储备越充足，质量保证能力越强，潜力越大，不合格品率越低。但这并不意味着加工精度和技术水平越高。

4.3.2 过程能力指数的计算

根据数据类型以及数据的分布中心 $\bar{X}\left(\bar{X}=\frac{1}{n}\sum_{i=1}^{n}X_i\right)$ 与工件的公差中心 $M(M=(T_U+T_L)/2)$ 是否重合等条件的不同，过程能力指数 C_p 及其相应的不合格品率 p_p' 的计算公式不同。

对于计量数值，数据类型有如下两种情况：

1. 当 $\bar{X}$ 与 M 重合时

过程能力指数 C_p 为

$$C_p=\frac{T}{6\sigma}=\frac{T_U-T_L}{6\sigma} \tag{4-2}$$

【案例分析 4-1】根据某工序加工零件的测试数据计算得出 $\bar{x}=6.5$，$s=0.0055$，规格要求为 $\phi6.5^{+0.015}_{-0.015}$。试求该工序的过程能力指数。

分析：$M=\frac{T_U+T_L}{2}=\frac{(6.5+0.015)\ +\ (6.5-0.015)}{2}=6.5$

因为 $\bar{X}=M$

所以 $C_p=\frac{T}{6\sigma}=\frac{T_U-T_L}{6\sigma}=\frac{0.030}{6\times0.0055}=0.909$

2. 当 $\bar{X}$ 与 M 不重合时

（1）对于计量值数据

1）在给出双侧偏差的情况下，过程能力指数为

$$C_{pk}=\frac{T-2\varepsilon}{6\sigma} \tag{4-3}$$

式中 ε——绝对偏移量，即 $\varepsilon=|M-\bar{X}|$。

2）在给出单侧偏差的上极限偏差时，过程能力指数为

$$C_{pU}=\frac{T_U-\bar{X}}{3\sigma} \tag{4-4}$$

3）在给出单侧偏差的下极限偏差时，过程能力指数为

$$C_{pL}=\frac{\bar{X}-T_L}{3\sigma} \tag{4-5}$$

（2）对于计数值数据，有如下两种情况：

1）记件时，过程能力指数为

$$C_{p件}=\frac{p_U-\bar{p}_{件}}{3\sqrt{\frac{1}{\bar{n}}\bar{p}_{件}\ (1-\bar{p}_{件})}} \tag{4-6}$$

式中 p_U——不合格品率的规格界限；

$\bar{n}$——样本容量均值；

$\bar{p}_{件}$——平均不合格品率。

2）记点时，过程能力指数为

$$C_{p点}=\frac{C_U-\bar{p}_{点}}{\sqrt[3]{c_i}} \tag{4-7}$$

式中　C_U——疵点数的规格界限；

c_i——第 i 个样本中的疵点数；

$\bar{p}_{点}$——平均不合格品率。

过程能力指数 C_p 及其相应的不合格品率 p'_p 的计算公式和条件图示见表 4-1。

表 4-1　过程能力指数 C_p 及其相应的不合格品率 p'_p 的计算公式和条件图示

数据类型	条　件	计算项目	计算公式	图示/备注
计量数值	$\bar{X}$ 与 M 重合时	C_p	$C_p=\frac{T}{6\sigma}=\frac{T_U-T_L}{6\sigma}$	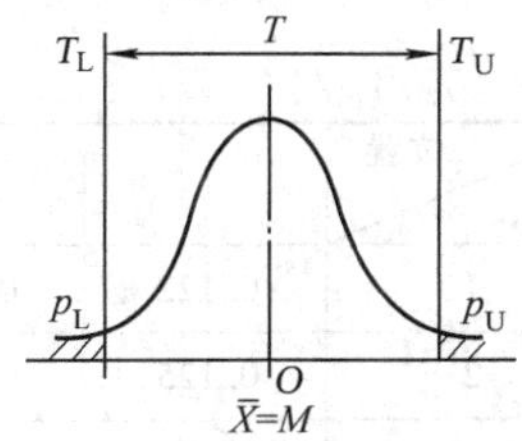
		p'_p	$p'_p=2\left[1-\Phi(3C_p)\right]$	
	$\bar{X}$ 与 M 不重合时：给出双侧偏差的情况	C_{pk}	$C_{pk}=\frac{T-2\varepsilon}{6\hat{\sigma}}$ $\varepsilon=\left\|\frac{T_U+T_L}{2}-\bar{X}\right\|=\left\|M-\bar{X}\right\|$	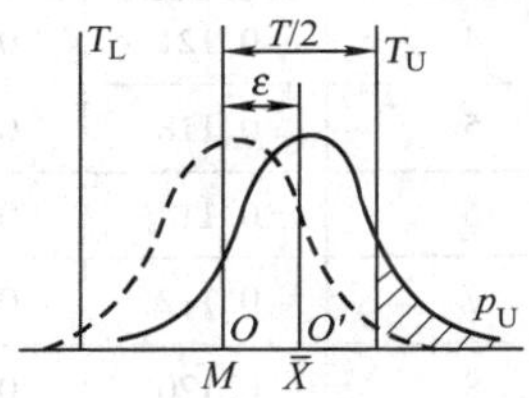
		p'_{pk}	$p'_{pk}=2-\left[\Phi(3C_{pk})+\Phi\left(3C_{pk}+\frac{2\varepsilon}{\hat{\sigma}}\right)\right]$	
	$\bar{X}$ 与 M 不重合时：给出单侧偏差的情况，只给出上极限偏差时	C_{pU}	$C_{pU}=\frac{T_U-\bar{X}}{3\hat{\sigma}}$	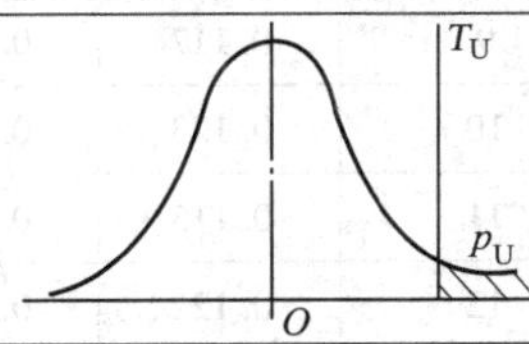
		p'_{pU}	$p'_{pU}=1-\Phi(3C_{pU})$	
	$\bar{X}$ 与 M 不重合时：给出单侧偏差的情况，只给出下极限偏差时	C_{pL}	$C_{pL}=\frac{\bar{X}-T_L}{3\hat{\sigma}}$	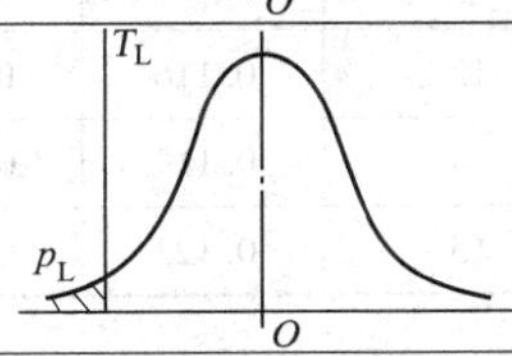
		p'_{pL}	$p'_{pL}=1-\Phi(3C_{pL})$	
计数数值	记件	$C_{p件}$	$C_{p件}=\frac{p_U-\bar{p}_{件}}{\sqrt[3]{\frac{1}{\bar{n}}\bar{p}_{件}(1-\bar{p}_{件})}}$	p_U——不合格品率的规格界限 $\bar{n}$——样本容量均值 $\bar{p}_{件}$——平均不合格品率 n_i——第 i 个样本容量 p_i—第 i 个样本的不合格品率
		$\bar{p}_{件}$	$\bar{p}_{件}=\sum_{i=1}^{n}p_i/\sum_{i=1}^{n}n_i$	
	记点	$C_{p点}$	$C_{p点}=\frac{C_U-p_{点}}{\sqrt[3]{c_i}}$	C_U——疵点数的规格界限 c_i—第 i 个样本中的疵点数 $\bar{p}_{点}$——平均不合格品率
		$\bar{p}_{点}$	$\bar{p}_{点}=\frac{1}{k}\sum_{i=1}^{k}c_i$	

注：表中 Φ 值查附录。

对于产品的安全、寿命有影响的特性值和对产品的性能、工作精度起主导作用的特性值以及精度要求高、成本高的零部件，它们要求的 C_p 值应适当增大。在实际工作中，通常取 $C_p=1.33$ 为最小可接受值。

影响过程能力的主要因素是人、机、料、法、环、测等。但从计算公式中看，提高 C_{pk} 值有 3 个途径：减小 ε 和 σ，增大 T。所以，要提高 C_{pk} 值主要围绕 ε、σ、T 进行。

【案例分析 4-2】某手机制造商在 PCB 装配中采用 SMT 工艺，在锡浆印刷过程中，工艺要求锡浆的厚度为（0.12±0.01）mm，今从该过程连续抽去 15 块 PCB 板（每块板上有 8 块手机主板），选取 8 个测量点，测得锡浆厚度的数据见表 4-2。已知主要的随机性变异表现为每块 PCB 板上不同位置上的变异，试利用测量数据估计过程能力指数 C_p 和 C_{pk}。

表 4-2 锡浆厚度的测试数据 （单位：mm）

PCB \ 位置	1	2	3	4	5	6	7	8
1	0.122	0.119	0.125	0.122	0.115	0.119	0.118	0.123
2	0.125	0.121	0.121	0.118	0.117	0.115	0.123	0.118
3	0.118	0.115	0.117	0.119	0.123	0.116	0.119	0.117
4	0.121	0.125	0.118	0.123	0.118	0.121	0.120	0.121
5	0.118	0.120	0.116	0.115	0.124	0.117	0.116	0.112
6	0.117	0.115	0.119	0.119	0.112	0.122	0.123	0.120
7	0.112	0.124	0.124	0.121	0.125	0.112	0.114	0.117
8	0.120	0.114	0.118	0.113	0.125	0.119	0.123	0.119
9	0.117	0.116	0.117	0.116	0.119	0.125	0.124	0.122
10	0.123	0.125	0.115	0.112	0.122	0.117	0.120	0.127
11	0.115	0.121	0.122	0.122	0.109	0.127	0.116	0.118
12	0.122	0.116	0.124	0.116	0.123	0.123	0.121	0.120
13	0.116	0.120	0.123	0.118	0.123	0.117	0.124	0.111
14	0.119	0.117	0.117	0.124	0.119	0.120	0.121	0.120
15	0.123	0.119	0.122	0.122	0.124	0.117	0.131	0.116

分析：统计分析表明，该过程是稳定的、独立的，数据服从正态分布。

根据以上数据可以计算出

$$\overline{X}=0.119$$

$$S=0.0039$$

$$\varepsilon=\left|\frac{T_{\mathrm{U}}+T_{\mathrm{L}}}{2}-\overline{X}\right|=\left|\frac{0.13+0.11}{2}-0.119\right|=0.001$$

$$\hat{C}_p=\frac{T}{6\hat{\sigma}}=\frac{T}{6S}=\frac{0.02}{6\times0.0039}=0.85$$

$$C_{pk}=\frac{T-2\varepsilon}{6\hat{\sigma}}=\frac{T-2\varepsilon}{6S}=\frac{0.02-2\times0.001}{6\times0.0039}=0.77$$

图 4-3 为利用统计软件 MINITAB for Windows 绘制的本例锡浆厚度过程能力分析图。

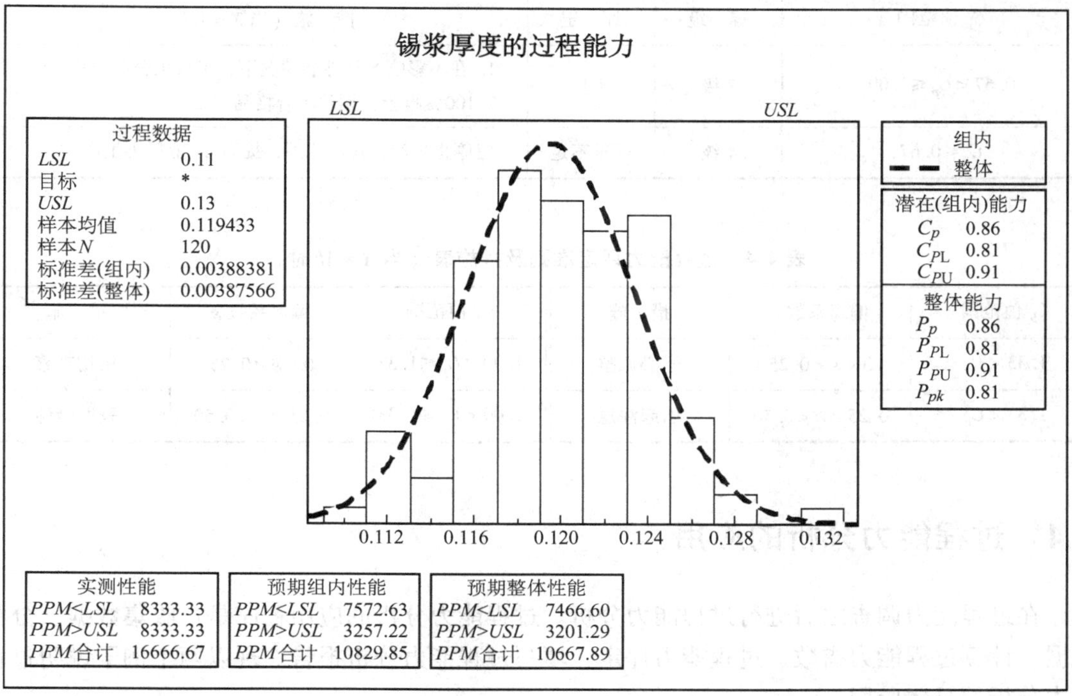

图 4-3　锡浆厚度过程能力图

4.3.3　过程能力评定准则

计算出过程能力指数后，应对过程能力进行评定，即根据计算出的指数去评定过程能力是否满足要求。过程能力评定等级分为 5 级，见表 4-3（对 C_{pk}、C_{pU} 和 C_{pL} 同样适用），表中评定的是过程能力满足公差要求的程度。

如果 $C_p \geqslant 1$，可认为过程具有不出不合格产品的必要条件；如果 $C_p < 1$，那么该过程产生不合格品是不可避免的。表 4-3 还列出了当数据的分布中心与工件的公差中心重合（$\bar{X} = M$）时相应的对应措施。当两者不重合（$\bar{X} \neq M$），即有偏离系数 ε（$\varepsilon = |M - \bar{X}|$）时，$\varepsilon$ 对过程能力有影响，相应措施参见表 4-4。

表 4-3　过程能力评定准则及措施表

C_p 值范围	等　级	评　定	措　施（当 $\bar{X} = M$ 时）
$C_p > 1.67$	特级	过剩	1. 缩小产品的关键或主要项目的公差范围 2. 放宽波动幅度，以提高生产率 3. 改用低精度的设备加工
$1.33 < C_p \leqslant 1.67$	1 级	理想	1. 放宽波动幅度，但对关键和主要项目不能放宽 2. 采用抽样检查
$1.00 < C_p \leqslant 1.33$	2 级	正常	1. 用控制图对过程进行控制和监督，及时发现异常波动 2. 采用 100% 检验

（续）

C_p 值范围	等　级	评　定	措　施（当 $\bar{X}=M$ 时）
$0.67<C_p\leqslant 1.00$	3 级	不足	1. 在不影响产品性能情况下，可放大公差范围 2. 100% 检验，剔除不合格品
$C_p\leqslant 0.67$	4 级	严重不足	应停止生产，找出原因，提高 C_p 值后再生产

表 4-4　过程能力评定准则及措施表（当 $\bar{X}\neq M$ 时）

C_p 值范围	偏离系数 ε	措　施	C_p 值范围	偏离系数 ε	措　施
$1.33<C_p$	$0<\varepsilon<0.25$	不必调整	$1.00<C_p\leqslant 1.33$	$0<\varepsilon<0.25$	密切观察
$1.33<C_p$	$0.25<\varepsilon<0.50$	引起注意	$1.00<C_p\leqslant 1.33$	$0.25<\varepsilon<0.50$	采取措施

4.4　过程能力分析的应用

在过程能力调查之后进行过程能力分析。过程能力分析的应用程序是：收集数据、分析数据、计算过程能力指数、过程能力评定、填写过程能力分析报告。现以两个例子说明过程能力分析的具体应用。

【案例分析 4-3】车削加工一批 $\phi20^{+0.30}_{+0.10}$mm 的轴，求该过程的过程能力指数。

分析：该例的数据类型属于计量数值，是给出双侧偏差的情况。

1. 收集数据

供过程能力分析用的计量数据总数不少于 50 个，一般取 50 ~ 200 个数值。本例取了 60 个数值，是从加工完的工件中每隔 2h 随机抽取 10 根轴，用 0 ~ 25mm 外径千分尺一一对它们进行测量后得出的，将数据填入表 4-5 后得表 4-6。

表 4-5　计量值数据表（样表）

××年××月××日

工件名称		规格	最大		期间	
工件号			最小			
过程名称		取样	间隔		操作者	
单位			数量		检查工	
质量特性		设备			制表者	
测量单位		量具			表号	
数据号	数据					

2. 分析数据

分析收集到的数据。分析数据有两个目的，一是看数据中是否有可疑值，如果有，应对它进行检验，如果是异常值，应剔除后再抽取一件补测代替它；二是看数据的分布是否服从正态分布，如果服从正态分布，说明该过程是在受控状态下运行的。

经过分析，本例无异常值。经过用直方图作图分析，本例的过程稳定，所得 60 个数值呈正态分布，故可进行过程能力分析。

表 4-6 $\phi 20_{+0.10}^{+0.30}$mm 轴计量值数据表

××年××月××日

工件名称	光轴	规格	最大	ϕ20.30mm	期间	05-07-13				
工件号	03-127		最小	ϕ20.10mm		05-07-14				
过程名称	车	取样	间隔	2h	操作者	×××				
单位	三车间		数量	10 根	检查工	检 005				
质量特性	$\phi 20_{+0.10}^{+0.30}$mm	设备		自动车 4 号床	制表者	车间工艺组				
测量单位	0.01	量具		外径千分尺	表号	05-2-3				
数据号	数据（X_i）（单位：mm）									
1~10	20.29	20.15	20.20	20.21	20.22	20.23	20.27	20.25	20.26	20.27
11~20	20.12	20.13	20.13	20.14	20.14	20.18	20.25	20.25	20.25	20.24
21~30	20.20	20.20	20.21	20.21	20.20	20.21	20.21	20.24	20.24	20.25
31~40	20.21	20.27	20.25	20.25	20.24	20.21	20.21	20.22	20.23	20.24
41~50	20.28	20.12	20.20	20.21	20.23	20.24	20.23	20.22	20.24	20.25
51~60	20.28	20.25	20.23	20.20	20.20	20.24	20.21	20.24	20.22	20.24

3. 计算过程能力指数 C_p 值

因为本例是双侧偏差，且是计量数值，故计算过程能力指数 C_p，计算公式见表 4-1。

1）求样本平均值。求样本平均值即轴的外径尺寸（质量特性分布中心）的算术平均值 $\bar{X}$

$$\bar{X} = \frac{1}{n}\sum_{i=1}^{n} X_i = \frac{X_1 + X_2 + \cdots + X_{60}}{60} = \frac{20.29 + 20.15 + \cdots + 20.24}{60}\text{mm} = 20.22\text{mm}$$

2）求 $\bar{X}$ 与 M 的偏移量 ε。根据表 4-1 知

$$\varepsilon = \left|\frac{T_U + T_L}{2} - \bar{X}\right| = \left|\frac{20.30 + 20.10}{2} - 20.22\right|\text{mm} = 0.02\text{mm}$$

$\varepsilon \neq 0$，说明该例的数据分布中心 $\bar{X}$ 与公差中心 M 不重合，其偏移量为 0.02mm，故计算 C_{pk}。

3）求 $\hat{\sigma} = s$ 值。本例样本量为 60，分别计算出它们的残余误差 $U_i^2 = (X_i - \bar{X})^2$：

$$U_1^2 = (X_1 - \bar{X})^2 = (20.29 - 20.22)^2\text{mm}^2 = 0.0049\text{mm}^2$$

$$U_2^2 = (X_2 - \bar{X})^2 = (20.15 - 20.22)^2\text{mm}^2 = 0.0049\text{mm}^2$$

$$\vdots$$

$$U_{60}^2 = (X_{60} - \bar{X})^2 = (20.24 - 20.22)^2\text{mm}^2 = 0.0004\text{mm}^2$$

将 U_i^2 代入上式得

$$s = \sqrt{\frac{1}{n-1}\sum_{i=1}^{n} U_i^2} = \sqrt{\frac{1}{59} \times \sum_{i=1}^{n} (U_1^2 + U_2^2 + \cdots + U_{60}^2)} = 0.038\text{mm}$$

4）计算过程能力指数 C_{pk}

$$C_{pk} = \frac{T-2\varepsilon}{6\hat{\sigma}} = \frac{(T_U - T_L) - 2\varepsilon}{6s} = \frac{(20.30-20.10) - 2\times 0.02}{6\times 0.038}\text{mm} = 0.70\text{mm}$$

相应的不合格品率为

$$p'_{pk} = 2 - \left[\Phi(3C_{pk}) + \Phi\left(3C_{pk} + \frac{2\varepsilon}{\hat{\sigma}}\right)\right] = 2 - \left[\Phi(3\times 0.70) + \Phi\left(3\times 0.70 + \frac{2\times 0.02}{0.038}\right)\right]$$

$$= 2 - [\Phi(2.1) + \Phi(3.15)] = 2 - (0.98214 + 0.9991836) = 0.01868 = 1.87\%$$

注：在上述计算中，$\Phi(2.1)$ 和 $\Phi(3.15)$ 查附录中函数 $\Phi(Z)$，得 $\Phi(2.1) = 0.98214$，$\Phi(3.15) = 0.9991836$。

故该过程的过程能力指数为0.70，不合格品率为1.87%。

4. 过程能力评定

根据计算结果 $C_p = 0.70$，对照表4-2知该过程能力为3级，显得不足。

5. 填写过程能力分析报告

对过程能力进行评定后应填写报告，过程能力分析报告书见表4-7。

表4-7 过程能力分析报告书（样表）

××年××月××日

<table>
<tr><td>主管部门</td><td></td><td>协作部门</td><td></td><td rowspan="2">调查类别</td><td>首次</td></tr>
<tr><td>主管负责人</td><td></td><td>调查时间</td><td></td><td>再次</td></tr>
<tr><td>过程所在单位</td><td colspan="2"></td><td>质量特性</td><td></td><td></td></tr>
<tr><td>过程名称</td><td colspan="2"></td><td>规　　格</td><td></td><td></td></tr>
<tr><td>加工零件</td><td colspan="2"></td><td>数据表号</td><td></td><td></td></tr>
<tr><td>过程能力指数</td><td></td><td></td><td></td><td></td><td></td></tr>
<tr><td>过程能力评定</td><td></td><td></td><td></td><td></td><td></td></tr>
<tr><td colspan="6">处理意见：

签字：　　　年　　月　　日</td></tr>
<tr><td colspan="6">结　　论：

签字：　　　年　　月　　日</td></tr>
</table>

注：附上数据表和过程能力指数计算过程。

【案例分析4-4】某轴承厂磨削加工一批钢球，经常出现烧伤缺陷。现每1h随机抽取50个钢球，共抽20批以考核该过程的过程能力指数。

分析：该例数据类型属于计数数值。

1）收集数据。每1h抽50个钢球用目测检查是否有烧伤缺陷，共抽20批，检查结果汇入表4-8中，结果见表4-9。

表4-8 计数值数据表（样表）

年 月 日

工件名称		期间			规 格	
工 件 号					操作者	
过程名称		取样	间隔		检查工	
单 位			数量		制表者	
量 具		设备			表 号	
样 本 号	样本容量		不合格品数（或疵点数）		备 注	
总 计						

2）计算。

① 不合格品率的规格界限 $p_U = p = 10\% = 0.10$（见表4-9）。

② 求不合格品率平均值 $\bar{p}_{件}$。根据表4-8的数据得

$$\bar{p}_{件} = \frac{2+1+3+1+0+1+2+2+3+4+1+2+1+3+2+2+1+3+1+1}{20 \times 50} = 0.036$$

表4-9 钢球表面烧伤计件值数据表

工件名称	钢球	期间	05-06-11		规 格	$p=10\%$
工 件 号	球-2		05-06-12		操作者	××
过程名称	磨	取样	间隔	1h	检查工	球检01
单 位	钢球车间		数量	50	制表者	工艺组
量 具	目测	设备		球磨	表 号	05-2-4
样 本 号	样本容量/件		不合格品数/件		备 注	
1	50		2		抽样间隔（60±1）min	
2	50		1			
3	50		3			
4	50		1			
5	50		0			
6	50		1			
7	50		2			
8	50		2			
9	50		3			
10	50		4			
11	50		1			
12	50		2			
13	50		1			
14	50		3			
15	50		2			
16	50		2			
17	50		1			
18	50		3			
19	50		1			
20	50		1			
总 计	1000		36			

3）求样本容量平均值 $\bar{n}$

$$\bar{n}=\frac{20\times 50}{20}=50$$

4）计算 $C_{p件}$。因此数据类型为计数数值，查表 4-1 得

$$C_{p件}=\frac{p_{\mathrm{U}}-\bar{p}_{件}}{3\sqrt{\frac{1}{\bar{n}}\bar{p}_{件}(1-\bar{p}_{件})}}=\frac{0.10-0.036}{3\sqrt{\frac{1}{50}\times 0.036\times(1-0.036)}}=0.7229$$

根据表 4-3 判断：该工序 $C_{p件}=0.7229$，属于 3 级，显得不足，应加强检验，剔除烧伤的钢球。

4.5　过程能力分析的注意事项

在进行过程能力分析时应注意以下几点：

1）过程能力分析仅适用于处于受控状态的过程，因此，只有处于受控状态的过程才能计算过程能力指数。

2）过程能力大小的本身意义不大，只有将过程能力与公差范围进行比较，形成过程能力指数，分析才有意义。

3）国家标准 GB/T 4091—2001《常规控制图》中给出“过程改进的策略”，要求对过程能力不足的过程进行改进。过程改进的策略如图 4-4 所示，图中 PCI $=C_p$。

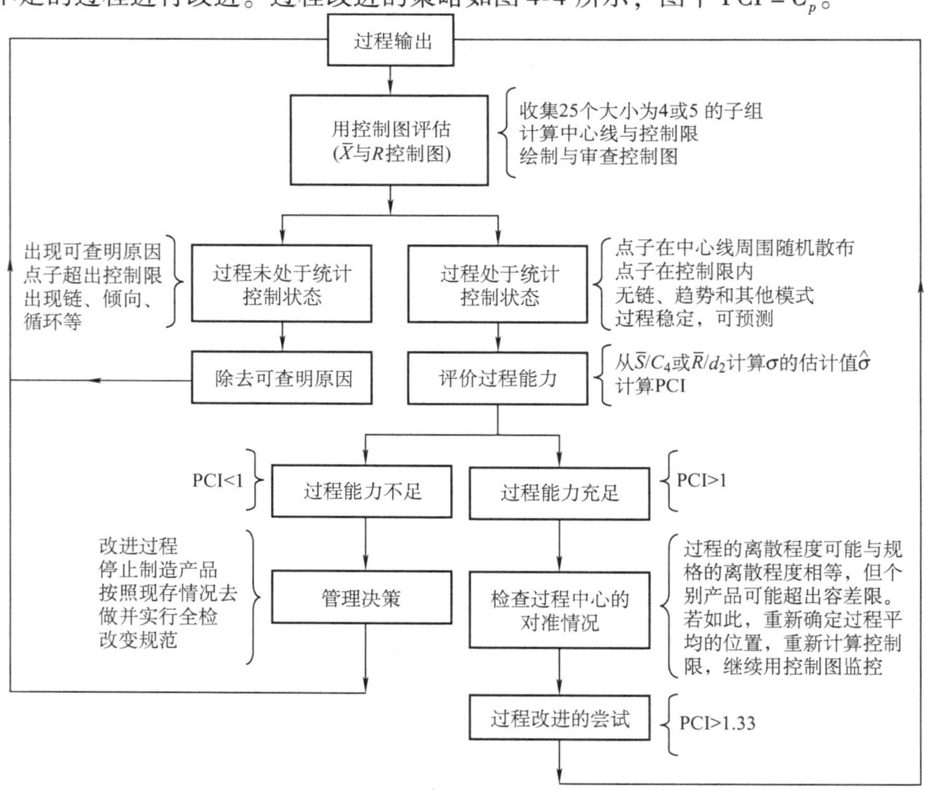

图 4-4　过程改进的策略

本章小结

本章介绍了过程能力分析的基本概念与分析方法，重点阐述了过程能力指数的计算与应用，通过实例展示过程能力分析的步骤及其结果的应用价值。要求学生了解过程能力分析的内涵，熟悉过程能力调查过程，掌握过程能力指数的计算以及过程能力分析在实践中的应用。

自我测试

1. 什么叫作过程能力？如何表示它？

2. 过程能力分析有何用途？

3. 请描述过程能力调查的过程。

4. C_p 值与正态分布曲线的形状有何关系？

5. 某产品尺寸公差要求为 $\phi19^{+0.04}_{-0.03}$ mm，经随机抽样测算，样本加工尺寸均值 $\bar{X}=19.0101$mm，样本标准偏差值 $s=0.0143$mm。试求：（1）C_{pk}。（2）对工序能力进行判断。

6. 在自动机床上一次调整连续加工 50 个零件，按加工的先后顺序测量零件的尺寸，见表 4-10（公称尺寸为 $\phi30$mm）。

表 4-10　零件尺寸

工件序号	测定值/mm	工件序号	测定值/mm	工件序号	测定值/mm	工件序号	测定值/mm	工件序号	测定值/mm
1	29.940	11	30.150	21	30.165	31	30.275	41	30.240
2	30.035	12	29.950	22	30.125	32	30.330	42	30.295
3	30.000	13	30.110	23	30.225	33	30.140	43	30.200
4	30.010	14	30.065	24	30.075	34	30.445	44	30.415
5	29.910	15	30.025	25	30.275	35	30.200	45	30.560
6	30.170	16	29.880	26	30.245	36	30.260	46	30.520
7	30.070	17	30.080	27	30.005	37	30.420	47	30.280
8	30.002	18	30.190	28	30.210	38	30.120	48	30.330
9	29.970	19	30.045	29	30.165	39	30.325	49	30.150
10	30.085	20	29.960	30	29.970	40	30.080	50	30.500

若该零件的尺寸要求为（$\phi30\pm0.300$）mm，试问该工序工艺能力属于哪个等级？

第 5 章　抽样检验概述

【学习目标】

知识目标：

- 掌握质量检验概念、目的与分类；
- 掌握抽样检验的相关概念、分类；
- 掌握抽样检验的原理；
- 熟悉批接收概率及抽样特性曲线；
- 熟悉抽样标准的选用。

技能目标：

- 能区分全数检验和抽样检验的概念；
- 描述抽样检验的分类；
- 会选用抽样检验的标准；
- 会选用抽样工具。

【引例】

进厂材料检验

某公司对进厂材料检验抽样采用 GB/T 2828.1—2012 正常检查一次抽样计划，一般用水平Ⅱ级抽样方法抽样，AQL 值为 6.5（%），尺寸抽检超过 5PCS 按照 5PCS/批进行检验，低于 5PCS 进行全检。尺寸与性能检验为零缺陷允收。并提出了转移规则，a. 从正常检验到加严检验：当进行正常检验时，若在连续五批来料中有两批经检验不合格，则后续来料转到加严检验；b. 从加严检验到正常检验：当进行加严检验时，若连续五批来料合格，则后续来料转到正常检验；c. 从正常检验到放宽检验：当进行正常检验时，若连续 10 批来料检验合格，则后续来料转到放宽检验；d. 从放宽检验到正常检验：进行放宽检验时，若有一批来料检验不合格，则后续来料转到正常检验；e. 暂停检验：当加严检验开始，累计 5 批加严检验不合格时，原则上应停止检验，只有采取了改进产品质量的措施之后，并经负责部门同意，才能恢复检验。此时，检验应从加严检验开始。

案例分析：

由上述事例可知，抽样检验方法是企业检验进厂材料最常用的一种检验方法。该公司采用了 GB/T 2828.1—2012 中规定的抽样计划，有利于进场材料质量的标准化管理。因此，抽样检验中抽样计划并不是企业任意制定，需依据国家相关标准制定，以达到有效抽样检验。

5.1　质量检验概述

质量检验是保证产品质量的主要手段之一，企业的检验部门负责产品的检验工作，是企业质量管理的一个重要组成部分。质量检验是质量管理学发展的初级阶段，即使在全面质量管理阶段，实现质量控制也必须严格履行检验职能。就是说，实现全面质量管理并不意味着可以削弱或取消质量检验，相反，应当给予足够的重视和加强，尤其是对于军工产品来说必须严格进行质量检验。可见，质量检验仍然是现代质量管理中的一个不可或缺的重要组成部分。

5.1.1　质量检验的概念

检验或检查是用测量、检验、试验、测定或其他方法，将需检验的产品的特征值与标准值对比的一个过程。质量检验是通过对产品的质量特性进行观察和判断，结合测量、试验所进行的符合性评价活动。对产品而言，质量检验是一项技术性检查活动，即根据产品标准或检验规程对原材料、半成品、成品进行检查，适当时进行测量或试验，并把所得到的特性值和规定值做比较，判定出各个产品或成批产品合格与不合格。

质量检验的工作内容主要包括：

1. 明确产品的质量特性，并对其规格要求进行必要的说明。
2. 明确质量特性的计量单位和方法。
3. 明确产品或产品批的比较基准。
4. 选择适当的测量工具或装置，规定检验的程序。
5. 进行实际的测量，必要时对测量结果进行换算。
6. 与基准进行比较以做出是否合格的判断。

【知识拓展 5-1】 质量检验的产生

自从早期人类社会有了物品交换行为开始，到当代经济的全球化发展，为满足顾客对物品质量的要求就出现了质量检验。图 5-1 所示的是古埃及金字塔关于检验的壁画，说明早在金字塔的修建工程中就已经有了质量检验。传统质量检验阶段是单纯靠检验或检查保证产品或工作质量的。产品生产后经过检验，区分合格产品与不合格产品。合格产品投放市场交付顾客使用，不合格产品需通过返工、返修、降等级使用或报废等方式进行处理。

由于生产力的不断发展，生产规模不断扩大，传统质量检验阶段历经了操作者检验、工长检验、专职检验三个分阶段；随着产品生产规模的扩大，顾客对质量要求的不断提升，质量检验经历了统计质量控制、全面质量管理、标准质量管理等阶段。质量检验随着质量管理的发展而发展，质量检验一直并将继续是质量管理的重要组成部分。

图 5-1　古埃及金字塔关于检验的壁画

5.1.2 质量检验的功能

1. 鉴别职能

根据技术标准、产品图样、作业（工艺）规程或订货合同、技术协议的规定，采用相应的检测、检查方法观察、试验、测量产品的质量特性，判定产品质量是否符合规定的要求。

鉴别职能是质量检验各项职能的基础和前提，该职能主要由专职检验人员完成。

2. 把关职能

3. 预防职能

检验人员通过进货检验、首件检验、巡回检验等及早发现不合格品，防止不合格品进入工序加工导致大批量的产品不合格，避免造成更大的损失。

4. 报告职能

通过各阶段的检验和试验，记录和汇集了产品质量的各种数据，这些质量记录是证实产品符合性及质量管理体系有效运行的重要证据。

5. 监督职能

包括产品质量的监督，工艺技术执行情况的技术监督。

5.1.3 质量检验的目的

质量检验的目的概括地说主要有两个方面：一方面是对顾客（包括下道工序）保证质量，这是属于验收性质的检验；另一方面是判断工序或生产过程是否正常，这是属于监控性质的检验。具体地说，包括以下几个方面：

（1）做出符合性判断，区分合格品与不合格品，或区分合格批或不合格批。区分合格与不合格通常可以采用全检或抽样检验两种方式。

（2）实行质量控制。就是通过在生产过程中实行抽查，判断工序是否正常，发出警报，以便采取措施。这类检验通常用于工序控制点，结合控制图进行。其特点是，这类检验的直接目的不是判断产品或产品批是否合格，而是用来作为评定工序生产状态是否正常的反馈信息。

（3）提供重要的信息，以便企业更好地加强质量管理，更有效地做好经营决策工作。质量检验的结果是企业信息系统中重要的信息源，它综合地反映了企业的技术水平和管理水平。

（4）增强企业全体职工的质量意识，切实树立质量第一的思想。只有通过检验，才能使全体职工了解企业产品的质量状况并发现问题，进而通过同其他企业优质产品的对比激发职工荣辱感和提高产品质量的紧迫感。

5.1.4 质量检验的分类

1. 按检验产品在实现过程中的阶段可分为以下三类

（1）进货检验，对从外部购进的原材料、零部件、外协加工件进行的检验，以确保产品质量和产品在实现过程中的正常进行。

（2）过程检验，当某一工序完成时进行的检验，用来防止不合格的半成品流入下一过程。

（3）最终检验，在最终产品形成后进行的检验，即成品检验，目的是防止不合格产品交付给顾客。

2. 按检验的数量可分为以下三种

（1）全数检验，对待检产品逐件进行检查。这种方法比较可靠，能提供完整的检验数据，缺点是检验工作量大、周期长、成本高、不能用于产品批量较大或破坏性检验。全数检验的主要目的是将产品区分为合格品和不合格品两大类。

全数检验适用于以下场合：

1）经检验后合格批中不允许存在不合格品时；

2）单件小批生产；

3）检验费用低，检验项目少时。

（2）抽样检验，是按规定的抽样方案，随机地从批或过程中抽取少量个体或材料作为样本。对样本进行全数检验，并根据对样本的检验结果对该批产品作出合格或不合格的判定。抽样检验过程如图5-2所示。

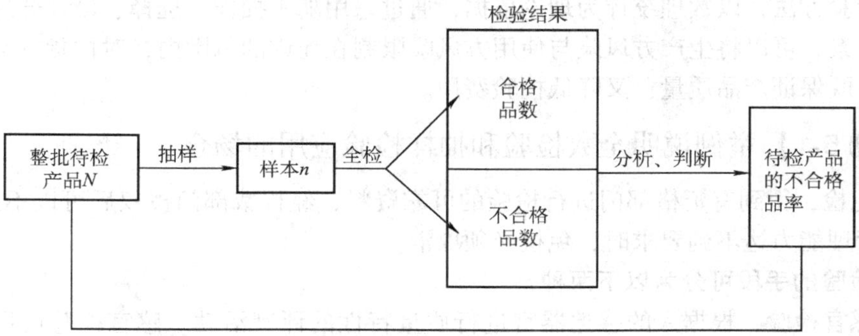

图5-2　抽样检验过程

【知识拓展5-2】抽样检验的历史变革

抽样检验的研究起始于20世纪20年代，那时就开始了利用数理统计方法进行制订抽样检查表的研究。1944年，道奇和罗米格发表了合著《一次和二次抽样检查表》，这套抽样检查表在国际上仍被广泛地应用。1974年，ISO发布了“计数抽样检查程序及抽样表”（ISO 2859：1974）。

我国也在ISO标准同等采用基础上建立了抽样检验国家标准GB/T 2828.1～GB/T 2828.4。此外，我国于1991年发布了GB/T 13262－91《不合格品率的计数标准型　一次抽样检查及抽样表》等国家标准。

抽样检验主要用于以下场合：

1）破坏性检验（检验一件破坏一件），必须采用抽样检验。

2）对连续体的检验，如对布、电线、油的检验等，只能采用抽样检验。

3）大批量生产与连续交货时。

4）检验费时、费用高时。

对于抽样检验，应明确以下几个观点：

第一，不要把样本的不合格率与整批待检产品的不合格率等同起来。抽样合格的产品仅表示其统计质量合格，并不意味着整批产品中的每一个单位产品都合格。反之，统计质量不合格的一批产品，也并不意味着这批产品中的每一个个体均不合格。

第二，抽样检验时应使样本数 n 达到某一水平，才能保证得到的结果具有统计特征。样本数太少时所得到的结果很可能是错误的。

与抽样检验相比，全数检验在保证产品质量上可靠性要高一些，但检验费用高；在破坏性检验时无能为力；在大批量生产与连续交货时，不能或很难满足生产进度和交货期的要求。另外，还有一些场合没有必要采用全数检验以免浪费人力、物力。长期以来，人们往往认为只有全数检验才能保证质量，抽样检验不可靠。这是一种片面的看法。当产品数量很大时，全数检验并不能保证产品百分之百合格。这是由于检验员长时间检验，容易产生疲劳，不可避免地出现错检、漏检现象。国外检验工作经验证明，人工检验通常可以发现产品中实际存在缺陷的 80%，而漏掉其余的 20%。同时，当检验工作量大时，由于受检验人员、场地等条件限制，往往要放弃对某些质量特性的检验。

抽样检验方法，以数理统计为理论依据，通过采用随机抽样，选择、设计合理的抽样计划与抽样方案，可以将生产方风险与使用方风险限制在允许的范围内，对供货方与使用方都提供保护，既保证产品质量，又降低检验费用。

【课堂活动 5-1】 举例说明全数检验和抽样检验应用的场合。

（3）免检，得到有资格部门进行检验的可靠资料，经权威部门授权后可以不进行检验。如果质量管理能力达不到要求时，免检必须取消。

3. 按检验的手段可分为以下两种

（1）感官检验，根据人的感觉器官进行质量特性的评判活动。感官检验可用于对质量判断不易量化的情况，如对颜色、气味、伤痕、表面缺陷等的检验。

（2）理化检验，依靠量具、仪器及检测设备等，应用物理或化学方法对受检产品物进行检验或试验而获得结果。这种方法可用于对被检产品的几何尺寸、形状、位置、精度、成分、内在质量等多方面的检测。

4. 按检验的执行人员可分为以下三种

（1）自检，由操作者依据规则对自己工作的产品进行检验，是一种自我把关。

（2）互检，操作者相互之间对产品质量进行的检验。可以由班组负责人进行检验、员工互检、下过程对上过程的结果进行检验等。

（3）专检，由专职检验员对产品质量进行检验。专职检验人员对检验程序和方法、产品符合性的准则较熟，因此判断比较客观。

5. 按检验的方式可分为以下两种

（1）集中检验，各阶段产品全部生产加工完成，统一交付检验。

（2）巡回检验，在生产过程中边生产边检验，但不能免除出厂前对产品的监视和测量。

6. 按后果性质可分为非破坏性检验、破坏性检验和无损检验

质量检验的分类是为了针对不同类型检验的特点，制订有效的措施来控制产品的质量。

根据组织的产品特点进行分类，例如服务业中很难区分过程检验与最终检验。

5.1.5 质量检验的基本特点

（1）一种产品为满足顾客要求或预期的使用要求，以及政府法律、法规的强制性规定，都要对其技术性能、安全性能、互换性能及对环境和人身安全、健康影响的水平等多方面的要求做出规定，这些规定组成对产品相应质量特性的要求。不同的产品会有不同的质量特性要求，同一产品的用途不同，其质量特性要求也会有所不同。

（2）对产品的质量特性要求一般都转化为具体的技术要求在产品技术规范（国家规范、行业规范、企业规范）和其他相关的产品设计图样、作业文件或检验规程中明确规定，成为质量检验的技术依据和检验后比较检验结果的基础。经对照比较，确定每项检验的特性是否符合标准和文件规定的要求。

（3）产品质量特性是产品实现过程形成的，由产品的原材料、构成产品的各个组成局部（如零、部件）质量决定，并与产品实现过程的专业技术、人员水平、设备能力甚至环境条件密切相关。因此，不仅仅要对过程的作业（操作）人员进行技能培训、合格上岗，还需对设备能力进行核定，对环境进行监控，明确规定作业（工艺）方法，必要时对作业（工艺）参数进行监控，而且还要对产品进行质量检验，判定产品的质量状态。

（4）质量检验是要对产品的一个或多个质量特性，取得证实产品质量的客观证据。通过物理的、化学的和其他科学技术手段和方法进行观察、试验、丈量，因此，需要有适用的检测手段，包括各种计量检测器具、仪器仪表、试验设备等，并且对其实施有效控制，坚持所需的准确度和精密度。

（5）质量检验的结果要依据产品技术规范和相关的产品图样、过程（工艺）文件或检验规程的规定进行对比，确定每项质量特性是否合格，从而对单件产品或批产品质量进行判定。

【课堂活动5-2】 在专业技能实训期间，经常会用到的质量检验方法有哪些？

5.2 抽样检验分类

5.2.1 按检验特性值的属性分类

1. 计量抽样检验

通过测量样本中每个单位产品的质量特性值，并计算样本的平均质量特性值，以此作为判定一批产品是否合格的依据。有些产品的质量特性，如灯管寿命、棉纱拉力、炮弹的射程等，是连续变化的。用抽取样本的连续尺度定量地衡量一批产品质量的方法称为计量抽样检验方法。

2. 计数抽样检验

按样本中的不合格品数或缺陷数作为判定一批产品是否合格的依据，而不管样本中各单位产品的质量特性值如何。例如有些产品的质量特性，如溶核不良数、测试坏品数以及合格与否，只能通过离散的尺度来衡量，把抽取样本后通过离散尺度衡量的方法称为计数抽样检验。计数抽样检验中对单位产品的质量采取计数的方法来衡量，对整批产品的质量，一般采用平均质量来衡量。计数抽样检验方案又可分为：标准计数一次抽检方案、二次抽检、多次抽检等。

（1）一次抽检方案。一次抽检方案是最简单的计数抽样检验方案，通常用（N，n，C）表示。即从批量为 N 的交验产品中随机抽取 n 件进行检验，并且预先规定一个合格判定数 C。如果发现 n 中有 d 件不合格品，当 $d \leq C$ 时，则判定该批产品合格，予以接收；当 $d > C$ 时，则判定该批产品不合格，予以拒收。

【案例分析 5-1】当 $N=100$，$n=10$，$C=1$，则这个一次抽检方案表示为（100，10，1）。

分析：其含义是指从批量为 100 件的交验产品中，随机抽取 10 件，检验后，如果在这 10 件产品中不合格品数为 0 或 1，则判定该批产品合格，予以接收；如果发现这 10 件产品中有 2 件以上不合格品，则判定该批产品不合格，予以拒收。

（2）二次抽检方案。与一次抽检方案相比，二次抽检方案包括五个参数，即（N，n_1，n_2，C_1，C_2）。其中：

n_1——抽取第一个样本的大小；

n_2——抽取第二个样本的大小；

C_1——抽取第一个样本时的不合格判定数；

C_2——抽取第二个样本时的不合格判定数。

二次抽检方案的操作程序是：在交验批量为 N 的一批产品中，随机抽取 n_1 件进行检验。若发现 n_1 件被抽取的产品中有不合格品 d_1 件，则有：

若 $d_1 \leq C_1$，判定批产品合格，予以接收；

若 $d_1 > C_2$，判定批产品不合格，予以拒收；

若 $C_1 < d_1 \leq C_2$，不能判断。在同批产品中继续随机抽取第二个样本 n_2 件产品进行检验。

若发现 n_2 中有 d_2 件不合格品，则根据（$d_1 + d_2$）和 C_2 的比较作出判断，则有：

若 $d_1 + d_2 \leq C_2$，则判定批产品合格，予以接收；

若 $d_1 + d_2 > C_2$，则判定批产品不合格，予以拒收。

【案例分析 5-2】当 $N=100$，$n_1=40$，$n_2=60$，$C_1=2$，$C_2=4$，则这个二次抽检方案可表示为（100，40，60，2，4）。

分析：其含义是指从批量为 100 件的交验产品中，随机抽取第一个样本 $n_1=40$ 件进行检验，若发现 n_1 中的不合格品数为 d_1：

若 $d_1 < 2$，则判定该批产品合格，予以接收；

若 $d_1 > 4$，则判定该批产品不合格，予以拒收；

若 $2 < d_1 \leq 4$（即在 n_1 件中发现的不合格品数为 3 或者 4 件），则不对该批产品合格与否作出判断，需要继续抽取第二个样本，即从同批产品中随机抽取 60 件进行检验，记录其中的不合格品数；

若 $d_1 + d_2 \leq 4$，则判定该批产品合格，予以接收；

若 $d_1 + d_2 > 4$，则判定该批产品不合格，予以拒收。

（3）多次抽检方案 。多次抽检方案是允许通过三次以上的抽样最终对一批产品合格与否作出判断。按照二次抽检方案的做法依次处理。

3. 计数抽样检验与计量抽样检验的选择

（1）计数抽样检验使用简便、实施简单，只把样本中的每个单位产品区分为合格品、不合格品，或者合格、不合格，计算样本中出现的不合格品数或不合格数，与抽样方案的接收数对比即可判断。该法适用于结构简单、不合格品可用合格品替换的场合。

（2）计量抽样检验、测量、计算手续复杂，但与计数抽样检验相比，它样本量小，适用于破坏性检验、检验费用昂贵时的检验。

（3）当检验指标多时，采用计量抽样检验是不适合的，因为每个特性都需要单独考虑。可对大多数检验指标采用计数抽样检验，仅对一、两个重要指标采用计量抽样检验，计数、计量并用效果好。

针对计数抽样检验与计量抽样检验的选择，首要问题是考虑采用计量检验是否比计数检验更合乎需要。在经济方面，要对按计数抽样将较大样本量进行简单检验与按相应计量抽样将较小样木量进行昂贵、耗时的检验的总费用进行比较，选择合乎需要的抽样检验方法。

表 5-1 给出了计数抽样检验与计量抽样检验对比，供选择时参考。

表 5-1　计数抽样检验与计量抽样检验对比

抽样统计方法	计数抽样检验	计量抽样检验
质量特性值	计不合格数	计量值
对质量检验工作要求	不要求检验员熟练 检验设备简单 计算简便 检验需要的时间少 检验记录简单	要求检验员熟练 检验设备复杂 计算复杂 检验所需时间长 检验记录复杂
使用时理论上的制约	除随机抽样外，无分布要求	质量特性值服从（或近似服从）正态分布
使用时被理解与接受的难易程度	容易	不容易
提供的质量信息	少	多，当质量下降时会在早期发出警报
样本量大小	在同等质量保护下样本量大	在同等质量保护下样本量小
适用场合	检验项目多、检验费用低时间短	破坏性检验、费用昂贵产品 重要质量特性值的检验

5.2.2　按抽样方案制订原理分类

1. 标准型抽样检验

标准型抽样检验是最基本的抽样检验方式。为保护生产方与使用方的利益，将生产方风险 α 和使用方风险 β 固定为某一特定数值（通常固定 $\alpha=0$，$\beta=0.1$），由生产方与使用方协商确定 p_0、p_1。其中，p_0 为可接收质量，被认为满意的批质量水平；p_1 为极限质量，使用方认为不允许更差的批质量水平。

具体做法是：

（1）好批高概率接收。当交检批质量达到或好于可接收质量 p_0 时，抽样方案以 $1-\alpha$ 的高概率接收，保护生产方利益。

（2）坏批高概率拒收。当交检批质量达到或比 p_1 差时，抽样方案以大于或等于 $1-\beta$ 的高概率拒收，保护使用方的利益。

（3）鉴别好批和坏批。当交检批的质量介于 p_0、p_1 之间时，抽样方案的接收概率急剧下降，较好地区分好批、坏批。

2. 调整型抽样检验

调整型抽样检验的特点是根据产品质量的好坏来随时调整检验的宽严程度。在产品质量正常时，采用正常抽样检验；当产品质量变坏或生产不稳定时，采用加严抽样检验，以保证产品质量；当产品质量有所提高时，则换用放宽抽检方案，以鼓励供货者提高产品质量，降低检验费用。

【知识拓展5-3】AQL、AOQL与LQ概念

AQL：Acceptable Quality Level（可接收质量水平或合格质量水平）

AOQL：Average Outgoing Quality Limit（平均出货品质界限）

LQ：Limit Quality（极限质量）

调整型抽样检验只规定了可接收质量水平或合格质量水平（Acceptable Quality Level），简称AQL，但它同时规定了正常、加严和放宽一组抽样方案与转移规则，能根据连续交检批以往的质量历史提供的质量信息及时调整宽严程度。具体做法是：

（1）抽样检验。当交检批的质量 $p=\text{AQL}$ 时，采用正常检验的抽样方案。对这样的批抽样方案以高概率接收。

（2）放宽抽样检验。当交检批质量 p 明显优于AQL时，采用放宽检验，增加对合格批的接收概率，并降低检验费用，对生产方提供保护与鼓励。

（3）加严抽样检验。当交检批质量明显劣于AQL时，采用加严检验或暂停检验对使用方提供保护。对生产方在经济上与心理上施加压力，敦促其加强质量管理，使过程平均不合格品率好于可接收质量水平AQL。

【知识拓展5-4】批检验和检验批的概念

批检验是指为确定批的质量而进行的检验。

检验批是指在一定条件下生产并提交检验的一定数量的个体。

3. 挑选型抽样检验

挑选型抽样检验的特点是对被判为不合格的批进行全数检验，将其中的不合格品换成合格品或者修复成合格品后再交检。

挑选型抽样检验采用保证平均质量（多数批）与保证单批质量的两种质量保证方式。对平均质量保证方式规定了平均检出质量AOQL（Average Outgoing Quality Limit），并按AOQL设计抽样方案；对单批质量保证方式规定了极限质量LQ（Limit Quality）与使用方风险 β。

4. 连续型抽样检验

连续型抽样检验是一种将抽样检验与全数检验结合起来的一种检验方式。采用平均质量保证方式，按规定的平均检出质量界限 AOQL 设计抽样方案。在满足 AOQL 的条件下，求出连续合格品数。

具体做法如下：

（1）全数检验。开始进行全数检验，对通过检验站、点的产品一个个地进行检验，当连续合格品数达到规定的数量后转入每隔一定数量产品的抽样检验。

（2）按规定的抽样比率进行抽样检验。按规定的抽样比率进行抽样检验，当抽样检验中发现不合格品再恢复到全数检验。

5.2.3 按照获得样本的方法分类

1. 有意抽样

抽样时，抽样者从交验批产品中抽取自己认为需要的样品的抽样方法，例如，只抽取质量好的产品，或专门抽取质量差的产品。

对批产品的总体质量水平很清楚时，用这种抽样方法能达到预期目的。但是，这种方法不符合统计技术和概率论，往往不能客观地评价批产品的总体质量水平。因此，在抽样检验中不提倡采用有意抽样方法。

2. 随机抽样

随机抽样是抽样检验的基础。随机抽样的最基本的要求是无倾向性的从批中抽取样本，批中每件单位产品都应有相等的作为样本的机会，而与其质量无关。有倾向性取样的表现为：习惯于从容器同一部位取样；从容易取样处取样；专从质量不好处取样；从特殊加工应付检验的产品中取样等。

随机抽样要求能产生随机数，并按随机数从批中抽取样本。

【知识拓展5-5】获得随机数的方法

1）随机数表法。这是一种利用随机数表产生随机数的方法。该方法以前应用比较普遍，但正在逐渐被计算机程序法所取代。

2）计算机程序法。这种方法是利用计算机程序，按一定的规律产生随机数，称为伪随机数。有些计算器也有产生随机数的功能，使用的是 RAN 键。

3）掷骰子法。利用掷骰子的方法获得随机数也是一种常用方法。常用的骰子有正六面和正二十面体两种。正六面体骰子的每个面刻有 1 ~ 6 个数字中的一个，掷一次可以得到的随机数为 1 ~ 6。正二十面体骰子有二十个三角形面，每个面刻有 0 ~ 9 数字中的一个，这 10 个数字各出现两次。用一个骰子掷两次可得到二位随机数；如果一次掷两个骰子也可得到两位随机数（但两个骰子的颜色不同，在掷前应预先规定哪一个是个位数）。由于正六面体骰子只能产生 1 ~ 6 间的随机数，与产品的十进制编号不对应，所以在使用时应配合以修正表。采用正二十面体骰子就没有这个问题。正二十面体骰子的详细用法可参考 GB/T 10111 - 2008《随机数的产生及其在产品质量抽样检验中的应用程序》。

4）扑克牌法。取一副新扑克牌，取出两张“王牌”和 12 张“J”、“Q”、“K”牌。在余下的 40 张牌中，规定“A”为 1，“10”为 0；在彻底洗牌后，从 40 张牌中每次任意抽取一张，就可产生 0 ~ 9 的一位随机数（抽出的牌在下一次抽时应放回并重新洗牌）。如果要产生两位随机数，则可将按一位随机数法抽取的随机数按顺序两两组合即可。

【课堂活动 5-3】 以小组为单位，选用任意一种方法，生成 5 ~ 10 组随机数。

常用的随机抽样方法如下：

（1）简单随机抽样

1）作法。简单随机抽样是一种最常用的随机抽样方法。具体做法是：首先将产品按顺序编号（只要记住顺序号位置即可）；然后用随机数表、随机数骰子、抽签等方法产生随机数；最后按随机数码从批中取样。

2）适用场合。简单随机抽样适用于批中产品能够正确规则排列的场合。

（2）系统随机抽样

1）作法。首先给批中每件单位产品编号 $1 \sim N$，然后确定抽样间隔，若样本量为 n，则取 N/n 的整数部分作为抽样间隔，最后按抽样间隔从批中抽取样本。

2）适用场合。系统随机抽样适用于批中产品能整齐排列的场合。

3）应用举例。

【案例分析 5-3】有一批产品 $N=265$ 件，产品按次序排成一线，现在从批中随机抽取 $n=20$ 的方法。

分析：抽样间隔 $N/n=265/20=13.25$，取整数部分为 13。首先在第 1 号与第 13 号产品中抽取 1 件产品，采用随机数表达已确定为第 10 号产品，接着抽取第 23 号，36 号，49 号，…，257 号产品，即得到样本 $n=20$。

（3）分层随机抽样

1）作法。根据掌握的质量信息，按造成产品质量差异的主要原因分层，如按设备、操作人员、材料，加工工艺等因素分层。将一批产品分成几个子批。分批后按各子批占整批的数量比例，从每个子批中应用简单随机抽样法随机地抽取样本，然后将各子批中抽取的样本集中到一起作为该批的样本。

2）适用场合。分层随机抽样适用于能够掌握构成批的质量信息的场合。

3）应用举例。

【案例分析 5-4】有一批产品 $N=4000$ 件，是由 A、B、C 三台同类机床加工出来的。其中 A 机床产品 2000 件，B 机床产品 1400 件，C 机床产品 600 件，现从批中抽取 $n=200$ 的样本。

分析：首先根据各子批占批的数量比例确定各子批的抽样量。

A 机床抽样量：$2000/4000 \times 200 = 100$

B 机床抽样量：$1400/4000 \times 200 = 70$

C 机床抽样量：$600/4000 \times 200 = 30$

如果产品能按一定顺序排列，则可应用简单随机抽样法，产生随机数从批中随机抽取样本。如果产品不能按顺序排列，如产品是小件装在包装箱中，每箱 100 件，此时须对各子批再次进行分层：

从 A 机床 20 箱产品中每箱抽取 5 件；

从 B 机床 14 箱产品中每箱抽取 5 件；

从C机床6箱产品中每箱抽取5件。

此时应用随机数表或随机数骰子等方法产生随机数，按随机数码从每箱排好顺序的产品中随机抽取5个样本，再将这些样本集中起来作为该批的样本。

4）注意事项

① 尽量按造成产品质量波动的主导因素分层。如果找不准主导因素，会产生较大的抽样误差，也失去了分层的意义。

② 分层随机抽样时，若分层后不能进行随机抽样，应继续分层，直至能产生随机数进行随机抽样时为止。

（4）分段随机抽样

1）作法。当检验批可分成一些小部分时，如果各部分包装严密，进行分层抽样非常麻烦，此时可采用分段随机抽样。即先随机地从批中抽出几个小部分，然后再从所抽取的几个小部分中，应用简单随机抽样法产生随机数，随机地抽取样本。并可根据需要进行一段、二段、多段的随机抽样。

2）适用场合。分段随机抽样适用于检查批可分成几个小批的场合。

3）应用举例。

【案例分析5-5】有一检查批$N=5000$个，分装在50箱中，每箱100个。每箱里的100个又分装在4个盒中，每盒25个，现需从中抽取$n=50$的样本。

分析：此时可应用分段随机抽样法。先应用简单随机抽样法产生随机数从50箱中随机抽取5箱，设为第2箱、第10箱、第18箱、第41箱、第46箱，接着应用简单随机抽样法从这5箱中对每箱抽取1盒共5盒，再从5盒中对每盒应用随机数表产生随机数，进而随机地抽取10件产品，集中起来就构成$n=50$的样本。

综上检验的分类，各种抽样检验方法在设计时，着重考虑两方面的问题：

一是如何保证被抽检接收批的质量。在这方面，不论是计数抽样、还是计量抽样，均以概率统计方法计算抽样方案的接收概率与抽样风险。二是对应不同的检验场合，在保证质量的前提下，尽量降低检验费用。

【课堂活动5-4】 按不同的抽样检验方案分类，请分别列举案例并说明属于哪类抽样检验。

5.3 抽样工具

5.3.1 抽样调查的方式

抽样是一种非全面的调查，根据抽取样本的方式不同，抽样可分为概率抽样和非概率抽样两类。

1. 概率抽样

概率抽样是按照随机原则抽取样本。概率抽样从抽样方法上看，可以分为重复抽样和不重复抽样两种。

（1）重复抽样。重复抽样是指要从容量为N的总体中抽取一个容量为n的样本，则每次从总体中抽取一个个体后又放回总体参加下一次抽样，连续抽 n 次，n 个观测值构成样本数据。其特点是：总体的每个个体都有数次被抽中的可能性，n 次抽样之间相互独立，每次抽样时总体都有 N 个个体可供抽选，样本由小于或等于 n 个不同的个体所组成。

（2）不重复抽样。不重复抽样是指若要从容量为 N 的总体中抽取一个容量为 n 的样本，则每次从总体中抽取一个个体后不再将它放回总体参加下一次抽样，连续抽 n 次，n 个观测值构成样本数据。其特点是：总体中每个个体都只有一次被抽中的可能性，n 次抽样之间不相互独立（前面的抽样结果影响后面的抽样），每抽一次总体中可供抽选的个体就减少一个，样本由 n 个不同的个体所组成。

不论是重复抽样还是不重复抽样，每个个体被抽中的概率都是可以计算的。

2. 非概率抽样

非概率抽样是凭人们的主观判断或根据便利性原则来抽取样本，总体中每个个体被抽取的可能性是难以用概率表示和计算的。具体地，概率抽样调查又分为任意抽样、典型抽样、定额抽样和流动总体抽样等几种。

理论与实践都已经证明，概率抽样比非概率抽样更具科学和优越性，因此，我们通常所指的抽样一般就是概率抽样。但作为一种补充，非概率抽样也具有重要的应用价值，只要相关条件具备就值得运用。

5.3.2 抽样检验原理

1. 基本原理

在抽样检验前，首先要确定批产品不合格品率的标准值 p_0，然后将交验批中检验出来的实际不合格品率 p 与它比较：若 $p \leqslant p_0$，则认为该批产品质量合格，予以接收该批产品；若 $p > p_0$，则认为该批产品质量不合格，予以拒收该批产品。

现以一次抽样方案来简单介绍抽样检验的原理。一次抽样方案是从一批待交验的产品中随机抽取 n 个产品作为样本（例如从 100 个产品中随机抽 3 个产品），规定最高允许的接收数 Ac 或 C 和拒收数 Re，检验完 n 个产品后发现其中有 d 个不合格品，判定准则为：

当 $d \leqslant Ac$ 时，判定该批产品合格，予以接收该批产品（N）；

当 $d \geqslant Re$ 时，判定该批产品不合格，予以拒收该批产品（N）。

接收数 Ac 或 C 又称为合格判定数，是在计数抽样中合格批的样本中允许的不合格或不合格品的最大数目。

拒收数 Re 又称为不合格判定数，是在计数抽样中，不合格批的样本中不允许的不合格或不合格品的最小数目。

上述抽样方案可写成：(n, C)。

【案例分析 5-6】规定 $N=1000$ 件产品抽样方案 $n=50$，$Ac=2$。

分析：从一批 $N=1000$ 件产品中随机抽取样本 $n=50$，对这 50 件样本全部进行检验，如果样本中没有不合格品，或有 1 件或 2 件不合格品时则判定该批合格；如果样本中有 3 件或 3 件以上不合格品时，则判定该批不合格。

2. 批接收概率与抽样特性曲线

（1）接收概率。根据抽样方案（n，C），可以将交验批判为合格而被接收的概率称为批合格概率 P_a，或称为接收概率，它是批不合格概率 P 的函数，一般计为 L（P）。

接收概率是当使用一个确定的抽样方案时，具有给定质量水平的批或过程被接收的概率。拒收概率是指批或过程被拒收的概率。批接收概率的计算方法因抽样方案不同而不同，计数一次抽样方案的批接收概率 $L(P)$，可以用二项分布、泊松分布和超几何分布计算。按二项分布计算时的公式为

$$L(P) = \sum_{d=0}^{C} \frac{\binom{PN}{d}\binom{N-PN}{n-d}}{\binom{N}{n}} = \sum_{d=0}^{C} \frac{C_{PN}^{d} C_{N-PN}^{n-d}}{C_N^n} \tag{5-1}$$

式中 $\binom{PN}{d}$——从批的不合格品数 PN 中抽出 d 个不合格品的全部组合数；

$\binom{N-PN}{n-d}$——从批的合格品数 $N-PN$ 中抽出 $n-d$ 个合格品的全部组合数；

$\binom{N}{n}$——从批量为 N 的一批产品中抽取 n 个单位产品的全部组合数。

【案例分析5-7】设有一批产品，批量 $N=1000$，批不合格品率 $P=5\%$；采用（30，3）的抽样方案进行验收，试计算其接收概率。

解：根据式（5-1），可以计算得到

$$L(P) = \sum_{d=0}^{C} \frac{C_{PN}^{d} C_{N-PN}^{n-d}}{C_N^n} = \frac{(C_{50}^{0}C_{950}^{30} + C_{50}^{1}C_{950}^{29} + C_{50}^{2}C_{950}^{28} + C_{50}^{3}C_{950}^{27})}{C_{1000}^{3}}$$

$$=0.21+0.342+0.263+0.128=0.943$$

$L(P)=L(5\%)=0.943$ 意味着，当采用抽样方案（30，3）进行验收时，在每100批具有这种质量的产品中，约有94批会被判定为合格品。

在实际工作中，为了得到有代表性的随机抽样结果，应尽量避免下面的错误：

1）对批产品中不方便抽取的部分（埋在最下层、最里层、高度太高）总不去抽，怕麻烦。

2）对产品批的质量是否均匀等情况不了解，就采用分层抽样法。

3）只从产品的货架、箱子或容器的同一位置抽取样品。

4）采取有意抽样法，专抽看上去质量好或差的产品。

（2）抽样特性曲线

1）*OC* 曲线的概念。当用一个确定的抽样方案对产品批次进行检查时，产品批被接收的概率是随产品批的批不合格率 P 的变化而变化的，即 $L(P)$ 又称为抽样方案 (n, C) 的抽样特性函数，它们之间的关系可以用一条曲线来表示，这条曲线称为抽样特性曲线，简称为（Operating Characteristic Curve），图5-3所示。

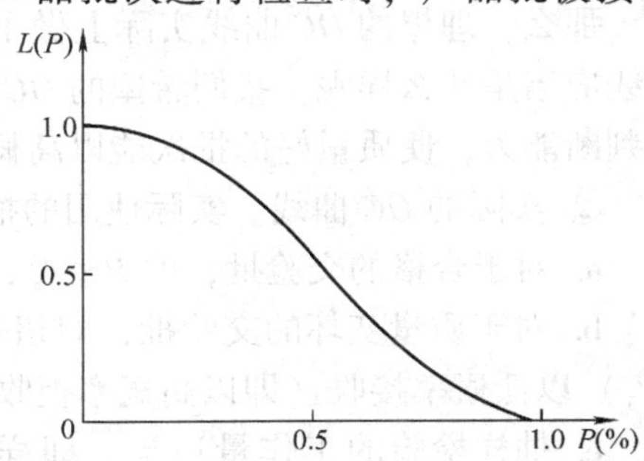

图5-3 抽样特性曲线（*OC* 曲线）

产品是分批一次性提交检验的，但每一批的不合格率不仅是一个未知数，而且也是一个不确定的数值。对一个确定的抽样检验方案而言，有一个 P 值就有一个唯一的接收概率值 $L(P)$ 与之相对应。

【知识拓展5-6】*OC* 曲线的性质

(1) 抽样特性曲线和抽样方案是一一对应关系，也就是说有一个抽样方案就有对应的一条 *OC* 曲线；相反，有一条抽样特性曲线，就有与之对应的一个抽检方案。

(2) *OC* 曲线是一条通过（0，1）和（1，0）两点的连续曲线。

(3) *OC* 曲线是一条严格单调下降的函数曲线。

2）*OC* 曲线的讨论

① 理想的 *OC* 曲线。若规定当批不合格品率 $P < P_0$ 时为好批，当 $P > P_0$ 时为坏批，则一个理想的抽样检验方案应当满足：

当 $P \leqslant P_0$ 时，$L(P) = 1$

当 $P > P_0$ 时，$L(P) = 0$

图5-4所示为理想的 *OC* 曲线，这样的 *OC* 曲线只有在100%检验且保证不发生错检和漏检的情况下才能得到，实际上是不存在的。

当然，我们也不希望出现不理想的方案。如方案［20，1，0］，我们从批中抽取1只产品，若检验合格则接受该批，若检验不合格则拒收该批。其 *OC* 曲线为一条直线，如图5-5所示。

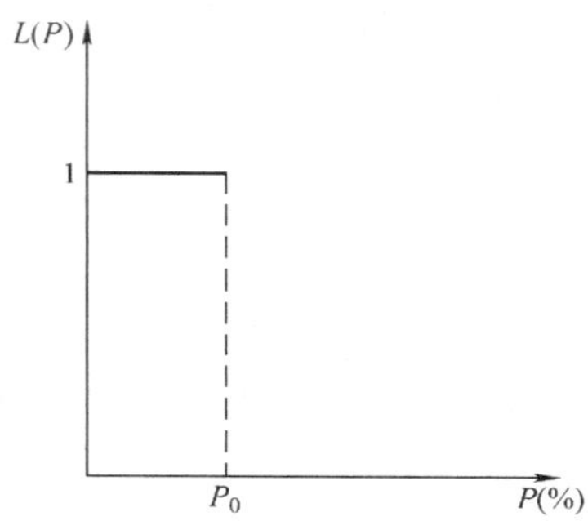

图5-4 理想的 *OC* 曲线

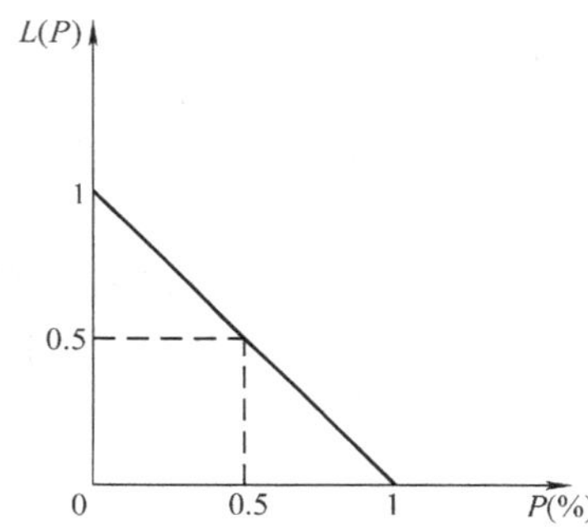

图5-5 不理想的 *OC* 曲线

从图5-5中可知，这种方案的判断能力很差。比如规定，当 $P > 5\%$ 时为坏批，而在 $P = 5\%$ 时的接收概率为 $L(5\%) = 0.95$。当 $P = 10\%$ 时其接收概率依然很大，$L(5\%) = 0.90$。

那么，理想的 *OC* 曲线实际上做不到，不理想的 *OC* 曲线判断能力又很差。实际的 *OC* 曲线应当是什么样呢？我们希望的 *OC* 曲线应尽可能接近于理想的 *OC* 曲线，要具有相当好的判断能力，使质量好的批次能以高概率接收，对质量差的批应以大概率拒收。

② 实际的 *OC* 曲线。实际使用的抽样方案一般具有三个特点：

a. 对于合格的交验批，即 $P \leqslant P_0$，这时以高概率例如 $L(P) \geqslant 0.88$ 予以接收。

b. 对于质量变坏的交验批，即超过规定值，这时接收概率迅速减少，达到某个限度时（P_1）以低概率接收（即以高概率拒收），这时的 $L(P_1)$ 一般为0.1左右。

c. 抽样检验的工作量适当，即样本量大小合适，实际使用的抽样方案的 *OC* 曲线如图5-6所示。

3）*OC* 曲线在抽样检验中具有以下作用

① 从 OC 曲线能了解抽样方案对产品质量的保护能力。

② 对抽样方案的鉴别能力进行比较，OC 曲线越陡，鉴别质量的能力越强，但付出的代价也越大（n 大，C 小）。

③ 对现有抽样方案的合理性进行评价，以确定对抽样方案的修改，使其合理。

④ 在确定抽样方案时，通过了解参数的变化规律对 OC 曲线的影响，可以选择出较好的参数。在选择抽样方案后，通过检查 OC 曲线的形状看其是否满足供需双方的需求。

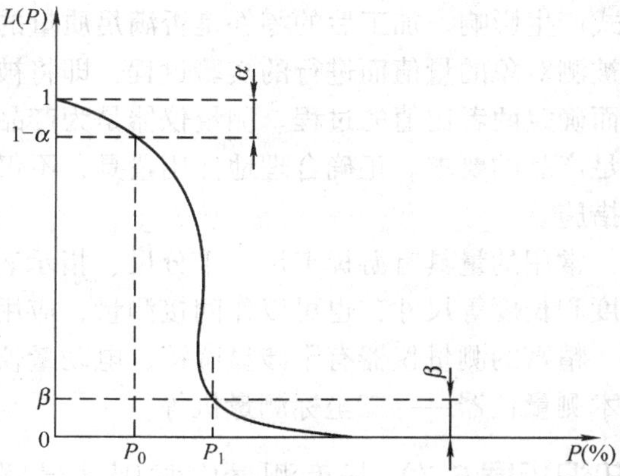

图 5-6　实际的 OC 曲线

3. 抽样方案的风险及抽样方案的确定

（1）抽样方案的两类风险。抽样检验是通过样本去推断总体，这样就难免出现判断错误。常见的错误有两类：第一类错误是将合格批作为不合格批而拒收，对生产商不利；第二类错判是将不合格批作为合格批接收，对使用者不利。

1）生产者风险 α。假定 P_0 是可接受的质量水平的上限（通常用 AQL 表示），即批不合格率 $P \leqslant P_0$ 时，说明批质量是合格的，应 100% 接收。然而实际上，当 $P = P_0$ 时，交验批只能以 $1-\alpha$ 的概率接收，被拒收的概率为 α。这种错判会使生产者受到损失。所以，α 被为生产者风险，记为 PR（Producer's Risk）。

$$\alpha = 1 - L(P_0) \tag{5-2}$$

2）使用者风险 β。设 P_1 为可接受的极限不合格品率（通常用 LTPD 表示），则如果批不合格品率 $P \geqslant P_1$ 时，应该 100% 拒收。实际上，$P = P_1$ 时，仍然有可能以 β 的概率被接收。这种错判会使用户蒙受损失，所以 β 被称为使用者风险，记为 CR（Consumer's Risk）。

$$\beta = L(P_1) \tag{5-3}$$

显然，对于生产者而言，希望 α 较小些；对于使用者来说，则希望 β 越小越好。在选择抽样方案时，应选择一条合理的 OC 曲线，使两种风险尽量控制在合理的范围内，以保护双方的经济利益。

（2）抽样方案的确定。为了使抽样方案既能满足对产品质量的要求，又能经济合理地降低成本，就必须使生产者的风险 α 和使用者的风险 β 都尽可能小。为此，首先由供需双方共同协商确定 α，β，P_0，P_1 四个参数，然后求解下列联立方程就可求得样本含量 n 和合格品判定数 C

$$\begin{cases} \alpha = 1 - L(P_0) \\ \beta = L(P_1) \end{cases} \tag{5-4}$$

上述联立方程有很多组解，一般情况下应该选取 n 为最小的一组解。上述方程的求解过程比较复杂，可以利用计算机计算。有时为简化起见，也可以利用抽样方案表设计样方案。

5.3.3 测量仪器

产品的质量是企业参与市场竞争的基础，产品生产过程中的各个环节均会对产品质量的形式产生影响。加工后的零件是否满足质量的要求，需要经过测量来判定。所谓测量是为确定被测对象的量值而进行的实验过程，即将被测量与测量单位或标准量在数值上进行比较，从而确定两者比值的过程。测量仪器是为产品服务的，测量仪器的精度、测量范围和形式应满足产品的要求。正确合理地使用量具，不仅是保证产品质量的需要，而且是提高经济效益的措施。

常用的量具有游标卡尺、千分尺、指示表等，可以直接测出零件的外径、内径、深度、高度和长度等尺寸，也可以作间接测量，应用范围很广。

精密的测量仪器有干涉显微镜、电动量仪、光栅测量装置以及车间生产使用的现代先进技术测量仪器——三坐标测量机等。

【知识拓展5-7】长度测量中常用计量器具的测微原理与基本结构

1. 游标类量具

常用的游标量具有：游标卡尺、深度卡尺、游标高度卡尺、游标测齿卡尺、游标万能角度尺等。前四种用于长度测量，后一种用于角度测量。

(1) 结构。游标量具在结构上的共同特征是都有主标尺、游标尺以及测量基准面，另外还有便于使用而设的微动机构和锁紧机构等。主标尺上有毫米分度，游标尺上的分度值有10分度、20分度、50分度，分度值分别为0.1mm、0.05 mm、0.02 mm三种。

(2) 分度原理。游标分度原理是利用主标尺刻线间距与游标刻线间距的间距差实现的。整数由主标尺来读，小数部分由游标尺来读。

2. 千分尺类量具

千分尺按用途可分为外径千分尺、内径千分尺、深度千分尺、螺旋千分尺等。

(1) 结构。主要由尺架、微分筒、固定套筒、测量力装置、测量面、锁紧机构等组成。

其结构特征是：结构设计符合阿贝原则；以丝杠螺距作为测量的基准量，丝杠和螺母的配合应该精密，配合间隙应能调整；固定套筒和微分筒作为示数装置，用刻度线进行读数；有保证一定测力的棘轮棘爪机构。

(2) 读数原理。千分尺的读数原理是：通过螺旋传动，将被测尺寸转换成效杆的轴向位移和微分筒的圆周位移，并以微分筒上的刻度对圆周位移进行计量，从而实现对螺距的放大细分。

3. 指示表类量具

指针式机械量仪主要用于相对测量，可单独使用，也可把它安装在其他仪器中作测微表头使用。

(1) 结构。这类量仪的最大允许误差范围较小，最大允许误差范围最大的（如指示表）不超出10mm，最小的（如扭簧比较仪）只有±0.015mm。其最大允许误差从±(0.01～0.0001)mm。

(2) 工作原理。指针式机械量仪的工作常通过各种机械传动原理，将测杆的微小直线位移转变成指针的角位移，指出相应的被测量值。

4. 立式光学比较仪

主要利用量块与零件相比较的方法，来测量物体外形的微差尺寸，是测量精密零件的常用测量器具。

（1）结构。立式光学比较仪结构如图5-7所示。

（2）工作原理。利用光学杠杆的放大原理，将微小的位移量转换为光学影像的移动。

【课堂活动5-5】在专业技能实训中，使用过什么测量工具？

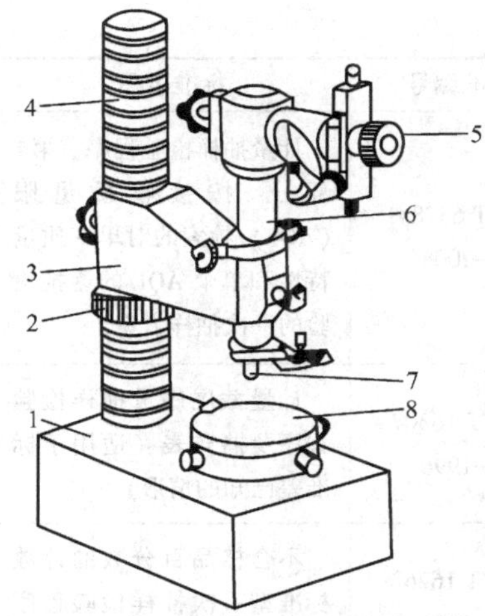

图5-7 立式光学比较仪

1—底座 2—粗调手轮 3—支臂 4—立柱
5—目镜 6—光学计管 7—测头 8—工作台

5.4 抽样检验标准及其选用

为了使抽样检验工作规范化，以1929年美国贝尔实验室的道奇和罗米格发表关于统计抽样检验理论的文章为标志，抽样检验的标准化已有80年的历史。到目前，世界各国和国际标准化组织先后制订了各种不同的质量检验标准。我国的抽样检验标准化始于1981年，至今我国已制订并颁布了20多项抽样检验标准，可以满足各种检验工作的需要。在这些标准中，有的是强制性的，有的是推荐性的。抽样检验标准及其适用范围见表5-2。可以看出，这些标准的适用场合是不同的，所以应根据被检验对象和检验目的，首先参考GB/T 13393－2008《验收抽样检验导则》选择合适的标准，然后深入研究选定的标准，按标准规定的程序实施抽样检验。

5.4.1 抽样检验国家标准

表5-2 抽样检验标准及其适用范围

标准编号	标准名称	批质量指示	质量标准	判定特性	种类	应用场合
GB/T 2828.1—2012	计数抽样检验程序 第1部分：按接收质量限（AQL）检索的逐批检验抽样计划	不合格品率	AQL	不合格品数或不合格数	计数调整型	连续批
GB/T 2828.3—2008	计数抽样检验程序 第3部分：跳批抽样程序	不合格品率	AQL	不合格品数或不合格数	计数调整型	连续批
GB/T 13264—2008	不合格品百分数的小批计数抽样检验程序及抽样表	不合格品率	p_0，p_1	不合格品数或不合格数	计数标准型	连续批或孤立批
GB/T 13546—1992	挑选型计数抽样检查程序及抽样表	不合格品率	AOQL或LQ	不合格品数	计数挑选型	连续批

（续）

标准编号	标准名称	批质量指示	质量标准	判定特性	种类	应用场合
GB/T 6378.1—2008	计量抽样检验程序　第1部分：按接收质量限（AQL）检索的对单一质量特性和单个AQL的逐批检验的一次抽样方案	不合格品率	AQL	样本均值	计量调整型	连续批
GB/T 16307—1996	计量截尾序贯抽样检验程序及抽样表（适用于标准差已知的情形）	不合格品率	PRQ，CRQ	样本均值	计量标准型	孤立批
GB/T 16262—2006	不合格品百分数的计数标准型一次抽样检验程序及抽样表	不合格品率	p_0，p_1	不合格品数	计数标准型	孤立批
GB/T 2829—2002	周期检验计数抽样程序及表（适用于对过程稳定性的检验）	不合格品率	RQL	不合格品数或不合格数	计数标准型	过程稳定性
GB/T 2828.2—2008	计数抽样检验程序　第2部分：按极限质量LQ检索的孤立批检验抽样方案	不合格品率	LQ	不合格品数	计数标准型	孤立批
GB/T 6378.4—2008	计量抽样检验程序　第4部分：对均值的声称质量水平的评定程序	平均值	μ	样本均值	计量标准型	孤立批
GB/T 8054—2008	计量标准型一次抽样检验程序及表	不合格品率	p_0，p_1	样本均值	计量标准型	孤立批
GB/T 8051—2008	计数序贯抽样检验方案	不合格品率	CPQ，CRQ	不合格品数或不合格数	计数标准型	孤立批
GB/T 8052—2002	单水平和多水平计数连续抽样检验程序及表	不合格品率	AQL或AOQL	不合格品数	连续生产型	流动批
GB/T 2828.11—2008	计数抽样检验程序　第11部分：小总体声称质量水平的评定程序	不合格品率	监督质量水平p_0	不合格品数	计数标准型	质量监督小总体
GB/T 16306—2008	声称质量水平复检与复验的评定程序	每百单位产品不合格（品）数平均值	p_0，p_1，μ	不合格品数或不合格数样本均值	计数、计量标准型	质量监督复查
GB/T 13732—2009	粒度均匀散料抽样检验通则	平均值	μ_0，μ_1	样本均值	计量标准型	粒度均匀散料

除上述标准外，还有用于指导抽样检验作法的3个标准，它们分别是：

GB/T　13393—2008《验收抽样检验导则》。

GB/T　4891—2008《为估计批（或过程）平均质量选择样本量的方法》。

GB/T　10111—2008《随机数的产生及其在产品质量抽样检验中的应用程序》。

5.4.2　抽样检验标准的应用

下面我们结合计数标准型抽检过程说明抽样检验标准的应用。标准的应用过程一般可分成三步：第一步，选择抽样标准；第二步，研究标准规定的检验程序；第三步，实施检验程序。

【案例分析5-8】甲厂长期需要一种规格为$\phi 20_{-0.02}^{0}$mm，长50mm的圆柱销，由乙厂供货。乙厂长期生产该产品，每班生产1000件，生产正常，质量稳定。甲方决定按批来实施抽检，由于是长期合作关系，因此甲方可以通过反馈促进乙方改进产品质量，即使在产品被接受后，乙方仍然对质量负责。

分析：

第一步，选择抽样标准。本题选用GB/T　2828.1－2012《计数抽样检验程序　第1部分：按接收质量限（AQL）检索的逐批检验抽样计划》。

第二步，研究标准规定的检验程序。为了正确实施检验，几乎每个标准都规定了检验程序。GB/T　2828.1－2012标准规定的检验程序（按顺序）为：规定单位产品的质量特性；规定不合格的分类；规定合格质量水平；规定检验水平；组成与提出检验批；规定检验的严格度；选择抽样方案类型；检索抽样方案；抽取样本；检验样本；判断逐批检验合格与不合格；逐批检验后的处置。

第三步，实施检验程序。

1. 规定单位产品的质量特性

圆柱销的外径具有尺寸公差；长度为自由尺寸，可不检验；此外，也没有形状公差要求。因此，应以ϕ20mm外径作为质量特性。

2. 规定不合格的分类

根据外径公差，规定外径尺寸在19.98～20mm之间为合格品，凡超出这个范围的为不合格品，定为A类不合格。

3. 规定合格质量水平

规定合格质量水平AQL是抽样检验中的关键步骤之一。AQL过小，会导致增加生产成本和检验工作量，对供货方不利；AQL过大，使用方难于得到质量满意的产品。因此在订货时，双方应充分协商，规定合理的AQL值。AQL值确定后应列入订货合同，供方也应将之收入产品技术标准中。在标准GB/T 13393－2008中，已对规定AQL值时应考虑的因素做了提示，并指出具体应考虑的因素。归纳起来，规定AQL的方法主要有：经验法、损益平衡法、归纳分类法、等效采用法、过程平均法等。在采用过程平均法时，首先用全数检验法检验几批产品的质量，然后计算其平均值即为过程平均$\overline{P}$，在此基础上，确定AQL。

本例采用过程平均法来规定AQL值。对连续10个班生产的圆柱销进行全数检验，检验结果见表5-3。

表 5-3 全数检验结果

班次	数量	发现的不合格品数	平均过程 $\overline{P}$
1	1000	24	$\overline{P}=\frac{D}{N}\times100\%$
2	1000	23	
3	1000	25	
4	1000	26	
5	1000	24	
6	1000	25	
7	1000	23	
8	1000	24	
9	1000	25	
10	1000	24	
合计	$N=10000$	$D=243$	$\overline{P}=2.43\%$

标准中建议的 AQL 值共有 26 种，2.43% 在 1.5% ~2.5% 之间，且接近 2.5%，故取 AQL =2.5%。

4. 规定检验水平

标准中给出了七种检验水平，其中特殊检验水平为：S-1，S-2，S-3，S-4，一般检验水平为：Ⅰ，Ⅱ，Ⅲ。它们与样本容量和判断能力的关系如下：

检验水平：S-1，S-2，S-3，S-4，Ⅰ，Ⅱ，Ⅲ

样本大小：小————————————————大

判断能力：低————————————————高

可以看出，检验水平越高，判断能力越高，但检验的费用也越大，因为样本的容量也随之增大。在确定检验水平时，可参考以下原则：

（1）特殊检验水平的使用场合：属于破坏性检验，检验费用高，检验时间长，误判后不造成重大损失，批质量特别稳定。

（2）一般检验水平的使用场合

1）当产品允许判断能力较低时用水平Ⅰ：产品的单价较低；批内质量均匀，批与批之间的质量稳定；当出现批不合格时，每个单位产品的平均处理费用小于检验该批产品每个样本单位产品的平均费用。

2）一般检验时用水平Ⅱ：产品单价较高；批内质量很不均匀，生产不稳定，批与批之间的质量波动较大；批不合格时，每个单位产品平均处理费用大于检验该批产品每个样本单位产品的平均费用。

3）使用方对产品有特殊要求，要求判断能力较高时用水平Ⅲ。

本例属于一般检验，故取水平Ⅱ为宜。

5. 组成与提出检验批

在本例中，每个班分两批交验，即上午和下午各交验 500 件。

6. 规定检验的严格度

检验的严格度分为正常检验、加宽检验、特宽检验和加严检验几种，在标准中规定了检验严格度转换规则，根据检验结果的质量进行转换。

7. 选择抽样方案类型

标准中给出一次抽样、二次抽样和五次抽样三种方案，表5-4是这三种抽样方案的比较，本例中选用一次抽检方案。

表5-4 三种抽样方案的比较

抽样类型	一次	二次	五次
生产工人接受程度	只抽检一次就判定合格与否，心理压力大	心理压力小，容易接受	产生厌烦情绪
样本量	n	（0.6～0.9）n	（0.3～0.8）n
管理费用	低	中	高
获取批质量信息	多	较多	少

注：只要AQL和检验水平相同，无论采用何种抽样类型，其批产品的判断能力基本相同。

8. 检索抽样方案

本例中 $N=500$，检验水平Ⅱ，AQL=2.5%，可采取以下步骤检索抽样方案：

（1）查样本大小字码。根据 N 和检验水平，由表5-5可查得样本大小字码为H。

（2）检索抽样方案。根据样本大小字码H和AQL值，根据正常检查一次抽样方案表（GB/T 2828.1－2012）可查得抽样方案如下：$n=50$，$C=3$，$R_e=4$。$R_e=C+1$ 为不合格判定数。L（P）（1）表示 P/AQL=1 时的合格概率，即实际质量 P 等于AQL时判定该批为合格的可能性。对于正常检验，L（P）（1）=0.9608，说明正常抽样方案将以96.08%的概率被判为批合格。

表5-5 样本大小字码

批量范围	特殊检查水平				一般检查水平		
	S－1	S－2	S－3	S－4	Ⅰ	Ⅱ	Ⅲ
1～8	*A*	*A*	*A*	*A*	*A*	*A*	*B*
9～15	*A*	*A*	*A*	*A*	*A*	*B*	*C*
16～25	*A*	*A*	*B*	*B*	*B*	*C*	*D*
26～50	*A*	*B*	*B*	*C*	*C*	*D*	*E*
51～90	*B*	*B*	*C*	*C*	*C*	*E*	*F*
91～150	*B*	*B*	*C*	*D*	*D*	*F*	*G*
151～280	*B*	*C*	*D*	*E*	*E*	*G*	*H*
281～500	*B*	*C*	*D*	*E*	*F*	*H*	*J*
501～1200	*C*	*C*	*E*	*F*	*G*	*J*	*K*
1201～3200	*C*	*D*	*E*	*G*	*H*	*K*	*L*
3201～10000	*C*	*D*	*F*	*G*	*J*	*L*	*M*

（续）

批量范围	特殊检查水平				一般检查水平		
	S-1	S-2	S-3	S-4	Ⅰ	Ⅱ	Ⅲ
10001～35000	*C*	*D*	*F*	*H*	*K*	*M*	*N*
35001～150000	*D*	*E*	*G*	*J*	*L*	*N*	*P*
150001～500000	*D*	*E*	*G*	*J*	*M*	*P*	*Q*
≥500001	*D*	*E*	*H*	*K*	*N*	*Q*	*R*

9. 抽取样本

将半个班生产的500个产品放在一起，采用简单随机抽样法从中抽取50个产品。

10. 检验样本

对抽取的50个产品检查其外径尺寸，记录测量结果，并逐个判断合格性，将合格品与不合格品隔离。

11. 逐批检验判断合格与不合格

将检验中查出的不合格品数与不合格判定数进行比较，若 $d<C$ 时，判定为批合格；若 $d>C$ 时，判定为批不合格。本例中 $d=2$，$C=3$，故判定为批合格。

对该产品逐批进行检验，并按标准中规定的严格度转换规则实施转移。

（1）从正常检验转到加严检验。在进行正常检验时，若在连续不超过5批中有2批经初次检验不合格，则从下一批起转到加严检验。

（2）从加严检验转到正常检验。在进行加严检验时，若连续5批经初次检验合格，则从一批起转到正常检验。

（3）从正常检验转到放宽检验。当正在采用正常检验时，如果下列各条件均满足，应转移到放宽检验。

1）当前的转移得分至少是30分。

2）生产稳定。

3）负责部门认为放宽检验可取。转移得分的具体内容为：在正常检验开始时，应将转移得分设定为0，而在检验每个后续的批以后应更新转移得分。对于一次抽样方案来说：

a）当接收数大于或等于2时，如果当AQL加严一级后该批被接收，则给转移得分加3分，否则将转移得分重新设定为0。

b）当接收数为0或1时，如果该批被接收，则给转移得分加2分；否则将转移得分重新设定为0。

（4）从放宽检验转到正常检验。在进行放宽检验时，若出现下列任一条件，则从下一批转到正常检验：

1）有一批放宽检验不合格。

2）生产出现不正常。

3）认为恢复正常检验是正当的其他情况。

（5）从加严检验转到暂停检验。在进行加严检验时，若不合格批数累积到5批，则应暂停检验，并采取必要措施，经质量部门同意后，可恢复加严检验。

12. 逐批检验后的处置

对判为合格的批，则整批接收；判为不合格的批，全数退回生产者，由其百分之百检验；剔除不合格品或返修并自检合格后，再次提交检验。

本章小结

质量检验是一项技术性检查活动，即根据产品标准或检验规程对原材料、半成品、成品进行检查，适当时进行测量或试验，并把所得到的特性值和规定值做比较，判定出各个产品或成批产品合格与不合格。

质量检验的目的概括地说主要有两个方面：一方面是对顾客（包括下道工序）实行质量保证，这是属于验收性质的检验；另一方面是判断工序或生产过程是否正常，这是属于监控性质的检验。

在质量检验的分类中：

① 按检验产品在实现过程中的阶段分为进货检验、过程检验和最终检验。

② 按检验的数量可分为全数检验、抽样检验和免检。

③ 按检验的手段可分为感官检验和理化检验。

④ 按检验的执行人员可分为自检、互检和专检等。

抽样检验的分类：

① 按检验特性值的属性分为计量抽样检验和计数抽样检验。

② 按抽样方案制定原理分为标准型抽样检验、调整型抽样检验、挑选型抽样检验和连续型抽样检验。

③ 按照获得样本的方法分为有意抽样和随机抽样。

同时介绍了批接收概率与抽样特性曲线，抽样方案的风险及抽样方案的确定，抽样检验标准的选用，并通过例子详细地介绍了抽样标准的应用。

自我测试

1. 简述质量检验的概念与分类。
2. 试述全数检验与抽样检验的特点、优缺点及适用范围。
3. 什么是抽样检验？抽样检验适用于什么情况？
4. 抽样检验有哪几种分类方法？各有何特点？
5. 如何保证抽样时抽取的样件具有代表性？
6. 什么是抽样特性曲线（OC 曲线）？它和抽样方案有什么关系？
7. 简述接收概率的含义。
8. N、n、C 对抽样曲线有何影响？
9. 抽样检验中会发生哪两种错误？
10. 设 $N=100$，$n=5$，$C=1$，求 $p=5\%$ 条件下的接收概率。

第 6 章　编制检验技术规范

【学习目标】

知识目标：

- 掌握质量检验计划的编制；
- 熟悉检验流程图的基本内容；
- 了解检验手册和指导书的基本内容；
- 掌握检验技术规范的编制。

技能目标：

- 能依据零件技术要求实施质量检验；
- 会编制零部件检验技术规范；
- 具有质量检验案例的分析能力。

【引例】

华为公司的崛起

华为技术有限公司创立于 1987 年，经过多年发展，已成为涵盖移动、宽带、IP、光网络、电信增值业务和终端等多领域业务的通信企业。2014 年，华为品牌价值为 43 亿美元，成为首个进入全球百大品牌排行榜的中国企业。

华为创立初期即树立了以客户为中心、全员参与质量文化、构筑优质的产品和服务、持续改进、追求卓越、成为业界最佳的质量管理体系愿景。从战略规划与市场、集成产品开发、客户关系管理到集成供应链等核心业务领域都建立了质量管理体系。随着全面质量管理理念在我国的逐步深入，以及 ISO9000 系列质量管理体系标准的推广应用，华为质量管理体系逐步建立、发展和完善。

华为制订了多部检验技术规范，其中包括 PCB 检验标准、产品表面外观缺陷的限定标准、电镀镍技术规范等，这些检验技术标准文件为华为产品质量的提高提供了技术依据。

生产现场是产品质量形成的主要场所，现场管理的好坏体现了企业各项基础管理的水平。华为通过生产车间质量圈（QCC）管理，提高生产一线员工的质量意识，缩短解决质量问题时间，提高生产一线员工团队合作的精神和积极参与的积极性，使华为产品质量水平得到大幅提升。华为生产工艺聘请德国 FhG 帮助进行生产工艺体系的设计（包括立体仓库、自动仓库和整个生产线的布局），从而减少了物料移动，缩短了生产周期，提高了生产效率和生产质量。

由华为崛起的实例可知，产品质量的提高离不开各种检验技术规范文件的支撑，检验技术文件涉及产品生产过程中的各个环节，只有制订严格清晰的检验技术文件，才能保证各个生产环节的质量，从而保证产品的质量。

6.1 制造过程中的产品检验

6.1.1 检验的概念

GB/T 19000—2008《质量管理体系　基础和术语》中对检验下的定义为："通过观察和判断、适当结合测量、试验或估量所进行的符合性评价。"

可以看出，检验的实质是确定产品（零件、原材料等）的质量是否符合技术标准所规定的要求，因此就存在一个比较的过程，而要进行比较，就要通过测量或检测获取数据。因此，检验过程事实上是一个"测量→进行比较判断→作出符合性判定→实施处理"的过程。此处所指的处理是指对单个或一批被检实物合格放行，对不合格品作出返工或报废拒收的结论。

【课堂活动 6-1】结合日常生活，举几个自己亲历的检验事例？

6.1.2 产品检验的步骤

1. 检验的准备

熟悉规定要求，选择检验方法，制订检验规范。

2. 获取检测样品

(1) 样品是检测的对象，质量特性客观存在于样品之中，排除其他因素的影响后，可以说样品就客观决定了检测结果。

(2) 取样的途径主要有：送样和抽样两种。

3. 测量或试验

按已确定的检验方法和方案，对产品质量特性进行定量或定性的观察、测量、试验，得到需要的量值和结果。

4. 记录

对测量的条件、测量得到的量值和观察得到的技术状态用规范化的格式和要求予以记载或描述，作为客观的质量证据并保存下来。

5. 比较和判定

由专职人员将检验的结果与规定要求进行对照比较，确定每一项质量特性是否符合规定要求，从而判定被检验的产品是否合格。

6. 确认和处置

检验有关人员对检验的记录和判定的结果进行签字确认。

(1) 对合格品予以放行，并及时转入下一作业过程（工序）或准许入库、交付（销售、使用）。对不合格品，视实际情况分别作出返修、返工或报废处置。

(2) 对批量产品，根据产品批质量情况和检验判定结果分别作出接收、拒收、复检处置。

【知识拓展 6-1】质量可以通过严格的检验予以保证吗？

在 20 世纪初，检验是第一个正式的质量控制手段，许多制造商至今仍相信质量可以通过严格的检验来改进。我们必须明确：检验仅是把好产品和坏产品分开，并不能自动地改进所制造产品的质量。最新的研究表明：虽然几乎所有的检验和质量控制活动都直接在车间里进行，但在车间发现的缺陷产品，有60%～70%直接或间接地属于设计、工序和采购过程的失误。

应该强调的是，质量控制不仅是由检验部门所进行的独立活动，必须让包括负责营销、设计、工艺、采购、生产、包装、发货和运输的所有部门参与。实际上，质量控制还必须包括原材料的供应商和消费者。理解用户的要求和获得他们对所使用产品的准确反馈信息都是十分重要的。

6.1.3 机械产品的质量检验

1. 机械产品的特点

（1）最基本单元是零件，零件一般由原材料制成，材料的微观组成（成分）及各项性能就是零件重要的内在质量要求。

（2）整机产品组成由固定部分和可拆卸部分组成。

（3）整机产品又可分为固定件和运动件两部分，机械的使用功能是通过运动部分在直线、平面、空间的运动实现的。

（4）通过不同方式、方法传递载荷。因此对零件要有适当的强度和刚性等性能要求。对运动件要求有可靠性、耐久性及耐磨性等性能要求。

2. 主要技术性能要求

（1）零件

1）金属材料化学成分。

2）金属材料显微组织。

3）主要结构形式尺寸、几何参数、几何公差及表面粗糙度。

4）力学性能。

5）特殊要求：如互换性、耐磨性、耐蚀性、耐老化性等。

（2）部件和整机

1）运动部件的灵活性，固定部分连接的牢固性。

2）配合部件的互换性。

3）外观质量及主要结构的规格尺寸。

4）输入输出功率、速度、扭矩、动静平衡及完成各种不同作业的功能、技术性能和适用性。

3. 机械产品的检验和试验方法

（1）机械零件检验

1）化学分析。

2）物理试验（机械性试验、无损探伤、金相显微组织检验等）。

3）几何量测量（尺寸精度及形状、位置公差等）。

（2）产品性能的试验。产品性能的试验是按规定程序和要求对产品的基本功能和各种使用条件下的适应性及其他能力进行检查和测量，以评价产品性能满足规定要求的程度，具体包括：

1）功能试验。
2）结构力学试验（一般用于承受动、静载荷的产品）。
3）空运转试验（考察产品在无负载条件下工作状况）。
4）负载试验（考察产品在加载条件下工作状况）。
5）人体适应性试验（考察机械对人体的影响及人体对机械运转影响的耐受程度等）。
6）安全性、可靠性和耐久性试验（考察机械在长期实际使用条件下运行性能）。
7）环境条件试验（考察产品性能对环境的适应性、持续性及稳定性）。

【课堂活动6-2】讨论：机械类的质量检验与电子类、化工类的质量检验有何异同？

6.2 检验计划的编制

6.2.1 检验计划的概念

质量检验计划就是对检验涉及的活动、过程和资源及相互关系做出的规范化的书面（文件）规定，用以指导检验活动正确、有序、协调地进行。

检验计划是产品生产者对整个检验和试验工作进行的系统策划和总体安排的结果，确定检验工作何时、何地、何人（部门）做什么，如何做的技术和管理活动。一般以文字或图表形式明确地规定检验站（组）的设置，资源的配备（包括人员、设备、仪器、量具和检具），选择检验和试验方式、方法和确定工作量。它是指导各检验站（组）和检验人员工作的依据，是产品生产者质量管理体系中质量计划的一个重要组成部分，为检验工作的技术管理和作业指导提供依据。

【课堂活动6-3】在技能实训期间，列举所看到的检验计划，并与所学理论知识对比，是否一致？

6.2.2 编制检验计划的目的

在产品形成的各个阶段，从原材料投入到产品实现，有各种不同的复杂生产作业活动，同时伴随着各种不同的检验活动。这些检验活动是由分散在各生产组织中的检验人员完成的。这些人员需要熟悉和掌握产品及其检验和试验工作的基本知识和要求，掌握如何正确进行检验操作，如产品和组成部分的用途、质量特性、各质量特性对产品功能的影响，以及检验和试验的技术标准，检验和试验项目、方式和方法，检验和试验场地及测量误差等。为此，需要有若干文件做载体来阐述这些信息和资料，这就需要编制检验计划进行阐明，以指导检验人员完成检验工作，保证检验工作的质量。

现代工业的生产活动从原材料等物资投入到产品实现最后交付是一个有序、复杂的过程，它涉及不同的部门、作业工种、人员、过程（工序）、材料、物资和设备。这些部门、人员和过程都需要协同有机配合、有序衔接，同时也要求检验活动和生产作业过程密切协调和紧密衔接。为此，就需要编制检验计划来予以保证。

6.2.3 检验计划的作用

检验计划是对检验和试验活动带有规划性的总体安排，它的重要作用有：

1）按照产品加工及物流的流程，充分利用企业现有资源，统筹安排检验站、点（组）的设置，可以降低质量成本中的鉴别费用，降低产品成本。

2）根据产品和过程作业（工艺）要求合理地选择检验、试验项目和方式、方法，合理配备和使用人员、设备、仪器仪表，有利于调动每个检验和试验人员的积极性，提高检验和试验的工作质量和效率，降低物质和劳动消耗。

3）对产品不合格严重性分级，并实施管理，能够充分发挥检验职能的有效性，在保证产品质量的前提下降低产品的制造成本。

4）使检验和试验工作逐步实现规范化、科学化和标准化，使产品质量能够更好地处于受控状态。

6.2.4 检验计划的内容

质量检验部门根据组织生产作业的技术、生产、计划等部门的有关计划及产品的不同情况来编制检验计划，其基本内容有：

1）编制检验流程图，确定适合作业特点的检验程序。

2）合理设置检验站、点（组）。

3）编制产品及组成部分（如主要零、部件）的质量特性分析表。制订产品不合格严重性分级表。

4）对关键的和重要的产品组成部分（如零、部件）编制检验规程（检验指导书、细则或检验卡片）。

5）编制检验手册。

6）选择适合的检验方式、方法。

7）编制测量工具、仪器设备明细栏，提出补充仪器设备及测量工具的计划。

8）确定检验人员的组织形式、培训计划和资格认定方式，明确检验人员的岗位工作任务和职责等。

【知识拓展6-2】检验流程图的相关内容

1. 检验流程图的基本知识

（1）和产品形成过程有关的流程图有作业流程图（工艺流程图）和检验流程图（图6-1），而检验流程图的基础和依据是作业（工艺）流程图。

（2）作业流程图是用简明的图形、符号及文字组合形式表示的图样，包括作业全过程中各过程输入、输出和过程形成要素之间的关联和顺序。

（3）检验流程图是用图形、符号简洁明了地表示检验计划中确定的特定产品的检验流程（过程、路线）、检验工序、位置设置和选定的检验方式、方法和相互顺序的图样。

2. 检验流程图的编制过程

（1）首先要熟悉和了解有关的产品技术标准及设计技术文件、图样和质量特性分析。

（2）其次要熟悉产品形成的作业（工艺）文件，了解产品作业（工艺）流程（路线）。

(3) 根据作业（工艺）流程（路线）、作业规范（工艺规程）等作业（工艺）文件，设计检验工序的检验点（位置），确定检验工序和作业工序的衔接点及主要的检验工作方式、方法、内容，绘制检验流程图。

(4) 最后，有关人员对编制的流程图进行评审，并且要经过生产组织的技术领导或质量最高管理者或授权人员批准。

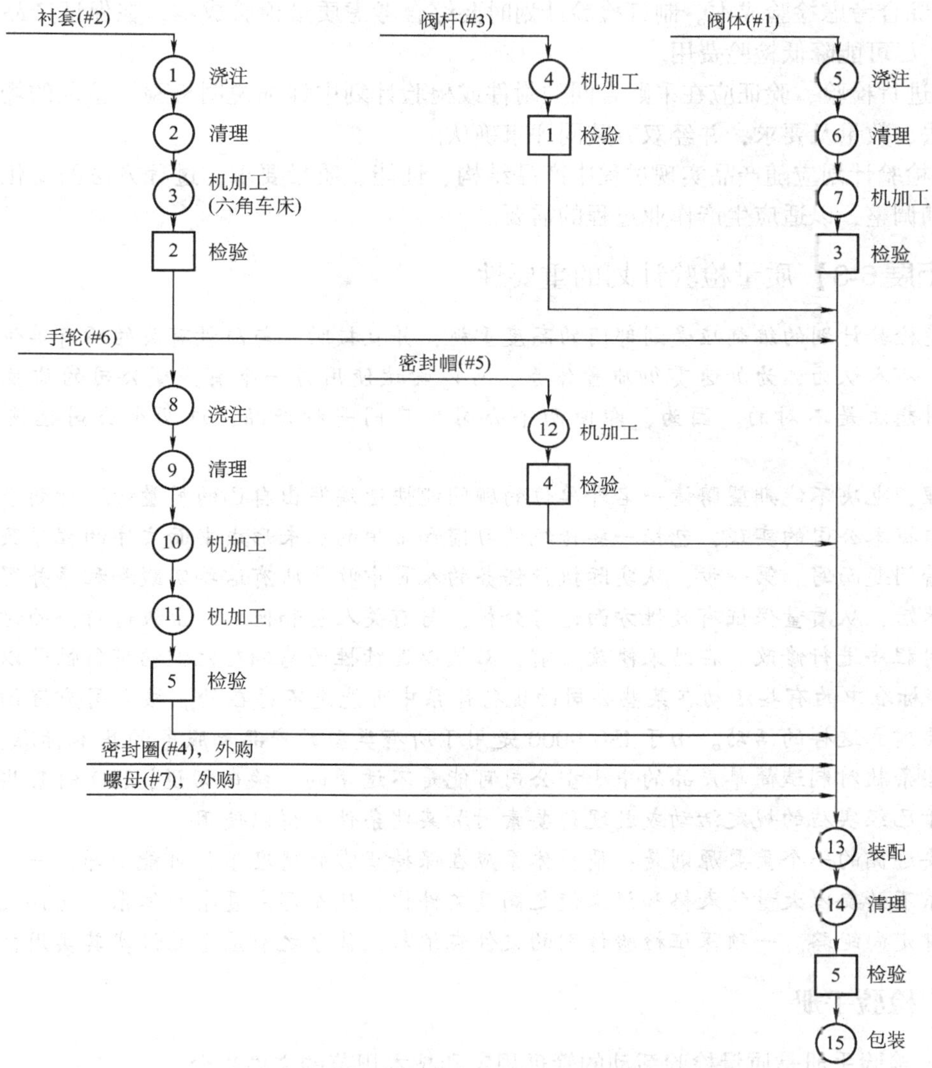

图 6-1　检验流程图示例

6.2.5　编制检验计划的原则

根据产品复杂程度、形体大小、过程作业方法（工艺）、生产规模、特点、批量的不同，质量检验计划可由质量管理部门或质量检验的主管部门负责，由检验技术人员编制，也可以由检验部门归口会同其他部门共同编制。编制检验计划时应考虑以下原则：

1）充分体现检验的目的。一是防止产生和及时发现不合格品，二是保证检验通过的产品符合质量标准的要求。

2）对检验活动能起到指导作用。检验计划必须对检验项目、检验方式和手段等具体内容有清楚、准确、简明的叙述和要求，而且应能使检验活动相关人员有同样的理解。

3）关键质量应优先保证。所谓关键的质量是指产品的关键组成部分（如关键的零、部件），关键的质量特性。对这些质量环节，制订质量检验计划时要优先考虑和保证。

4）综合考虑检验成本。制订检验计划时要综合考虑质量检验成本，在保证产品质量的前提下，尽可能降低检验费用。

5）进货检验、验证应在采购合同的附件或检验计划中详细说明检验、验证的场所、方式、方法、数量及要求，并经双方共同评审确认。

6）检验计划应随产品实现过程中产品结构、性能、质量要求、过程方法的变化作相应的修改和调整，以适应生产作业过程的需要。

【知识拓展 6-3】质量检验计划的重要性

质量检验计划的编制应受到部门的高度重视，并直接听取与质量有关的所有单位和个人的意见。有人认为，为加速贯彻质量体系，可以尝试使用另一个有声望公司的质量检验计划，这种想法是不对的。因为，即使两个公司生产同一种产品，这两个公司也绝不是一样的。

同理，也决不能期望聘请一名外单位的顾问能快速编写出自己的质量检验计划来。检验计划应依据本公司的实践，包括一些传统的习惯和常用的但未形成书面文字的程序及现行体系，带着问题而写。第一步，从实际执行任务的人员中收集所有这些实践和程序并写成书面文字。然后，从质量保证有效性方面进行分析，与有关人员和他们的上级进行全面讨论，需要时应对程序进行修改。在结束修改之前，必须以连续性为基础对他们的可行性予以确认。

ISO 标准中的有些活动在某些公司的现行体系中可能是不存在的。该公司应仔细考虑是否有必要建立这样的活动。由于 ISO 9000 是用于所有类型的产品和服务的基本标准，因此，它的某些条款对制造简单产品的中小型公司可能是不适用的。换句话说，ISO 的某些要求可以依赖于已经实施的规定活动或就现行要素附加某些条件才得以使用。

需要遵循的一个重要原则是：质量体系应在保持正常的情况下尽可能简单。一个良好的质量体系不必要以大量的表格和记录使之高度文件化，从而形成复杂的体系，这样反而有可能使自身走向绝路。一项保证检验计划的文件在纳入该体系之前应全面证实其实用性。

6.2.6 检验手册

（1）检验手册是质量检验活动的管理规定和技术规范的文件集合。

（2）检验手册基本上由程序性和技术性两方面内容组成，它的具体内容可包括：

1）质量检验体系和机构，包括机构框图、机构职能（职责、权限）的规定。

2）质量检验的管理制度和工作制度。

3）进货检验程序。

4）过程（工序）检验程序。

5）成品检验程序。

6）计量控制程序（包括通用仪器设备及计量器具的检定、校验周期表）。

7）检验有关的原始记录表格格式、样张及必要的文字说明。

8）不合格产品审核和鉴别程序。

9）检验标志的发放和控制程序。

10）检验结果和质量状况反馈及纠正程序。

11）经检验确认不符合规定质量要求的物料、产品组成部分、成品的处理程序。

（3）产品和过程（工序）检验手册（技术性文件）可因不同产品和过程（工序）而异。

1）不合格严重性分级的原则和规定及分级表。

2）抽样检验的原则和抽样方案的规定。

3）材料部分，有各种材料规格及其主要性能及标准。

4）过程（工序）部分，有作业（工序）规程、质量控制标准。

5）产品部分，有产品规格、性能及有关技术资料，产品样品、图片等。

6）检验、试验部分，有检验规程、细则，试验规程及标准。

7）索引、术语等。

6.2.7 检验指导书

1. 检验指导书的概念

（1）检验指导书是规定具体操作要求的技术文件，又称检验规程或检验卡片。

（2）它是在产品形成过程中，用来指导检验人员规范、正确地实施产品和过程完成的检查、测量、试验的技术文件。

（3）它是产品检验计划的一个重要部分。

（4）其目的是为重要产品及组成部分和关键作业过程的检验活动提供具体操作指导。

（5）它是质量管理体系文件中的一种技术作业指导性文件，又可作为检验手册中的技术性文件。

（6）其特点是技术性、专业性、可操作性强。

（7）其作用是使检验操作达到统一、规范。

2. 编制检验指导书的要求

（1）对该过程作业控制的所有质量特性，应全部逐一列出，不可遗漏；还可能包括不合格的严重性分级，尺寸公差、检验顺序、检测频率、样本大小等有关内容。

（2）必须针对质量特性和不同标准公差等级的要求，合理选择适用的测量工具或仪器仪表。

（3）当采用抽样检验时，应正确选择并说明抽样方案。

3. 检验指导书的内容

（1）检测对象。

（2）质量特性值。

（3）检验方法。

（4）检测手段。

（5）检验判定。

（6）记录和报告。

（7）其他说明。

4. 检验指导书实例（表 6-1）

表 6-1 检验指导书实例

<table>
<tr><td colspan="2">零件名称</td><td>零件件号</td><td>检验频次</td><td colspan="2">发出日期</td></tr>
<tr><td colspan="2">套筒</td><td>HJX41－03－300</td><td>全检</td><td colspan="2"></td></tr>
<tr><td>注意事项</td><td colspan="5">1. 在测量零件时，必须做好清洁工作，消除毛刺和硬点，保持良好状态
2. 在使用杠杆卡规检验时，活动脚需松开进出，防止零件表面划伤
3. 需用量块校准尺寸，并消除量块误差
4. 在检验接触精度时，需保护塞规清洁，防止拉毛、起线
5. 在使用各种量仪时，应具备有效期内的鉴定的合格证</td></tr>
<tr><td>序号</td><td>检验项目</td><td>检验要求</td><td>测量器具</td><td>检验方法和方案</td><td>重要度</td></tr>
<tr><td>1</td><td>尺寸公差：配合间隙</td><td><0.01</td><td>内径千分尺、量块</td><td>与 100 件研配，
莫氏锥孔</td><td>[2]</td></tr>
<tr><td>2</td><td>表面粗糙度：ϕ60mm 外圆</td><td>Ra 0.1μm</td><td>样板比较</td><td>目测</td><td></td></tr>
<tr><td>3</td><td>表面粗糙度：$\phi60_{-0.10}^{-0.05}$mm 处</td><td>Ra 0.4μm</td><td>样板比较</td><td>目测</td><td></td></tr>
<tr><td>4</td><td>表面粗糙度：莫氏 4 号锥孔</td><td>Ra 0.4μm</td><td>样板比较</td><td>目测</td><td></td></tr>
<tr><td>5▲</td><td>圆度：ϕ60mm 外圆</td><td>0.002mm</td><td>杠杆卡规</td><td>H3－4</td><td>△ [2]</td></tr>
<tr><td>6▲</td><td>平行度</td><td>0.002mm</td><td>杠杆卡规</td><td>H1－2</td><td>△ [2]</td></tr>
<tr><td>7▲</td><td>同轴度</td><td>0.007mm</td><td>扭簧测微仪</td><td>距轴端 150mm 处 H3－5</td><td>△ [2]</td></tr>
<tr><td>8</td><td>接触精度：莫氏 4 号</td><td>≥75%</td><td>莫氏 4 号塞规</td><td>目测</td><td></td></tr>
<tr><td>9</td><td>硬度：ϕ60mm 外圆</td><td>56HRC</td><td>硬度计</td><td>每批抽检一件</td><td></td></tr>
</table>

6.2.8 不合格品管理

1. 不合格品的概念

是指企业生产的产品中不符合质量标准的产品，它包括废品、返修品和超差利用品三类。加强不合格品管理，一方面能降低生产成本，提高企业的经济效益；另一方面对保证产品质量，生产用户满意的产品，实现较好的社会效益也起着重要作用。因此，企业不合格品管理不仅是产品质量保证体系的一个重要组成部分，而且也是现场生产管理的一项重要内容。

2. 不合格分级

（1）不合格分级的类型

1）按产品质量可能出现的不合格。

2）按其质量特性重要程度和偏离规定的程度不同。

3）对产品适用性影响的不同。

（2）不合格分级的作用

1）可以明确检验的重点。

2）有利于选择更好的验收抽样方案。

3）便于综合评价产品质量。

4）对不合格进行分级并实施管理，对发挥质量综合管理和质量检验职能的有效性都有重要作用。

（3）不合格分级的原则

1）所规定的质量特性的重要程度。

2）对产品适用性的影响程度。

3）顾客可能反应的不满意的强烈程度。

4）不合格的严重性分级除考虑功能性质量特性外，还必须包括外观、包装等非功能性的影响因素。

5）不合格对下一作业的影响程度。

3. 不合格严重性分级

目前我国国家标准推荐，将不合格分为 A、B、C 共计 3 个等级，有些行业则分为 4 级。

1）A 类不合格：认为最被关注的一种不合格。

2）B 类不合格：认为关注程度比 A 类稍低的一种类型的不合格。

3）C 类不合格：关注程度低于 A 类和 B 类的一类不合格。

4. 不合格品

具有一个或一个以上的不合格的单位产品，称为不合格品。根据不合格的分类，也可对不合格品进行分类，例如：

1）A 类不合格品：有一个或一个以上 A 类不合格，同时还可能包含 B 类和（或）C 类不合格的产品。

2）B 类不合格品：有一个或一个以上 B 类不合格，也可能有 C 类不合格，但没有 A 类不合格的产品。

3）C 类不合格品：有一个或一个以上 C 类不合格，但没有 A 类、B 类不合格的产品。

【案例分析 6-1】某车间从生产线上随机抽取 1000 个零件进行检验，发现 5 个产品有 A 类不合格；4 个产品有 B 类不合格；2 个产品既有 A 类又有 B 类不合格；3 个产品既有 B 类又有 C 类不合格；5 个产品有 C 类不合格，则该批产品中各类不合格数和不合格品数见表 6-2。

表 6-2　不合格数和不合格品数统计

类型	数量	类型	数量
A 类不合格	7	A 类不合格品	7
B 类不合格	9	B 类不合格品	7
C 类不合格	8	C 类不合格品	5
合计	24	合计	19

6.3　制订检验技术规范的过程

1. 制订检验技术规范的目的

使检验人员有所依据，了解如何进行检验工作，以确保产品质量。

2. 检验技术规范的内容

应包括下列各项：

(1) 适用范围。

(2) 检验项目。

(3) 质量基准。

(4) 检验方法。

(5) 抽样计划。

(6) 取样方法。

(7) 检验后的处置。

(8) 其他应注意的事项。

3. 检验技术规范的制订与修正

由生产管理部门、质量管理部门制订与修正。

4. 检验技术规范内容的说明

(1) 适用范围：列明适用于何种物料或成品的检验。

(2) 检验项目：将实际检验时应检验的项目列出。

(3) 质量基准：明确规定各检验项目的质量基准，作为检验时判定的依据，如无法以文字说明，则用限度样本来表示。

(4) 检验方法：说明在检验各项时，是分别使用何种检验仪器或是以感官检查的方式来检验；如某些检验项目须委托其他机构代为检验，亦应注明。

(5) 抽样计划：采用何种抽样计划表。

(6) 取样方法：抽取样本，必须无偏倚地随机抽取，也可平均抽取样本。

(7) 检验后的处置：属来料（含加工品）者，则依进料检验规定有关要点办理；属成品者，则依成品质量管理作业办法有关要点办理。

【课堂活动 6-4】 讨论：在机械行业中，针对不同的生产厂家，比如模具厂、钢厂、汽车厂等，它们的检验技术规范的侧重点在哪里，有何异同点？

6.4 机械零部件的检验技术规范

6.4.1 总则

根据 GB/T 2828.1—2012、GB/T 2829—2002、GB/T 1800—2009 和 GB/T 1958—2004 制定了本检验技术规范，可以作为工厂编制一般机械零部件的检验项目、内容及要求的依据之一。如果客户另有要求的，或另有标准的，则按顾客的要求或指定行业的标准进行检验。本规范的方案可用于但不限于下述检验：

1) 最终产品。

2) 零部件和原材料。

3) 操作。

4) 在制品。

5) 库存品。

6) 维修操作。

7）数据或记录。

8）管理程序。

本规范仅适用于一般机械零部件，主要用于指导质量检验（QC）部门的日常工作。

6.4.2　引用的标准

对于机械行业的通用零部件，质量检验主要引用以下标准。

GB/T　2828.1—2012《计数抽样检验程序　第 1 部分：按接收质量限（AQL）检索的逐批检验抽样计划》。

GB/T　2829—2002《周期检验计数抽样程序及表》。

GB/T　1800—2009《产品几何技术规范（GPS）　极限与配合》。

GB/T　1958—2004《产品几何量技术规范（GPS）　形状和位置公差检测规定》。

6.4.3　术语、定义、符号

规范本部分的全部术语、定义、符号引用 GB/T　2828.1 逐批计数抽样检验标准第 1 部分，规范未列出的术语、定义、符号也可参考该标准的第 3 部分。

1. 单位产品

可单独描述和考察的事物。

例如：一个有形的实体，一定量的材料，一项服务、一次活动或一个过程，一个组织或个人，上述项目的任何组合。

2. 不合格

不满足规范的要求。

3. 不合格品

具有一个或一个以上不合格的产品。

4. 缺陷

不满足预期的使用要求。

5. 不合格品百分数

（1）样本不合格品百分数。样本中的不合格品数除以样本量再乘以 100，即

$$\frac{d}{n}\times 100 \tag{6-1}$$

式中　d——样本中的不合格品数；

n——样本量。

（2）总体或批不合格品百分数。总体或批中的不合格品数除以总体量或批量再乘以 100，即

$$100p = 100D/N \tag{6-2}$$

式中　p——不合格品率；

D——总体或批中的不合格品数；

N——总体量或批量。

6. 每百单位产品不合格数

（1）样品每百单位产品不合格数。样品中不合格数除以样本量再乘以 100，即

$$\frac{d}{n}\times 100 \tag{6-3}$$

式中　d——样本中的不合格数；

n——样本量。

（2）总体或批每百单位产品不合格数。总体或批中的不合格数除以总体量或批量再乘以100，即

$$100p = 100D/N \tag{6-4}$$

式中　p——每百单位产品不合格数；

D——总体或批中不合格品数；

N——总体量或批量。

注：一个单位产品可能包含一个或一个以上的不合格。

6.4.4　检验方案

全检项：要求外观电镀色差相同，尺寸保持一致性。

抽检项：批量小于50PCS，抽检5件。

检验的依据及优先顺序：

第一为物料承认书，第二为图样，第三为本检验规范。

6.4.5　检验设备

常用检验设备包括游标卡尺、千分尺、游标高度卡尺、直角尺、塞尺、圆规、螺纹塞规、环规、大理石平台、投影仪、检测夹具、色板、喷砂样板或签样。

6.4.6　检验程序

1）对照图样要求的版本，是否与实物一致。

2）清点图样要求的数量，是否与实际相符。

3）识别图样要求的材料，是否与实物相符。

4）审查技术说明，留意是否有对称件；不同类型的热处理、表面粗糙度度等对加工的要求；外文的注释说明。

5）审核图样的尺寸、几何公差、外观要求、表面粗糙度等，决定检查方法，合理选用量具，保证检测质量。

6）QC按次序对工件进行检验，检验完一个尺寸，作一个记号，不能漏检。

7）检出不良品，由组长或厂部确认是否需返修，报废。

8）检验完毕签署检验记录，按要求清洗工件，清点包装，粘贴标志。

9）入库、出货。

【知识拓展6-4】 检验程序的注意事项

1）审图时注意图样是否模糊不清、是否漏盖工艺章。

2）图样数量理论上只许多不能少。

3）审核所有材料，避免错料，混料。

4）检查是否有漏加工之处。

5）图样要求热处理、发蓝处理的，关注是否除锈，留量，堵孔，发蓝处理淬火前的攻螺纹加工等。

6）留意零件与图样其他不符之处，比如方向相反等。

6.4.7 主要检验内容

1. 材料

机械零件的常用材料见表6-3。

表6-3 机械零件的常用材料

序号	名称	常用型号
1	铝	AL6061、LY12、A5052、7075、2014
2	黄铜	C3604、C2801P、PTFE、H62
3	青铜	C5241，BC6
4	不锈钢	SUS303、SUS304、SUS301、SUS302
5	可热处理不锈钢	SUS440C
6	白赛钢	白 POM、Dtrlin
7	黑赛钢	黑 POM
8	特弗龙	PT
9	铁（热轧板）	SPHC
10	铁（冷轧板）	SPCC
11	铬钢	SKD、NAK55、NAK80
12	45 钢	SS400、SGD400 - D

2. 外观检测

（1）外观检视条件

1）视力：矫正视力1.0以上。

2）目视距离：检查物距眼睛A级面40cm，B、C距眼睛一臂远。

3）目视角度：45°~90°（检查时产品应转动）。

4）目视时间：A级面15s/面，B、C面10s/面。

5）灯光：大于500LUX的照度。

（2）基本术语和定义

1）A级表面：在使用过程中总能被客户看见的部分（如：面壳的正面和顶面，后壳的顶面，手柄、透镜、按键及键盘的正面，探头的整个表面等）。

2）B级表面：在使用过程中常常被客户看见的部分（如：面壳的左右侧面，底壳或后壳的左右侧面及背面等）。这些表面允许有轻微不良，但是不致引起挑剔客户不购买产品。

3）C级表面：在使用过程中很少被客户注意到的表面部分（如：面壳的底面，底壳或后壳的底面，内部零件表面）。此表面的外观缺陷应合理而且不至于给客户觉得该产品质量不佳。

4）D 级表面：在使用过程中几乎不被客户看到部分（如：产品的内部件表面），此表面的缺陷合理不能影响零件的使用性能。

5）金属表面：包括电镀、发蓝、钝化等表现为金属质感的表面，非喷涂表面。

6）拉丝：是一种砂带磨削加工，通过砂带对金属表面进行磨削加工，除去表面缺陷，并形成具有一定粗糙度、纹路均匀的装饰表面。

7）基材花斑：电镀或发蓝前因基体材料腐蚀，材料中的杂质、微孔等原因所造成的，与周围材质表面呈现不同光泽或粗糙度的斑块状花纹外观。

（3）外观检验方法

1）使用材料应符合有效版本图样的要求，材料本身应无变形、划伤、氧化变色。

2）表面光滑、平整、无毛刺、变形、锈蚀、裂纹、压折、夹渣、气孔等；预埋件、铆件应牢靠、无松动，螺纹无缺损、无腐蚀等；不允许有加工遗留物。

3）零件的喷塑、喷漆层应均匀、连续，无缩孔、起泡、开裂、剥落、粉化、流挂、露底（局部无涂层或涂料覆盖不严）、指印等缺陷。

4）热处理方法应符合有效版本图样要求，热处理后不应有过烧、发蓝、脱碳、热裂、变形、斑点、翘曲及表面晶粒不均不良现象。

5）对工件的非喷漆表面可允许缺陷。

常见表面缺陷见表 6-4。

表 6-4　常见表面缺陷

外观缺陷类型	缺陷所处表面类型	允许范围		
		A 级表面	B 级表面	C 级表面
基材花斑	金属表面	不允许	不允许	$S_{总}$≤被测面积的 5%
浅划痕	所有表面	不允许	L≤50×0.4，P≤2	P≤5
深划痕	所有表面	不允许	不允许	不允许
凹坑	非拉丝和喷砂面	不允许	直径小于或等于 0.5，P≤2	不限制
凹凸	所有表面	不允许	不允许	直径小于或等于 2.0，P≤5
抛光区	金属表面	不允许	不允许	$S_{总}$≤被测面积的 5%
烧伤	拉丝面	不允许	不允许	不限制
水印	电镀、发蓝	不允许	S≤3.0，P≤1	不限制
露白	镀彩锌	不允许	不允许	S≤4.0，P≤3
修补	喷塑、电泳漆	不允许	S≤3.0，P≤2	$S_{总}$≤被测面积的 5%
颗粒	所有表面	不允许	直径≤1.0，P≤2	直径≤3.0，P≤5
挂具印	所有表面	不允许	不允许	不限制
图文损伤	印刷图文	不允许	不允许	不允许
色点	所有表面	S≤0.3，P≤2，L≤50	S≤0.5，P≤3，L≤50	$S_{总}$≤被测面积的 2%
露底	电镀	不允许	不允许	不允许

注：S 为单个缺陷面积（mm^2），P 为缺陷数量（个），L 为缺陷长度或间距（mm）。

3. 尺寸检测

（1）标注公差尺寸检验方法及标准。用游标卡尺、游标高度卡尺、直角尺、指示表、平台、投影仪、高度测量仪或检测夹具等进行检验。

标准：实测尺寸偏差应符合图样公差要求。

（2）未标注公差尺寸检验方法及标准。用游标卡尺、游标高度卡尺、直角尺、指示表、平台、投影仪、高度测量仪或检测夹具等进行检验。

标准：实测尺寸偏差应符合下文的公差要求。

（3）螺纹检验方法及标准。使用符合6g（外螺纹）或6H（内螺纹）公差要求的螺纹塞规。

标准要符合通止规要求。

（4）线性尺寸要求

1）线性尺寸的极限偏差数值见表6-5（外尺寸按负极限偏差；槽、孔按正极限偏差）。

表6-5 线性尺寸的极限偏差数值 （单位：mm）

尺寸范围	0.5～3	>3～6	>6～30	>30～120	>120～400	>400～1000	>1000～2000	>2000～4000
公差（中等m）	±0.1	±0.1	±0.2	±0.3	±0.5	±0.8	±1.2	±2

2）角度尺寸的极限偏差数值见表6-6。

表6-6 角度尺寸的极限偏差数值 （单位：mm）

长度	0～10	10～50	50～120	120～400	>400
公差（中等m）	±1°	±30′	±20′	±10′	±5′

3）直线度和平面度的未注公差值见表6-7。

表6-7 直线度和平面度的未注公差值 （单位：mm）

长度	≤10	>10～30	>30～100	>100～300	>300～1000	>1000～3000
公差（H）	0.02	0.05	0.1	0.2	0.3	0.4

4）垂直度未注公差值见表6-8。

表6-8 垂直度未注公差值 （单位：mm）

长度	≤100	>100～300	>300～1000	>1000～3000
公差（H）	0.2	0.3	0.4	0.5

5）对称度未注公差值见表6-9。

表6-9 对称度未注公差值 （单位：mm）

长度	≤100	>100～300	>300～1000	>1000～3000
公差（K）	0.5			

（5）铝件、钢件表面处理后的尺寸变化见表6-10。

表6-10 表面处理后的尺寸变化（单位：mm）

序号	表面处理	面单边增厚范围	孔单边小范围
1	铝发白	0.002～0.003	0.001～0.002
2	铝发黑	0.004～0.005	0.004～0.005
3	镀镍	一般要根据客户要求，可以控制在0.004～0.006	大于ϕ10的零件为0.004～0.006，小于ϕ10的忽略不计
4	镀铬	0.003～0.005	大于ϕ10的零件为0.003～0.005，小于ϕ10的忽略不计
5	镀锌	0.005～0.007	0.005～0.007
6	铝硬白	0.008～0.01	0.008～0.01

4. 几何公差检测

（1）常用几何公差项目及符号见表6-11。

表6-11 常用几何公差特征项目、符号及说明

分类	特征项目	符号	说明
形状公差	直线度	⏤	直线度用来限制素线、棱线、轴线及平面上某一直线加工后的形状误差
	平面度	⏥	平面度用来限制零件上的平面在加工后不平程度的形状误差
	圆度	○	圆度用来限制回转表面上某轴截面的圆形误差
	圆柱度	⌭	圆柱度用来限制所给整个圆柱表面，加工后的实际形状对理想形状的偏离
	线轮廓度	⌒	线轮廓度用来限制零件上任一曲线或曲面任一截交曲线，加工后的实际形状对其理想形状的变动量
	面轮廓度	⌓	面轮廓度用来限制零件上任一曲面，加工后的实际形状误差
方向公差	平行度	//	平行度用来限制零件上一直线或平面对基准直线或平面，加工后所产生的不垂直程度的误差
	垂直度	⊥	垂直度用来限制零件上一直线或平面对基准直线或平面，加工后所产生的不垂直程度的误差
	倾斜度	∠	倾斜度用来限制零件上一斜面或斜直线，对基准平面倾斜角度的误差
	线轮廓度	⌒	线轮廓度用来限制零件上任一曲线或曲面任一截交曲线，加工后的实际形状对其理想形状的变动量
	面轮廓度	⌓	面轮廓度用来限制零件上任一曲面，加工后的实际形状误差
	同轴度	◎	同轴度用来限制共轴表面中被测表面轴线对基准轴线歪斜程度
位置公差	对称度	⌯	对称度用来限制加工表面的对称平面对基准平面或轴线歪斜的程度
	位置度	⌖	位置度用来限制零件加工后的一些实际点、线、面对其理想位置的最大偏离量
	线轮廓度	⌒	线轮廓度用来限制零件上任一曲线或曲面任一截交曲线，加工后的实际形状对其理想形状的变动量
	面轮廓度	⌓	面轮廓度用来限制零件上任一曲面，加工后的实际形状误差

（续）

分类	特征项目	符号	说明
跳动公差	圆跳动	↗	圆跳动用来限制零件上圆柱面、圆锥（任意回转曲面）及端面上，某一横截面（或直径位置上）上，回转一周测得对基准轴线（或平面）的最大偏离量
	全跳动	⌰	全跳动用来限制零件上回转面或端面，整个表面对基准轴线（或平面）的最大偏离量

（2）几何公差检测

1）平面度的简单测量。把工件被测面放在平板上，用目测法观察工件与平板之间缝隙的大小进行测量；把工件被测面放在平板上用塞尺进行测量；用三个千斤顶（可调支撑顶尖）把被测面朝上支撑好，用游标高度卡尺装上杠杆指示表找正好三个基准点后进行测量。

2）平行度的简单测量。把工件基准面朝下放在平板上，用指示表对正被测面并使指针偏摆过半圈左右，紧贴平板轻轻推动工件，从指示表上读出指针的变动量；把工件基准面朝下放在平板上，用游标高度卡尺装上杠杆指示表对正被测面并使指针偏摆过半圈左右，紧贴平板轻轻推动游标高度卡尺，从杠杆指示表上读出指针的变动量。

3）圆跳动或同轴度的简单测量。把轴类零件相同尺寸的部位（基准圆）放在一个或两个 V 形槽内，与带指示表的高度规一起放在平板上，把测头对准被测部位，慢慢转动零件，读出表上的指针的变动量就可得到圆跳动或同轴度的值。

4）对称度的简单测量。轴上的键槽的对称度，一般是放在平台上，使用 V 形架和指示表（带座），先测一边的槽面，固定测头，然后旋转 180°再测另外的一边，其差值即为对称度。

5）垂直度的简单测量。把工件基准面朝下压住并紧贴在平板上，用指示表对正被测垂面并使指针偏摆过半圈左右，摇动高度计的手柄，使指示表的测头在工件被测垂面上下移动，从指示表上读出指针变动量。

6）螺纹位置度的简单测量。螺纹孔相对于外径的位置度很难测量，可在加工螺纹前测量加工光孔的位置度。

除此外，各几何公差测量可利用投影仪、高度仪、三坐标测量机等进行准确测量。

【知识拓展 6-5】检验误差的概念及其种类

检验误差被定义为测得值与被测量真值之差，检验误差不可避免。几何量的测量准确度常用绝对误差表示，电子量用相对误差表示。

产生检验误差的因素有测量器具的固有误差、测量标准带来的误差、被测对象本身造成的误差、环境因素影响的误差、测量方法引入的误差、操作者的人为过失误差。

检验人员产生检验误差主要是因为错检和漏检造成的检验误差，其类型有技术性误差、粗心大意误差、程序性误差、明知故犯误差。

本章小结

为了保证制造过程的质量，对输入过程的信息、要求和输出的产品以及在过程中的适当阶段进行必要的检查、验证。质量检验是通过一个过程来实现的，因此应制订文件化规范（或程序），将质量检验作为过程通过文件规定它的活动途径。编制质量检验技术规范是质量管理体系的一部分，本章主要讲述了机械产品质量检验技术规范的基本概念和基本内容，包括检验的概念和步骤、质量检验计划的编制、检验的技术规范等。其中，质量计划的编制主要有检验流程图、检验手册、检验指导书等内容。通过本章的学习，可以编制机械常用零件的质量检验技术规范。

自我测试

1. 什么是检验和检验计划？
2. 质量检验在质量管理体系中有什么作用？
3. 质量检验有哪几方面内容？
4. 检验作业指导书（或检验规程）一般包括哪些内容？
5. 什么是不合格品？经检验被判为不合格品有哪四种类型？
6. 检验技术规范的内容包括哪些？

第 7 章　质量控制新工具及应用

【学习目标】

知识目标：

➢ 熟悉关系图法的含义、步骤与应用；
➢ 熟悉 KJ 法的含义、步骤与应用；
➢ 熟悉系统图法的含义、步骤与应用；
➢ 熟悉矩阵图法的含义、步骤与应用；
➢ 熟悉矩阵数据分析法的含义、步骤与应用；
➢ 熟悉 PDPC 法的含义、步骤与应用；
➢ 熟悉网络图法的含义、步骤与应用。

技能目标：

➢ 会绘制关系图；
➢ 会绘制 KJ 图；
➢ 会绘制系统图；
➢ 会绘制矩阵图；
➢ 会绘制矩阵数据分析；
➢ 会绘制 PDPC 图；
➢ 会绘制网络图。

【引例】

新工具的来源与应用

20 世纪 50 年代以来，由于科学技术和工业生产的发展，对质量要求越来越高。要求人们运用“系统工程”的概念，把质量问题作为一个有机整体加以综合分析研究，实施全员、全过程、全企业的管理。20 世纪 60 年代，在管理理论上出现了“行为科学”学派，主张调动人的积极性，注意人在管理中的作用。随着市场竞争，尤其国际市场竞争的加剧，各国企业都很重视“产品责任”和“质量保证”问题，加强内部质量管理，确保生产的产品使用安全、可靠。在上述背景条件下，显然仅仅依赖质量检验和运用统计方法已难以保证和提高产品质量，也不能满足社会进步要求。1961 年，菲根堡姆提出了全面质量管理的概念。

日本质量管理专家在推行全面质量管理工作的过程中，引进学习美国质量管理理论，开发、应用了新老七种工具，为开展质量改进，普及统计技术应用提供了有效的途径。

老七种工具起源于 1962 年日本科学技术联盟，20 世纪 70 年代备受日本工业界推崇，并很快在日本的工厂企业现场质量管理中发挥了巨大作用。老七种工具有调查表、分层法、直方图、散布图、排列图、因果图、控制图，适用于生产现场、施工现场、服务现场解决质量问题和改进质量。日本质量管理专家从1972年4月日本科学技术联盟的“质量控制手法开发部会”开始探索、研究和实践，连续坚持了数年，不断地从运筹学、系统工程、价值工程等管理科学中吸取有益的方法，终于在1977年提出了质量管理新七种工具，并在日本企业中推行实施。1978年由日本水野滋、近藤良夫教授召开研讨会命名为“质量管理新七大手法”。1979年，日本科技联盟正式公布新七大管理手法。

新七种工具包括系统图法、关系图法、KJ图法、矩阵图法、矩阵数据分析法、PDPC法及网络图，适用于管理人员决策之用，如怎样收集数据、明确问题、抓住关键、确定目标和手段、评价方案、制订切实可行的对策计划等。

质量管理新七种工具的应用，可归纳如下：

关系图法——理清复杂因素间的关系；

KJ图法——从杂乱的语言数据中汲取信息；

系统图法——系统地寻求实现目标的手段；

矩阵图法——多角度考察存在的问题，变量关系；

矩阵数据分析法——多变数转化少变数资料分析；

PDPC法——预测设计中可能出现的障碍和结果；

网络图法——合理制订进度计划。

生活及工作中当遇到问题时，需要透过问题分析与解决的程序加以处理，利用老七种工具与新七种工具搭配使用，能让我们迅速找到问题解决之道。

7.1 关系图法

7.1.1 关系图法的概念

关系图法就是把关系复杂而相互纠缠的问题及其因素，用箭头连接起来的一种图示分析工具，通过分析其因果关系，从而找出主要因素的一种方法。20世纪60年代，由日本应庆大学的千住镇雄教授开发出来，正式的全名叫“管理指标间的关联分析”。关系图法的目的就是表示出问题和原因的因果关系。

在现代企业管理中，必须注意提高产品质量、降低成本、缩短交货期、节省资源和能源、提高自动化程度等问题。然而涉及这些问题的主要因素之间的关系非常复杂，不能按常规的解决办法，只依靠一个人或少数几个人，一个一个地找出这些因素，去解决问题，而且必须依靠有关部门及有关人员共同协作，广泛而有效地进行工作才行。使用“关系图法”拥有自由表达的特点，再加上没有图形制作上的限制，因此转变和开放思考及实施应用对策都变得很容易，可加速在质量管理方面的改善工作。

7.1.2 关系图法的类型

关系图法可分为多目的型、单一目的型和应用型。

1. 多目的型

这是一种用于解决两个以上目的的关系图法，如图7-1所示。用于推行全面质量管理、方针目标管理和改进业务等，它对于解决多种目的问题很有效，有其特有的长处。

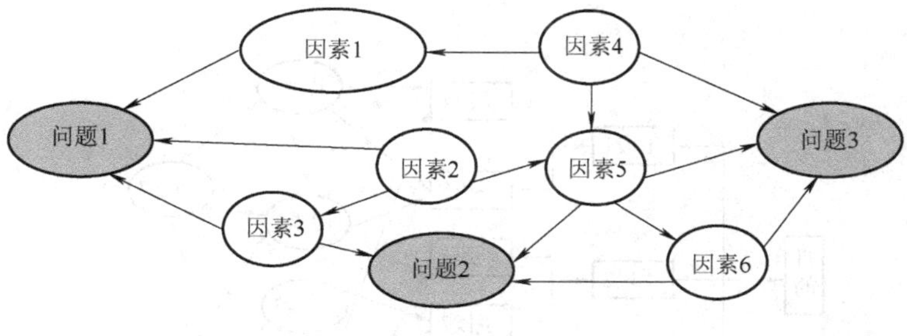

图 7-1 多目的型关系图

2. 单一目的型

这是一种用于解决单一目的的关系图法，按图形结构又可分为单向汇集型和中央集中型，如图 7-2 和图 7-3 所示。

（1）单向汇集型。这种图型是把重要项目或解决的问题放在右侧（或左侧），将各因素按主要因果关系的顺序，尽量从左侧（或右侧）向右侧（或左侧）排列，如图 7-2 所示。

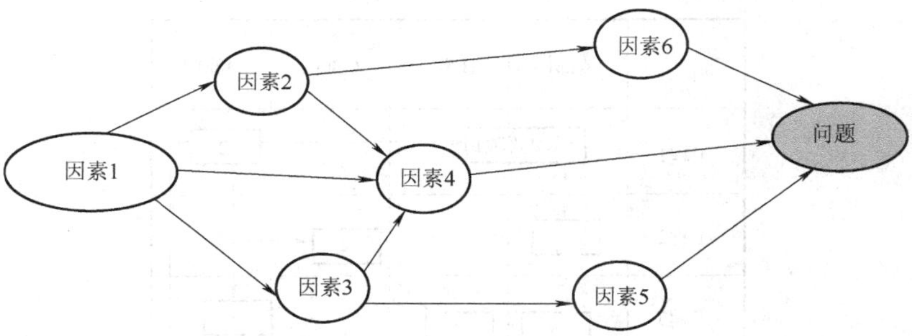

图 7-2 单向汇集型关系图

（2）中央集中型 这种图型是把重要项目或应解决的问题尽量放在中央位置，从最密切的因素开始，把有关的各因素从近至外排列在其周围，如图 7-3 所示。

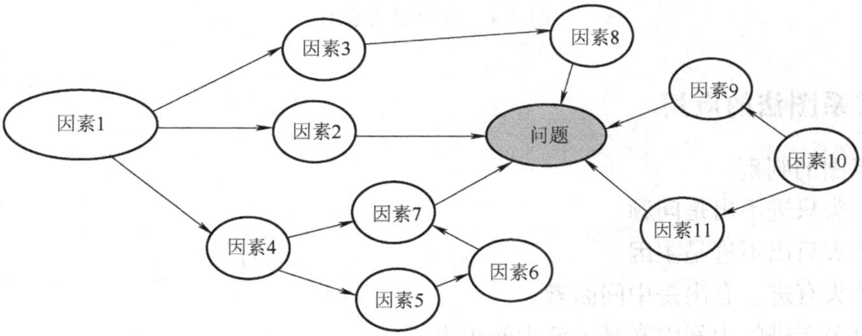

图 7-3 中央集中型关系图

3. 应用型

这是以上述几种型式为基础，进一步组合运用的关系图，也有多目的型和单一目的型之分。

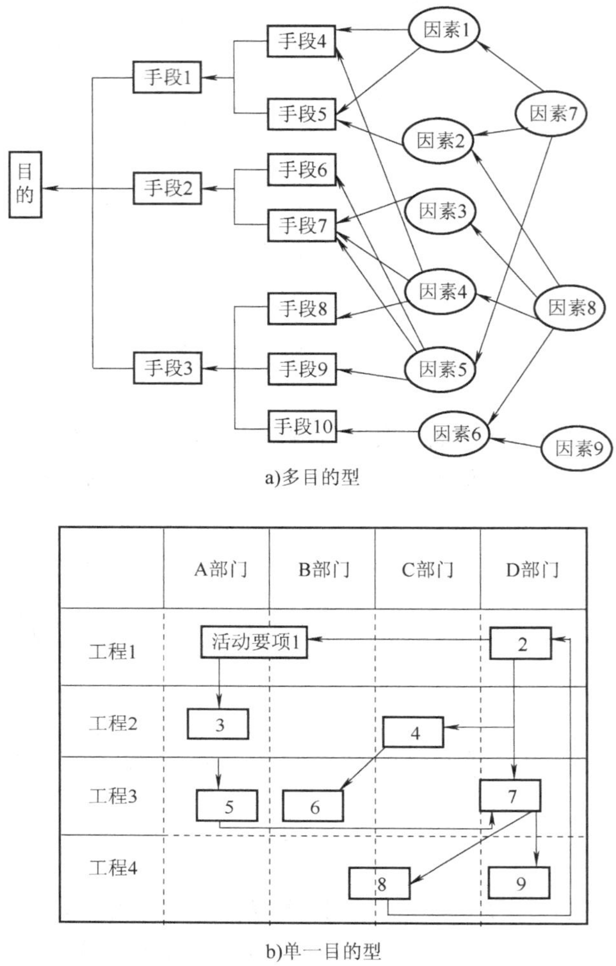

图 7-4　应用型关系图

7.1.3　关系图法的应用

1. 关系图的判别

（1）箭头只进不出是问题。

（2）箭头只出不进是主因。

（3）箭头有进、有出是中间因素。

（4）出多于进的中间因素是关键中间因素。

【课堂活动 7-1】 现有 8 个因素，已知其中①影响④⑤，②影响①③⑥，③影响④，⑤受④的影响，⑧⑤受⑥的影响，⑦影响③④⑧。问：其中哪些是主要因素，哪些是主要问题？

答案：关系图如图 7-5 所示，2、7 是主要因素，5、8 是问题。

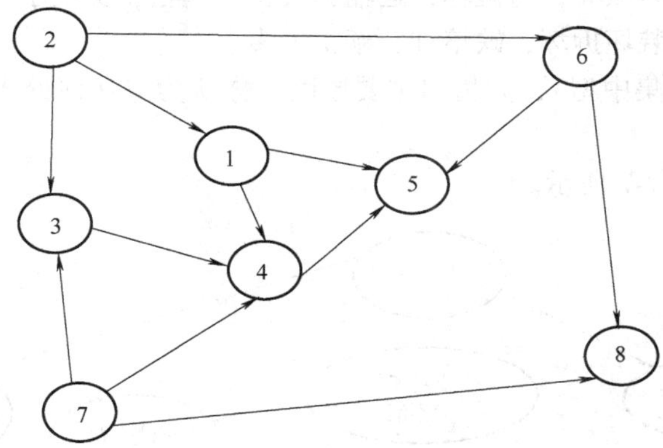

图7-5 关系图

2. 关系图法的绘制

关系图法的绘制步骤如下：

（1）确定题目：以标记写出主题。

（2）小组组成：几何有关部门人员组成小组。

（3）资料收集：运用脑力激荡，寻找原因；用简明通俗的语言作卡片；连接因果关系制作关系图。

（4）修正图形：讨论不足，修改箭头；找出重要项目；原因并以标记区别。

（5）形成文章：整理成文章使别人易懂；提出改善对策。

【案例分析7-1】某车间照明耗电量大，质量控制小组针对此情况运用关系图进行原因分析。

质量控制小组对该车间照明耗电量大进行了研究，他们分析了影响照明耗电量大的因素，制成了图7-6所示的关系图。

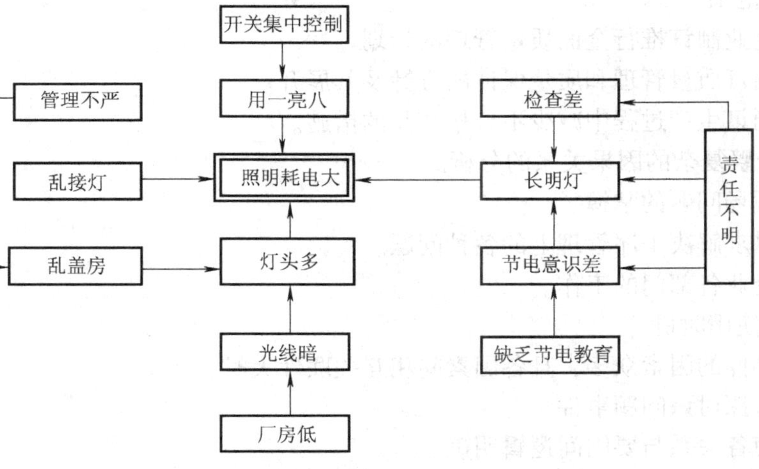

图7-6 车间照明耗电量大原因分析的关系图

【案例分析7-2】某汽车零部件厂质量控制小组分析零件损失严重的原因时有下列几个

因素：包装方式落后，易散失，易碰坏，运输丢失，管理松，交接手续不清，无法索赔，私自送人，责任心不强，装坏拆坏，缺培训，新工人多。

请画关系图（中央集中型），并指出主要原因，你认为应从何处入手开展下一步的改善工作？

答案：关系图如图 7-7 所示。

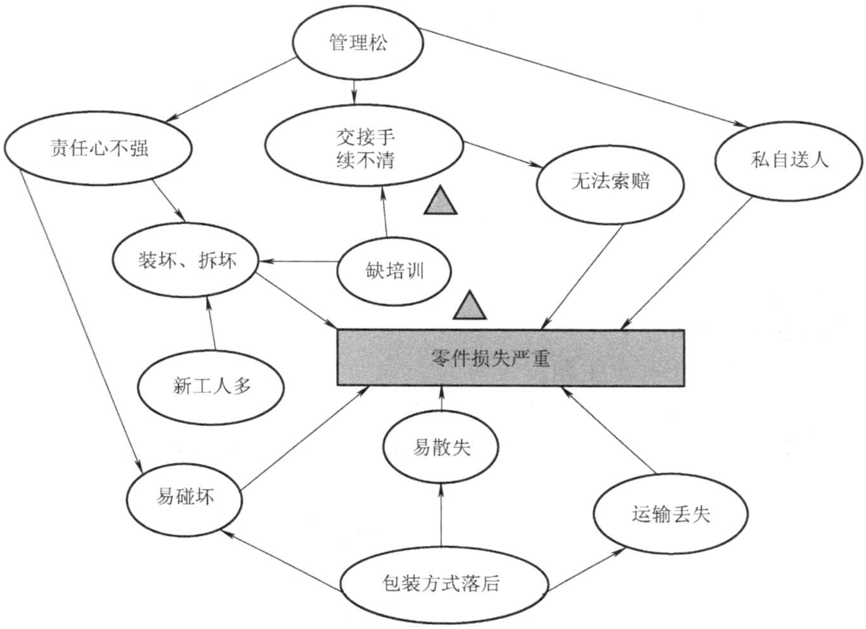

图 7-7　零件损失原因分析的关系图

3. 关系图法的适用范围及注意事项

（1）适用范围

1）用于企业制订推行全面质量管理的计划。

2）用于制订质量管理和质量保证的方针及其展开。

3）用来制订生产过程中减少不合格产品的措施。

4）用于纷繁复杂的因果关系的分析。

5）用于现场问题的掌握。

6）用来寻求解决工序管理上的各种问题。

7）改进企业各部门的工作。

（2）最佳使用时机

1）影响事件的因素众多，且各因素间相互关联性大时。

2）欲深入探讨该问题事件。

3）想要使各关系与要因间逻辑明确。

4）想要掌握问题的来龙去脉。

（3）注意事项

1）应尽可能广泛地搜集情报，抓住问题。

2）从人、机、料、法、环、测等方面查找因素。

3）针对找到的原因排序时适当调换位置。

4）要针对复杂的因果关系，在诸多因素中找出最主要因素，中间关键因素也要作为主因对待。

5）要反复修改图型。

7.2　KJ法

7.2.1　KJ法的概念

KJ法是1953年日本川喜田二郎在探险尼泊尔时，整理野外的调查结果资料时研究开发的，就是把大量收集到的事实、意见或构思等语言资料，按其相互亲和性（相近性）归纳整理，使问题明确起来，求得统一认识和协调工作，以利于问题解决的一种方法。

这种方法不是用数据说明问题，而是用文字说明问题，是在讨论问题时，将参加者的经验、知识和想法等，变成具体的文字，并进行整理，从而得到思想统一、意见一致的解决问题的方法。

KJ法的主体方法是A型图解（也称为亲和图）。简言之，就是未知或未经检验过的（包括未来）领域中的混乱问题，搜集其事实、意见及设想等方面的语言文字资料，然后利用资料间的相互亲和性作成归类合并图，进而从中找到所要解决的问题。

人的大脑分左右两个部分，人类的思维行为受大脑左边部分的支配，是理性的，不是创造性的。如果抑制左脑的功能，有意识地使人的右脑活跃起来，就可以进行创造性的思考，KJ分析法正是基于以上原理来分析解决问题的。

7.2.2　KJ法的应用

1. KJ法的绘制步骤

1）确定课题，有三个方面：对没有掌握好的杂乱无章的事物以求掌握，对还没理清的杂乱思想加以综合整理归纳，对旧观念重新整理归纳。

2）按照客观事实，收集语言资料。有以下方法：直接观察法、面谈阅读法、个人思考法等。

3）简明语言卡片化。

4）整理、综合卡片（卡片编组）。

5）编组编写主卡片。

6）制图。

7）口头发表或撰写报告。

【案例分析7-3】某公司常发生交货期不准事件，屡次受到顾客的抱怨。请利用亲和图法寻找原因出自何处？

（提示：目前收集到以下语言数据：①包装错误；②锅炉故障；③机器老旧；④物料延误；⑤产品色泽太深；⑥经常停电；⑦停水；⑧机器保养不周；⑨原料贮存变质；⑩设备操作不当；⑪人员疲劳；⑫工作环境差；⑬人员不足；⑭人员流动高；⑮订单日期太近；⑯订

单临时增加；⑰通知生产太迟；⑱产品重量不符合；⑲品质不合格；⑳交货期不准；㉑缺能源；㉒机器故障；㉓工作效率低；㉔原料管理差；㉕生产计划不周。)

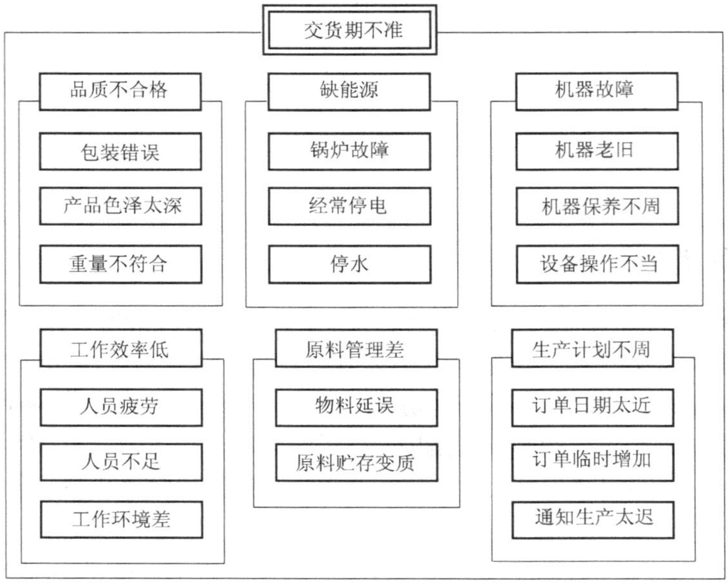

图 7-8　交货期不准原因分析图

2. KJ 法的应用

KJ 法的应用范围很广，常用于以下生产管理活动中：

1）用来认识事物，归纳思想，提出新的方针。可以迅速掌握未知领域的实际情况，找出解决问题的途径。

2）用于改变现状，提出新的方针。对于难以理出头绪的事情进行归纳整理，提出明确的方针和见解。

3）通过管理者和员工的一起讨论和研究，有效地贯彻和落实企业的方针政策。

3. 注意事项

1）确定卡片时，按各因素之间的相似性分类。

2）应慢不应急，不适应速战速决的问题和简单的问题。

7.3　系统图法

7.3.1　系统图法的概念

系统图法就是把要实现的目的与需要采取的措施或手段系统地展开，并绘制成图，以明确问题的重点，寻找最佳手段或措施的一种方法。

系统图将问题分成目的与手段的关系进行系统地分析，以获得解决问题的可实施方案；并将构成改善对象的要素分成目的与手段或原因与结果的关系，经过系统地整理后，明确改善对象构成要素的相互关系。这样，就能对全部问题有一个全面认识，不仅能明确问题的重点，而且能找到达到预定目的需要采取的最好手段和方法。

7.3.2　系统图法的类型

在系统图法中，所用的系统图可分为两大类：一是把组成事项的要素展开为目的—手段关系（上一级手段成为下一级手段的行动目的），称为“结构要素展开型”，如图 7-9 所示；二是把为了解决问题和达到目的、目标的手段、措施加以系统地展开，称为“方法展开型”，如图 7-10 所示。

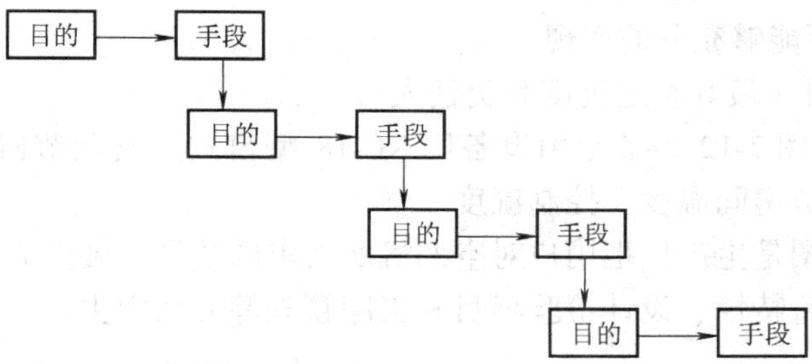

图 7-9　结构要素展开型系统图

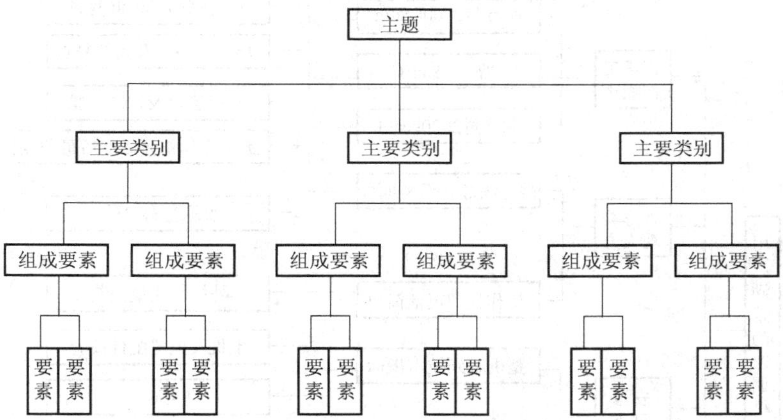

图 7-10　方法展开型系统图

【课堂活动 7-2】整理切削功能，绘制系统图，如图 7-11 所示。

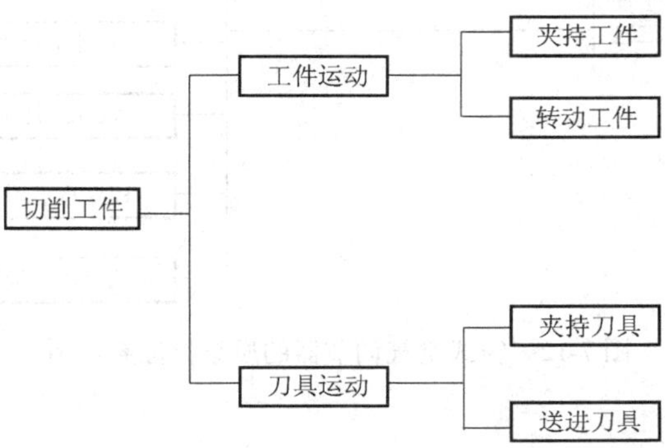

图 7-11　切削功能系统图

7.3.3 系统图法的应用

1. 系统图法的绘制步骤

1）确定目标或目的。

2）提出手段和措施。

3）评价手段和措施。

4）绘制措施卡片，制成系统图。

5）确认目标是否能够充分的实现。

6）制订实施计划（最好确定进度和责任人）。

【案例分析 7-4】图 7-12 为某专用设备厂 KC-18 型窗式空气调节器的质量保证系统图。窗式空调器能自动调节房间温度，控制湿度。

该质量保证系统图是生产厂把用户对空调机所要求的质量，展开为设计质量，进而把设计质量贯穿到管理质量特性、设计检验项目和工序管理等方面中去。

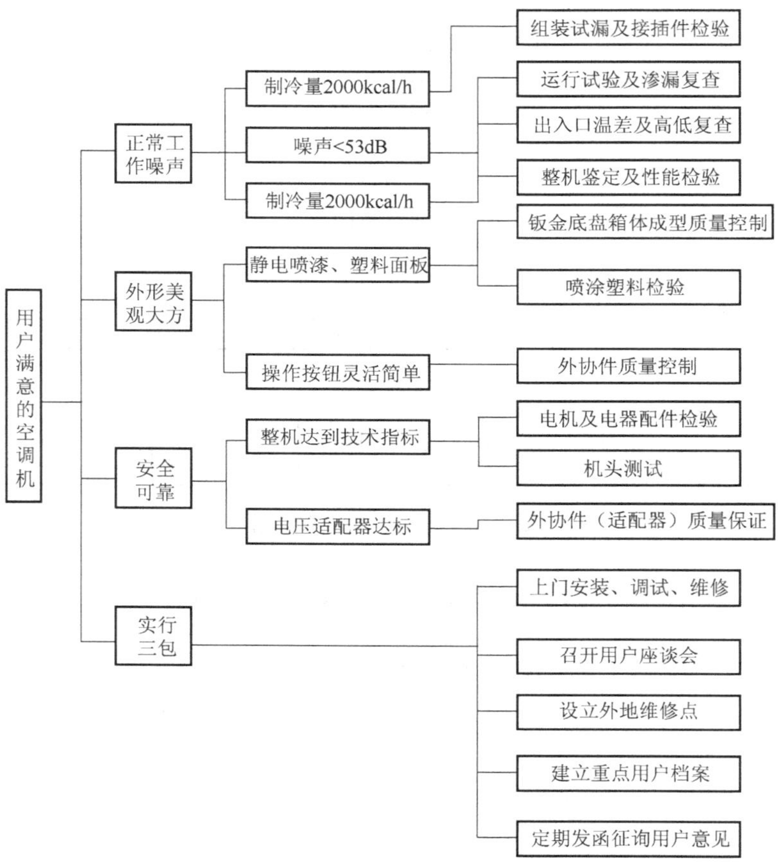

图 7-12 窗式空气调节器的质量保证系统图

2. 系统图法的优点

1）图形一目了然。

2）完整做出系统分析。

3）避免主观判断，容易达成共识且较具说服力。

4）思考具有逻辑性，不会偏离主题。

虽然在解决问题的步骤中，每个阶段都可以应用系统图法，但最重要的是在“拟订对策”的阶段中，活用系统图法可以充分发掘问题的潜在原因，并且在选定欲解决的目标之后，将对策具体化的过程中，也可以运用系统图法，协助我们拟订对策。

3. 系统图法的应用

在质量管理活动中，下面几个方面经常用到系统分析图法：

1）在开发新产品中，将满足用户要求的设计质量进行系统地展开。

2）在质量目标管理中，将目标层层分解和系统地展开，使之落实到各个部门。

3）在建立质量保证体系中，可将各部门的质量职能展开，进一步开展质量保证活动。

4）在处理量、本、利之间的关系及制订相应措施时，可用系统图法分析并找出重点措施。

5）在减少不良品方面，有利于找出主要原因，采取有效措施。

4. 系统图法的注意事项

1）系统图适用于生产管理，此外，还可用在日常管理工作中。

2）针对最下级手段应具体，并且要提出实施对策和计划。

3）针对改善对策可以进行有效评价，从实效、实现性、等级考虑。

7.4　矩阵图法

7.4.1　矩阵图法的概念

矩阵图法是一种利用多维思考去逐步明确问题的方法。从问题的各种关系中，找出成对要素 L_j 和 R_i，用数学上矩阵的形式排成行和列，在其交点上标示出 L 和 R 各因素之间的关系，从中确定关键点。

在寻求问题的解决手段时，若目的（或结果）能够展开为一元手段（或原因），则可用系统图法；若有两种或两种以上的目的（或结果），则其展开用矩阵图法较为合适。

7.4.2　矩阵图法的类型

矩阵图法有多种型式，使用时应根据分析对象选择合适的型式。

1. L 型矩阵图法

这是最基本的一种矩阵图法，将由 A 要素与 B 要素组成的事件按行与列排列成图 7-13 所示的矩阵图。L 型矩阵图法适用于探讨多种目的与多种手段之间的关系（包含多种结果与多种原因之间的关系）。

2. T 型矩阵图法

T 型矩阵图法是 A 要素与 B 要素的 L 型矩阵同 A 要素与 C 要素的 L 型矩阵图组合使用的矩阵图。即表示 A 要素分别与 B、C 要素相对应的矩阵图，如图 7-14 所示。

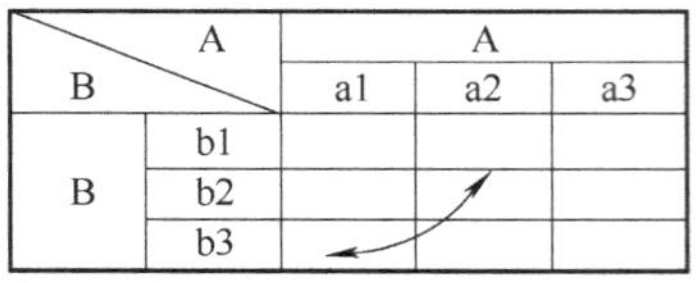

图 7-13 L 型矩阵图

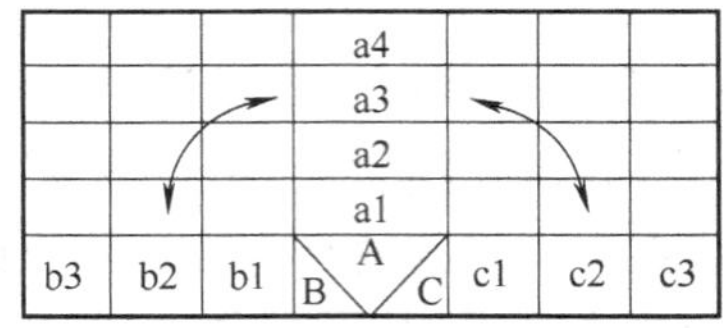

图 7-14 T 型矩阵图

3. Y 型矩阵图法

Y 型矩阵图法是 A 要素与 B 要素，B 要素与 C 要素，C 要素与 A 要素三个 L 型矩阵组合使用的矩阵图。即表示 A 要素与 B 要素，B 要素与 C 要素，C 要素与 A 要素这三对要素有分别对应关系的矩阵图，如图 7-15 所示。

4. X 型矩阵图法

X 型矩阵图法是 A 要素与 B 要素，B 要素与 C 要素，C 要素与 D 要素，D 要素与 A 要素分别有对应关系的矩阵图。这种矩阵图是由四个 L 型矩阵图构成的，如图 7-16 所示。这种矩阵图应用不多。

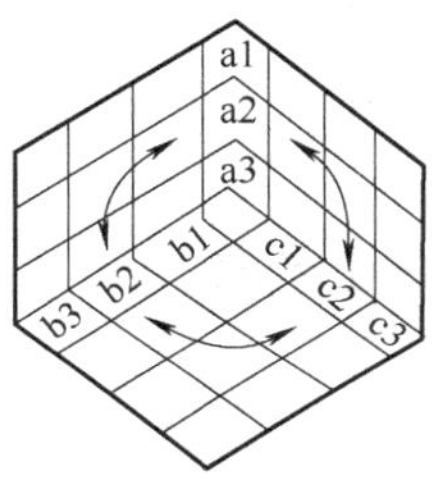

图 7-15 Y 型矩阵图

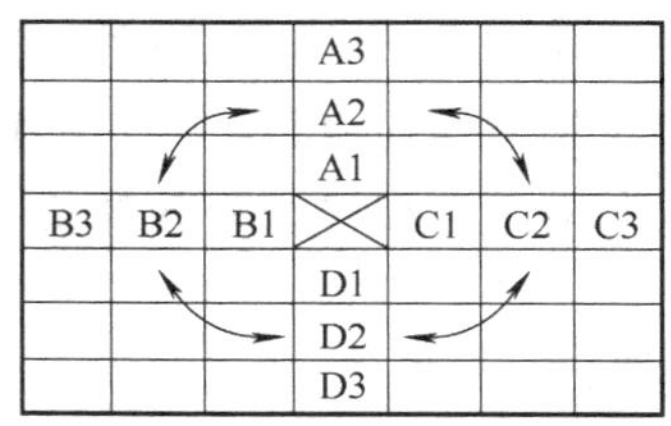

图 7-16 X 型矩阵图

5. 组合图（矩阵图和系统图）

若作矩阵图所取的对应要素 A、B 确定了，则可将各个要素利用“系统图”予以展开，直到得出有意义的末级水平要素 a1、a2、…及 b1、b2、…，然后将各 a、b 对应起来即可作出图 7-17 所示的矩阵图。

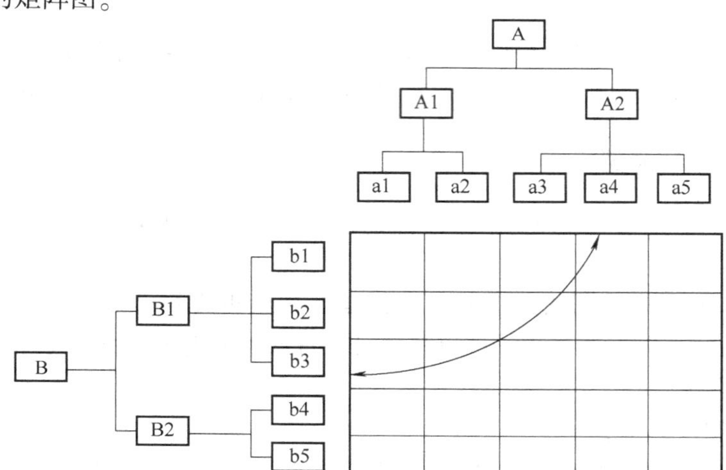

图 7-17 矩阵图与系统图配合使用情况

【案例分析 7-5】某电扇厂质量控制小组对电扇输入功率高、效率低的问题，使用了 L 型矩阵图，如图 7-18 所示。通过分析，认定定子性能与功率、转速、起动性能有强相关关系。因此它们对影响定子性能的各元素采用正交试验，解决了问题。

原因＼性能	绝缘强度低	耐压击穿	功率大	转速低	起动性能差
绝缘漆浓度低	◎	○			
预烘时间短	◎	○			
定子性能差			◎	◎	◎
转子缺陷			◎	◎	○
风叶不配套			○	◎	○
风叶角度与电动机不匹配			◎	○	
轴承不合格				○	
粗加工精度差			◎	○	◎

图 7-18　L 型矩阵图

◎表示有强关系　○表示有关系

【案例分析 7-6】某铸造厂为了解决汽车缸体铸件生产率低的问题，针对涉及的设备与工装、工艺管理和质量现象三大元素群，选用了 Y 型矩阵图进行了分析，如图 7-19 所示。

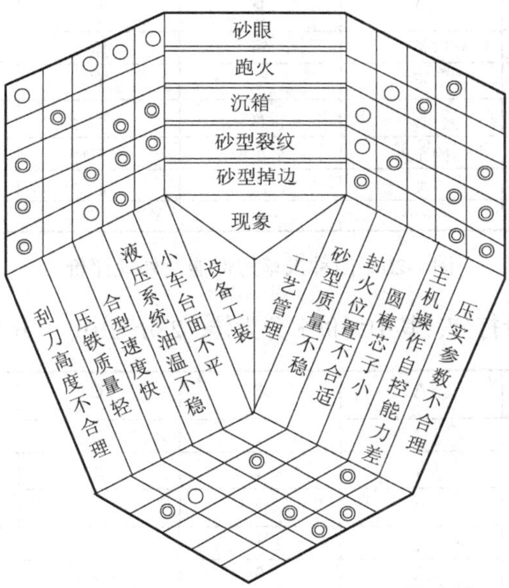

图 7-19　Y 型矩阵图

7.5　矩阵数据分析法

7.5.1　矩阵数据分析法的概念

矩阵图上各元素间的关系如果能用数据定量化表示，就能更准确地整理和分析结果。这种可以用数据表示的矩阵图法，叫作矩阵数据分析法。数据矩阵分析法的主要方法为主成分分析法，运用主成分分析法是一种将多个变量化为少数综合变量的一种多元统计方法。运用数量化方法和主成分分析等多变量分析方法可以处理各种地质观测数据，进行成矿规律的评价、矿产预测、构造解释等。

7.5.2 矩阵数据分析法的应用

1. 矩阵数据分析法的步骤

1）收集资料。

2）求相关系数 r。

3）用计算机辅助计算，由相关行列求出固有值及固有向量值。

4）作出矩阵图。

5）做出判断。

下面通过案例分析，说明主成分分析法的计算步骤及计算结果分析。

【案例分析 7-7】现对四种汽车的性能及外观作评价（图 7-20），找出顾客对汽车的哪些特点特别注意，以便研究新一代车型。

步骤 1：收集资料

特性＼车	A	B	C	D
全长	长	短	短	长
全宽	宽	窄	窄	宽
转向盘	有	有	有	无
座椅	跑车座	平车座	平车座	跑车座
价格	高	低	低	高
……	……	……	……	……

图 7-20 四种汽车的性能及外观评价

对四种车分别进行评价打分，其中评价 3 分为佳、2 分为中、1 分为劣，如图 7-21 所示。

特性＼车	A	B	C	D
全长	3	1	2	3
全宽	1	1	2	1
转向盘	2	2	1	2
座椅	1	1	1	3
价格	2	3	3	1
……	……	……	……	……

图 7-21 对四种车的评价打分

步骤 2：计算相关系数 r

$$r = \frac{\sum (x_i - \bar{x})(y_i - \bar{y})}{\sqrt{\sum (x_i - \bar{x})^2}\sqrt{\sum (y_i - \bar{y})^2}}$$

$$\bar{x} = \frac{1}{n}\sum_{i=1}^{n} x_i \quad \bar{y} = \frac{1}{n}\sum_{i=1}^{n} y_i$$

（1）先取 A 车及 B 车作相关关系的解析。

（2）求相关系数　A 车与 B 车的相关系数。

$$r_{AB} = \frac{-1}{\sqrt{4\times 2}} = 0.35$$

类此，依次求 AC、AD 等之间的相关系数。

步骤 3：作矩阵

车　类	A	B	C	D
A	1	-0.35	0.90	-0.60
B	-0.35	1	0.00	0.85
C	0.90	0.00	1	-0.43
D	-0.60	0.85	-0.43	1

步骤 4：判断

AC 车的相关系数 $r=0.9$，BD 车的相关系数 $r=0.85$，它们显示呈强烈的正相关，AD 车的相关系数 $r=-0.60$，显示有些负相关，如图 7-22 所示。

车类	AC	BD	AD
全长			
全宽			
转向盘	◎		X
座椅			
价格			
流线型	◎	△	X
备件			
TURBO	◎	△	X

图 7-22　相关性

步骤 5：结果

由于 AC 与 BD 为正相关，所以取相同的项目可知道“流线型”及“TURBO”为消费者所想要的。而 AD 为负相关，所以取不同的项目，此项调查显示了“流线型”及“TURBO”主导了汽车的销售 。

【案例分析 7-8】为了解人们对 100 种食品的嗜好程度调查，评分标准为 1～9，即最喜欢的评 9 分，最不喜欢的评 1 分。将调查人群分为 10 组，每组 50 人，经过统计平均得出局部数据资料见表 7-1，各组评价者间的相关系数的行列见表 7-2，特征值和特征矢量见表 7-3。

表 7-1　各组评价者对各种食品的平均嗜好

各组评价者			食品 1	食品 2	……	食品 100
男	1	15 岁以下	7.8	4.6		3.1
	2	16～20 岁	5.4	3.8		2.8
	3	21～30 岁	3.9	4.4		3.3
	4	31～40 岁	3.5	4.0		3.0
	5	41 岁以上	3.0	3.5		2.5

（续）

各组评价者			食品 1	食品 2	……	食品 100
女	6	15 岁以下	8.1	6.2		3.9
	7	16～20 岁	6.0	7.2		3.5
	8	21～30 岁	5.4	7.5		3.0
	9	31～40 岁	3.8	7.0		2.8
	10	41 岁以上	2.5	9.0		3.0

表 7-2　各组评价者间的相关系数的行列

评价者	男					女				
	15 岁以下	16～20 岁	21～30 岁	31～40 岁	41 岁以上	15 岁以下	16～20 岁	21～30 岁	31～40 岁	41 岁以上
	1	2	3	4	5	6	7	8	9	10
1	1									
2	0.871	1								
3	0.516	0.759	1							
4	0.37	0.604	0.852	1						
5	0.172	0.402	0.728	0.874	1					
6	0.936	0.821	0.517	0.358	0.208	1				
7	0.811	0.836	0.658	0.488	0.354	0.889	1			
8	0.615	0.709	0.698	0.62	0.523	0.746	0.894	1		
9	0.5	0.647	0.701	0.721	0.71	0.621	0.768	0.852	1	
10	0.33	0.457	0.558	0.632	0.748	0.493	0.624	0.773	0.911	1

注：表中对角线 1 以上右半部分因对称而省略。

表 7-3　特征值和特征矢量

特征向量 / 评价分组	α_1（第一主成分）	α_2（第二主成分）	α_3（第三主成分）
X_1	0.264	0.371	0.194
X_2	0.331	0.245	0.336
X_3	0.323	−0.166	0.442
X_4	0.239	−0.359	0.375
X_5	0.245	−0.544	0.128
X_6	0.254	0.408	−0.284
X_7	0.344	0.235	−0.127
X_8	0.348	0.032	−0.290
X_9	0.303	−0.164	−0.189
X_{10}	0.411	−0.267	−0.256
特征值	6.45	1.64	0.920
贡献率	0.645	0.164	0.092
累计贡献率	0.645	0.809	0.901

2. 矩阵数据分析法的用途

1）对由复杂因素组成的工序进行分析。

2）对包括多变量数据的质量问题因素进行分析。

3）对感官检验特性进行分类与系统化。

4）对市场调查数据进行分析，掌握用户质量要求。

5）对复杂质量进行评价。

6）对曲线所对应的数据进行分析等。

总之，矩阵数据分析法在市场调查、新产品的规划和研制及工序分析等方面均有广泛的应用。

7.6　PDPC 法

7.6.1　PDPC 法的概念

PDPC 法（Process Decision Program Chart）是为了完成某个任务或达到某个目标，在制订行动计划或进行方案设计时，预测可能出现的障碍和结果，并相应地提出多种应变计划的一种方法。

日本国立公害研究所所长近藤次郎博士在东京大学任教时，适逢东京大学纷争（1968—1969 年），为了解事件最后将如何，于是详细地剖析其前途与进展过程，其使用的方法后来经过系统化后，被称为“过程决定计划图法”。

7.6.2　PDPC 法的类型

PDPC 法的基本图形分为两类：

（1）顺向进行式（类型Ⅰ）（图 7-23）

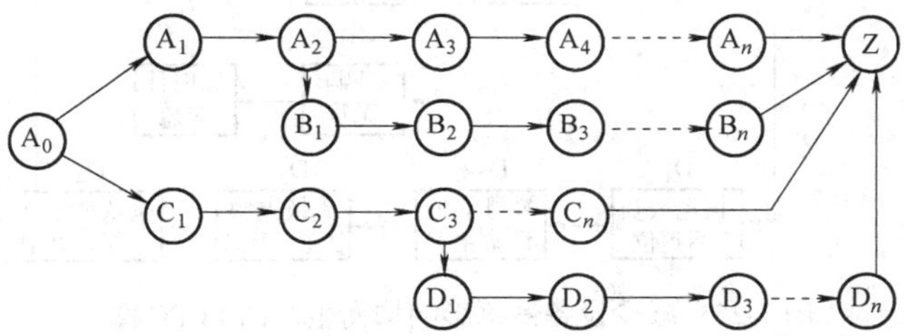

图 7-23　顺向进行式

（2）逆向进行式（类型Ⅱ）（图 7-24）

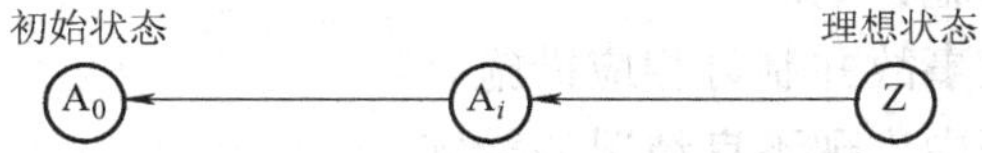

图 7-24　逆向进行式

这种图形是当最后状态 Z 为理想状态（或非理想状态）时，首先确定 Z，然后从 Z 出发，需经过什么样的过程才能达到最初状态 A_0 的一种方法。理想状态（或非理想状态）Z，如果能与最初状态 A_0 联系起来，那就要对该过程进行详细地研究，如同图形 I 一样，考虑其相应的措施。即当 Z 为理想状态时，从 Z 逆向上推，无论如何也要设法使其与最初状态 A_0 相联系。当 Z 为非理想状态时，就要考虑切断可能达到该状态的所有路线。

从图形上看，PDPC 法与系统图法有相似之处。即为了解决问题，均以所想到的手段、方法的形式进行展开，都具有目的—手段部分，都算系统图。但是，系统图是在静态下将事物展开成目的—手段体系的，相比之下，PDPC 法是在动态下展开的，表示从某一状态，经过一段时间才能达到下一个状态，这是按照时间顺序排列的。

7.6.3 PDPC 法的应用

1. PDPC 法制作步骤

1）确定所要解决的课题。

2）提出达到理想状态的手段和措施。

3）对提出的措施，列举出预测的结果及遇到困难时应采取的措施和方案。

4）将各研究措施按紧迫程度、所需工时、实施的可能性及难易程度予以分类。

5）决定各项措施实施的先后顺序，并用箭头向理想状态方向连接起来。

6）落实实施负责人及实施期限。

7）不断修订 PDPC 图。

【案例分析 7-9】某维修质量控制小组制订保证减少设备停机影响均衡生产的 PDPC 图（图 7-25）来指导小组工作。

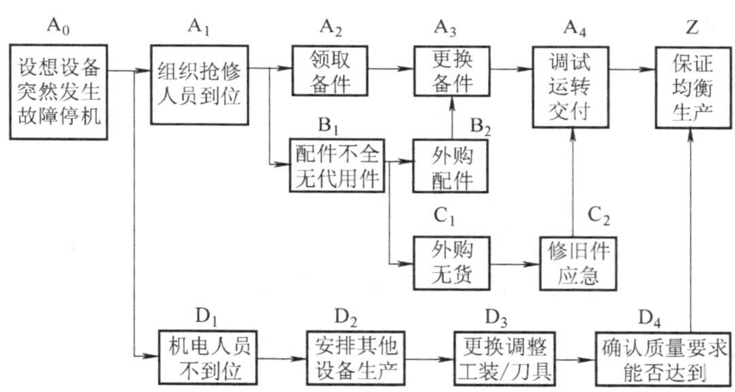

图 7-25 减少设备停机影响均衡生产的 PDPC 图

2. PDPC 法的应用

1）制订目标管理中的实施计划。

2）制订研究项目的实施计划。

3）预测系统中的重大事故并制订相应措施。

4）制订预防制造工序中出现不良情况的措施。

5）提出或选择谈判过程中的对策等。

7.7　网络图法

7.7.1　网络图法的概念

网络图法是一种通过小组讨论，对某事项或工程的实施进行，建立最佳的日程计划并管理，使其能顺利完成的一种手法。可以精确计算各项工程、计划、项目的日程及总日程，明确各项目之间的联结关系和从属关系，找出关键路线之后采取措施，不断修改和优化计划，达到缩短日程和节省费用的最佳目的。

网路图法的特点：各项工作能不能如期完成，对整体计划能否如期完成的影响关系，表现得相当清楚；若各项工作提早或延后完工，整个计划的最终完成日期有多少改变，立即可以得到量化；对计划的安排有条不紊。

7.7.2　网络图法的应用

1. 网络图法的步骤

1）明确主题。

2）确定必要的作业和（或）日程。

3）按先后排列各作业。

4）考虑同步作业，排列相应位置。

5）连接各作业点，标准日程。

6）计算作业点和日程。

7）画出关键路线。

【案例分析 7-10】有某项工程，可分解为 9 个工序，分别用 A、B、C、D、E、F、G、H、I 表示，它们之间的关系是：

1）C 必须在 A 完成后开始。

2）B 完成后，D 和 E 可以开始。

3）C 和 D 完成后，F 和 G 可以开始。

4）E 和 F 完成后，H 可以开始。

5）I 要等 G 完成后才能进行。

步骤 1：按步骤先绘制草图（图 7-26）

步骤 2：合理布置

画出网络图草图后，要按照绘图规则合理布置，整改成一个符合要求的网络图，并把多余的虚线箭头去掉。可将草图整改如图 7-27 所示，也可改为图 7-28 所示的水平式。

1）把没有先行作业的两个节点 A、B 归并在一起。

2）把没有后续工序的两个节点 H、I 归并在一起。

3）把虚线条连接的两个节点合并为一，省去虚线箭头，并调整 F 与 G 的上下位置。

【案例分析 7-11】现在有一个部件，它由两个部分组成，由四个工序完成。为了节省时间，加工管子和加工盘子可以同时开始，将以上的工艺过程用网络图表示如图 7-29 所示。

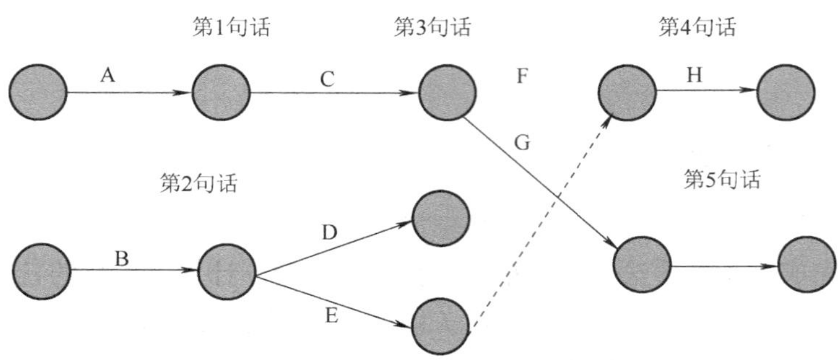

图 7-26 初步草图

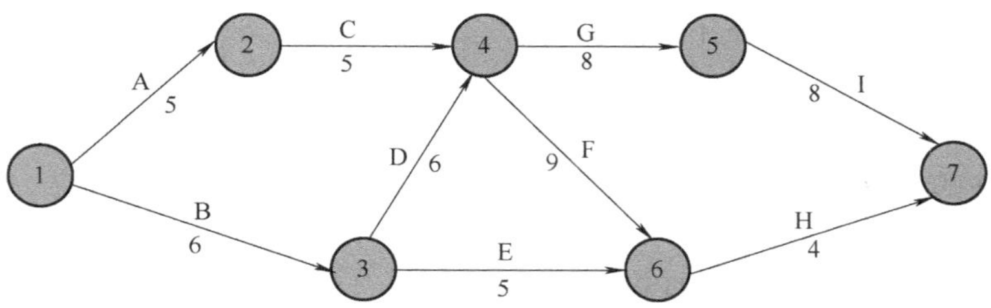

图 7-27 调整后的草图

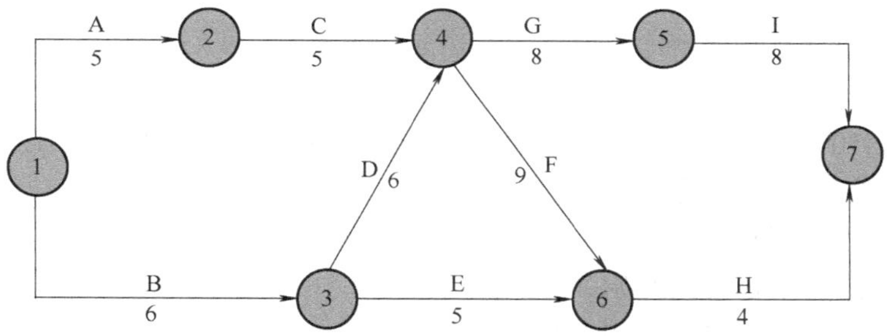

图 7-28 水平式

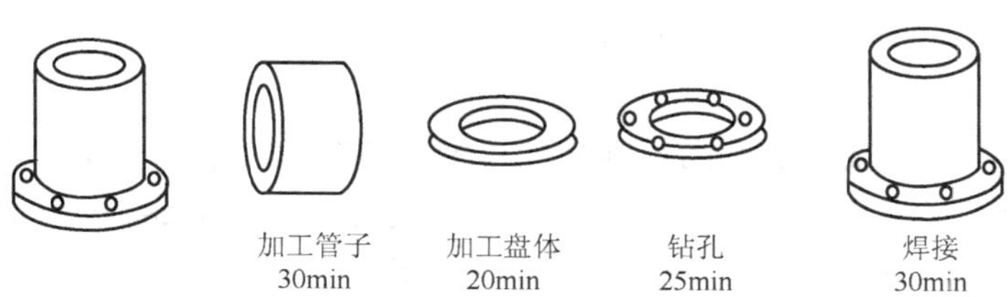

图 7-29 工艺过程

如果用 A 表示加工管子，B 表示加工盘子，C 表示钻孔，D 表示焊接，则每个工序之间的关系见表 7-4，网络图如图 7-30 所示。

表7-4　工序之间的关系

工　　序	先行工序	时间/min
A	—	30
B	—	20
C	B	25
D	AC	30

注：A为加工管子，B为加工盘子，C为钻孔，D为焊接。

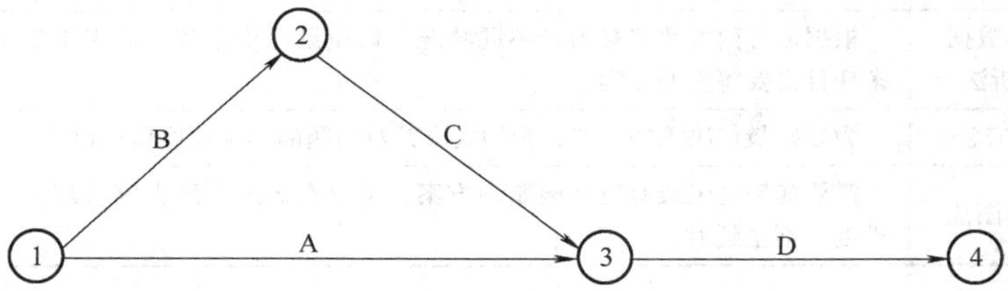

图7-30　网络图

关键路线：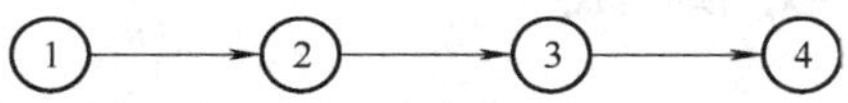

2. 网络图法的适用范围

1）用于新品开发计划和管理。

2）用于产品改进计划制订和管理。

3）用于试生产阶段的计划制订和管理。

4）用于量产阶段的计划制订和管理。

5）用于工厂迁移的计划及管理。

6）用于工程安装、修缮计划和管理。

7）用于各种事务的统筹。

本章小结

在现代企业管理中质量管理已经被纳入了企业核心竞争力和企业形象的范畴，尤其是在精益思想的指导下，质量管理的新旧七种工具已被广泛地应用于企业运转的各个环节之中。前人的研究和实践也为后人指明了方向，为提高企业的产品质量和服务质量作出了巨大的贡献。

质量管理的新旧七种工具在应用范围上有各自的侧重点，但它们不仅可以单独使用，而且之间经常相互作用，往往能相互联系，可以达到更好的效果。综上，我们对这十四种质量管理工具的产生、发展到广泛应用都有了一个较为全面的了解和认识。这十四种管理工具也从全局到各个环节将质量管理贯穿于整个过程，将质量管理上升到企业发展和竞争力提高的层面上。新七种工具的用途与特点见表7-5。

表 7-5 新七种工具的用途与特点

序号	工具名称	用途	特点
1	关系图法	以“原因－结果”不断展开进行分析，类似“鱼刺骨图法”	点明关系
2	KJ 法	针对一件大家想认清的事实做情况分析。将平常员工们口语的对话或个人的想法，变成具体的文字，并进行整理	由繁入简
3	系统图法	以“目的”、“手段”不断循环展开地进行分析，利用不断问“为什么”寻找彼此间的关系，像大树延展般，一干一枝一叶有顺序地发展，系统地寻求实现目标的手段	层级清楚
4	矩阵图法	不只是一个问题，对一个答案的模式，而是一件事中，多个因素对多个因素的讨论	简单易懂
5	矩阵数据分析法	根据多方面的数字资料及不同状况，做质量评价整理，适用于复杂多变且需要解析的方案	数据完整
6	PDPC 法	为寻找最佳决策的手法，帮助大家针对问题的实施顺序作检讨	事先预备
7	网络图法	需要如期完工或有时间限制的方案，可以有效地帮助大家管理工作进度，不至延迟	主导进度

自我测试

1. 如何归纳质量管理新七大工具的使用情形？
2. 关系图法的适用范围是什么？有几种类型？
3. 如何描述系统图的制作过程？并指出系统图的优势。
4. 试画出学习生活中对某一问题进行决策的 PDPC 图。
5. KJ 法的用途有哪些？应用时有哪些注意事项？
6. 矩阵图法有哪些类型？矩阵图法与系统图法联合使用能获得怎样的效果？
7. 数据矩阵分析法的主要方法为主成分分析法，它的计算步骤有哪些？需要注意哪些事项？
8. 某汽车零部件厂质量控制小组分析零件损失严重的原因时有下列几个因素：

包装方式落后，易散失，易碰坏，运输丢失，管理松，交接手续不清，无法索赔，私自送人，责任心不强，装坏拆坏，缺培训，新工人多。

请画关系图（中央集中型），并指出主要原因，你认为应从何处入手开展下一步的改善工作？

9. 现在有一个工程项目需要统筹施工计划，其中各作业见表 7-6，请画出网络图，并指出要经线。

表 7-6 作业及时间

作业名称	先行作业	时间	作业名称	先行作业	时间
A. 基础工程		2 个月	G. 内壁作业	B	2 个月
B. 骨架组合	A	4 个月	H. 电路配线	B	1 个月
C. 建具装设	B	3 个月	I. 内壁油漆	FGH	2 个月
D. 外壁工程	B	2 个月	J. 内壁粉刷	C	2 个月
E. 外壁粉刷	D	1 个月	K. 验收交屋	EIJ	1 个月
F. 配管作业	B	2 个月			

附录　正态分布函数表

$$\Phi(u) = \frac{1}{\sqrt{2\pi}}\int_{-\infty}^{u} e^{-\frac{u^2}{2}}du \quad (u \geqslant 0)$$

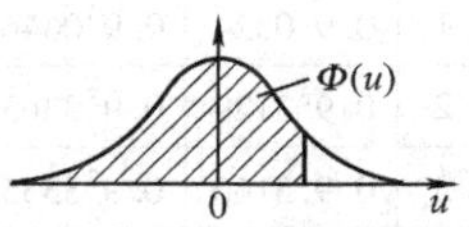

u	0.00	0.01	0.02	0.03	0.04	0.05	0.06	0.07	0.08	0.09
0.0	0.5000	0.5040	0.5080	0.5120	0.5160	0.5199	0.5239	0.5279	0.5319	0.5359
0.1	0.5398	0.5438	0.5478	0.5517	0.5557	0.5596	0.5636	0.5675	0.5714	0.5753
0.2	0.5793	0.5832	0.5871	0.5910	0.5948	0.5987	0.6026	0.6064	0.6103	0.6141
0.3	0.6179	0.6217	0.6255	0.6293	0.6331	0.6368	0.6406	0.6443	0.6480	0.6517
0.4	0.6554	0.6591	0.6628	0.6664	0.6700	0.6736	0.6772	0.6808	0.6844	0.6879
0.5	0.6915	0.6950	0.6985	0.7019	0.7054	0.7088	0.7123	0.7157	0.7190	0.7224
0.6	0.7257	0.7291	0.7324	0.7357	0.7389	0.7422	0.7454	0.7486	0.7517	0.7549
0.7	0.7580	0.7611	0.7642	0.7673	0.7703	0.7734	0.7764	0.7794	0.7823	0.7852
0.8	0.7881	0.7910	0.7939	0.7967	0.7995	0.8023	0.8051	0.8078	0.8106	0.8133
0.9	0.8159	0.8186	0.8212	0.8238	0.8264	0.8289	0.8315	0.8340	0.8365	0.8389
1.0	0.8413	0.8438	0.8461	0.8485	0.8508	0.8531	0.8554	0.8577	0.8599	0.8621
1.1	0.8643	0.8665	0.8686	0.8708	0.8729	0.8749	0.8770	0.8790	0.8810	0.8830
1.2	0.8849	0.8869	0.8888	0.8907	0.8925	0.8944	0.8962	0.8930	0.8997	0.90147
1.3	0.90320	0.90490	0.90658	0.90284	0.90988	0.91149	0.91309	0.91466	0.91621	0.91774
1.4	0.91924	0.92073	0.92220	0.92364	0.92507	0.92647	0.92785	0.92922	0.93056	0.93189
1.5	0.93319	0.93448	0.93574	0.93699	0.93822	0.93943	0.94062	0.94179	0.94295	0.94408
1.6	0.94520	0.94680	0.94738	0.94845	0.94950	0.95053	0.95154	0.95254	0.95352	0.95449
1.7	0.95543	0.95637	0.95728	0.95818	0.94907	0.95994	0.96080	0.96164	0.96246	0.96327
1.8	0.96407	0.96485	0.96562	0.96638	0.96712	0.96784	0.96856	0.96926	0.96995	0.97062
1.9	0.97128	0.97193	0.97257	0.97320	0.97381	0.97441	0.97500	0.97558	0.97615	0.97670
2.0	0.97725	0.97778	0.97831	0.97882	0.97932	0.97982	0.98030	0.98077	0.98124	0.98169
2.1	0.98214	0.98257	0.98300	0.98341	0.98382	0.98422	0.98461	0.98500	0.98537	0.98574
2.2	0.98610	0.98645	0.98679	0.98713	0.98745	0.98778	0.98809	0.98840	0.98870	0.98899
2.3	0.98928	0.98956	0.98983	$0.9^{2}0097$	$0.9^{2}0358$	$0.9^{2}0613$	$0.9^{2}0863$	$0.9^{2}1106$	$0.9^{2}1344$	$0.9^{2}1576$
2.4	$0.9^{2}1802$	$0.9^{2}2024$	$0.9^{2}2240$	$0.9^{2}2451$	$0.9^{2}2656$	$0.9^{2}2857$	$0.9^{2}3053$	$0.9^{2}3244$	$0.9^{2}3431$	$0.9^{2}3613$
2.5	$0.9^{2}3790$	$0.9^{2}3963$	$0.9^{2}4132$	$0.9^{2}4297$	$0.9^{2}4457$	$0.9^{2}4614$	$0.9^{2}4766$	$0.9^{2}4915$	$0.9^{2}5060$	$0.9^{2}5201$
2.6	$0.9^{2}5339$	$0.9^{2}5473$	$0.9^{2}5604$	$0.9^{2}5731$	$0.9^{2}5855$	$0.9^{2}5975$	$0.9^{2}6093$	$0.9^{2}6207$	$0.9^{2}6319$	$0.9^{2}6427$
2.7	$0.9^{2}6533$	$0.9^{2}6636$	$0.9^{2}6736$	$0.9^{2}6833$	$0.9^{2}6928$	$0.9^{2}7020$	$0.9^{2}7110$	$0.9^{2}7197$	$0.9^{2}7282$	$0.9^{2}7365$
2.8	$0.9^{2}7445$	$0.9^{2}7523$	$0.9^{2}7599$	$0.9^{2}7673$	$0.9^{2}7744$	$0.9^{2}7814$	$0.9^{2}7882$	$0.9^{2}7948$	$0.9^{2}8012$	$0.9^{2}8074$

（续）

u	0.00	0.01	0.02	0.03	0.04	0.05	0.06	0.07	0.08	0.09
2.9	$0.9^{2}8134$	$0.9^{2}8193$	$0.9^{2}8250$	$0.9^{2}8305$	$0.9^{2}8359$	$0.9^{2}8411$	$0.9^{2}8462$	$0.9^{2}8511$	$0.9^{2}8559$	$0.9^{2}8605$
3.0	$0.9^{2}8650$	$0.9^{2}8694$	$0.9^{2}8736$	$0.9^{2}8777$	$0.9^{2}8817$	$0.9^{2}8856$	$0.9^{2}8893$	$0.9^{2}8930$	$0.9^{2}8965$	$0.9^{2}8999$
3.1	$0.9^{3}0324$	$0.9^{3}0646$	$0.9^{3}0957$	$0.9^{3}1260$	$0.9^{3}1553$	$0.9^{3}1836$	$0.9^{3}2112$	$0.9^{3}2378$	$0.9^{3}2636$	$0.9^{3}2886$
3.2	$0.9^{3}3129$	$0.9^{3}3363$	$0.9^{3}3590$	$0.9^{3}3810$	$0.9^{3}4024$	$0.9^{3}4230$	$0.9^{3}4429$	$0.9^{3}4623$	$0.9^{3}4810$	$0.9^{3}4991$
3.3	$0.9^{3}5166$	$0.9^{3}5335$	$0.9^{3}5499$	$0.9^{3}5658$	$0.9^{3}5811$	$0.9^{3}5959$	$0.9^{3}6103$	$0.9^{3}6242$	$0.9^{3}6376$	$0.9^{3}6505$
3.4	$0.9^{3}6631$	$0.9^{3}6752$	$0.9^{3}6869$	$0.9^{3}6982$	$0.9^{3}7091$	$0.9^{3}7197$	$0.9^{3}7299$	$0.9^{3}7398$	$0.9^{3}7493$	$0.9^{3}7585$
3.5	$0.9^{3}7674$	$0.9^{3}7759$	$0.9^{3}7842$	$0.9^{3}7922$	$0.9^{3}7999$	$0.9^{3}8074$	$0.9^{3}8146$	$0.9^{3}8215$	$0.9^{3}8282$	$0.9^{3}8347$
3.6	$0.9^{3}8409$	$0.9^{3}8469$	$0.9^{3}8527$	$0.9^{3}8583$	$0.9^{3}8637$	$0.9^{3}8689$	$0.9^{3}8739$	$0.9^{3}8787$	$0.9^{3}8834$	$0.9^{3}8879$
3.7	$0.9^{3}8922$	$0.9^{3}8964$	$0.9^{4}0039$	$0.9^{4}0426$	$0.9^{4}0799$	$0.9^{4}1158$	$0.9^{4}1504$	$0.9^{4}1838$	$0.9^{4}2159$	$0.9^{4}2468$
3.8	$0.9^{4}2765$	$0.9^{4}3052$	$0.9^{4}3327$	$0.9^{4}3593$	$0.9^{4}3848$	$0.9^{4}4094$	$0.9^{4}4331$	$0.9^{4}4558$	$0.9^{4}4777$	$0.9^{4}4983$
3.9	$0.9^{4}5190$	$0.9^{4}5385$	$0.9^{4}5573$	$0.9^{4}5753$	$0.9^{4}5926$	$0.9^{4}6092$	$0.9^{4}6253$	$0.9^{4}6406$	$0.9^{4}6554$	$0.9^{4}6696$
4.0	$0.9^{4}6833$	$0.9^{4}6964$	$0.9^{4}7090$	$0.9^{4}7211$	$0.9^{4}7327$	$0.9^{4}7439$	$0.9^{4}7546$	$0.9^{4}7649$	$0.9^{4}7748$	$0.9^{4}7843$
4.1	$0.9^{4}7934$	$0.9^{4}8022$	$0.9^{4}8106$	$0.9^{4}8186$	$0.9^{4}8263$	$0.9^{4}8338$	$0.9^{4}8409$	$0.9^{4}8477$	$0.9^{4}8542$	$0.9^{4}8605$
4.2	$0.9^{4}8665$	$0.9^{4}8723$	$0.9^{4}8778$	$0.9^{4}8832$	$0.9^{4}8882$	$0.9^{4}8931$	$0.9^{4}8978$	$0.9^{5}0226$	$0.9^{5}0655$	$0.9^{5}1066$
4.3	$0.9^{5}1460$	$0.9^{5}1837$	$0.9^{5}2199$	$0.9^{5}2545$	$0.9^{5}2876$	$0.9^{5}3193$	$0.9^{5}3497$	$0.9^{5}3788$	$0.9^{5}4066$	$0.9^{5}4332$
4.4	$0.9^{5}4587$	$0.9^{5}4831$	$0.9^{5}5065$	$0.9^{5}5288$	$0.9^{5}5502$	$0.9^{5}5706$	$0.9^{5}5902$	$0.9^{5}6089$	$0.9^{5}6268$	$0.9^{5}6439$
4.5	$0.9^{5}6602$	$0.9^{5}6759$	$0.9^{5}6908$	$0.9^{5}7051$	$0.9^{5}7187$	$0.9^{5}7318$	$0.9^{5}7442$	$0.9^{5}7561$	$0.9^{5}7675$	$0.9^{5}7784$
4.6	$0.9^{5}7888$	$0.9^{5}7987$	$0.9^{5}8081$	$0.9^{5}8172$	$0.9^{5}8258$	$0.9^{5}8340$	$0.9^{5}8419$	$0.9^{5}8494$	$0.9^{5}8566$	$0.9^{5}8634$
4.7	$0.9^{5}8699$	$0.9^{5}8761$	$0.9^{5}8821$	$0.9^{5}8877$	$0.9^{5}8931$	$0.9^{5}8983$	$0.9^{6}0320$	$0.9^{6}0789$	$0.9^{6}1235$	$0.9^{6}1661$
4.8	$0.9^{6}2067$	$0.9^{6}2453$	$0.9^{6}2822$	$0.9^{6}3173$	$0.9^{6}3508$	$0.9^{6}3827$	$0.9^{6}4131$	$0.9^{6}4420$	$0.9^{6}4696$	$0.9^{6}4958$
4.9	$0.9^{6}5208$	$0.9^{6}5446$	$0.9^{6}5673$	$0.9^{6}5889$	$0.9^{6}6094$	$0.9^{6}6289$	$0.9^{6}6475$	$0.9^{6}6652$	$0.9^{6}6821$	$0.9^{6}6981$
5.0	$0.9^{6}7133$	$0.9^{6}8302$	$0.9^{7}0036$	$0.9^{7}4210$	$0.9^{7}6668$	$0.9^{7}8101$	$0.9^{7}8928$	$0.9^{8}4010$	$0.9^{8}6684$	$0.9^{8}8191$
6.0	$0.9^{9}0136$									

注：本表对于 u 给出正态分布函数 $\Phi(u)$ 的数值，0.9^{4} 表示0.9999，依此类推。例：对于 $u=2.85$，$\Phi(2.85)=0.9^{2}7814=0.997814$。

参 考 文 献

[1] 宁广庆. 机械制造质量控制技术基础 [M]. 北京：北京航空航天大学出版社，2007.

[2] 梁国明. 制造业过程质量控制与检验常用统计方法读本 [M]. 北京：中国标准出版社，2006.

[3] 施国洪. 质量控制与可靠性工程基础 [M]. 北京：化学工业出版社，2005.

[4] 来新民. 质量检测与控制 [M]. 北京：高等教育出版社，2002.

[5] 梁国明. 制造业质量检验员手册 [M]. 北京：机械工业出版社，2003.